漳州通元达尊拳

林其塔　孙少宝　著

厦门大学出版社
XIAMEN UNIVERSITY PRESS

国家一级出版社
全国百佳图书出版单位

图书在版编目（CIP）数据

漳州通元达尊拳 / 林其塔，孙少宝著. -- 厦门：
厦门大学出版社，2023.1
　　ISBN 978-7-5615-8899-4

　　Ⅰ．①漳… Ⅱ．①林… ②孙… Ⅲ．①南拳－介绍－
漳州 Ⅳ．①G852.13

中国版本图书馆CIP数据核字(2022)第237152号

出 版 人	郑文礼
责任编辑	陈进才
封面设计	蒋卓群
技术编辑	许克华

出版发行　厦门大学出版社

社　　址	厦门市软件园二期望海路 39 号
邮政编码	361008
总　　机	0592-2181111　0592-2181406(传真)
营销中心	0592-2184458　0592-2181365
网　　址	http://www.xmupress.com
邮　　箱	xmup@xmupress.com
印　　刷	厦门市竞成印刷有限公司

开本	787 mm×1 092 mm　1/16
印张	25.75
插页	19
字数	436 千字
版次	2023 年 1 月第 1 版
印次	2023 年 1 月第 1 次印刷
定价	128.00 元

本书如有印装质量问题请直接寄承印厂调换

厦门大学出版社
微信二维码

厦门大学出版社
微博二维码

作者林其塔（右一）、孙少宝（左一）与中国武术九段、福建省南强武术研究院院长、厦门大学林建华教授（中）合影（2022 年）

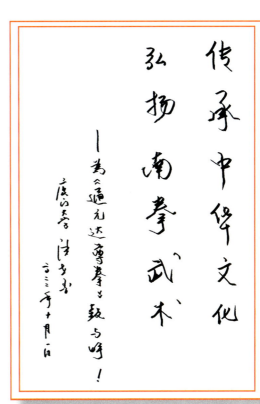

传承中华文化 弘扬南拳武术

——为《通元达尊拳》题与呼！

庚子秋 潘世墨 二三年十月一日

厦门大学原党委副书记、常务副校长，博士生导师潘世墨教授题词

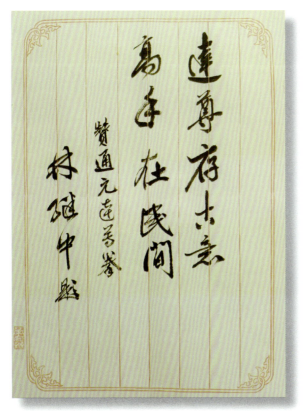

达尊存大意 高手在民间

赞通元达尊拳 林继中题

漳州师范学院（今闽南师范大学）院长、教授、博士生导师，闽南文化研究院名誉院长，福建省文学学会副会长林继中博士题词

祝贺"漳州通元达尊拳"出版

挖掘民间传统武术
传承中华优秀文化

福建省武术协会 甘汶光 题

二〇二二年五月八日

福建省武术协会甘式光会长题词

福建省武术运动管理中心

祝贺：

《漳州通元达尊拳》书版

通元达尊奥无穷，

传统武术展新风。

代林彬

福建省武术运动管理中心主任、国家级武术教练代林彬题词

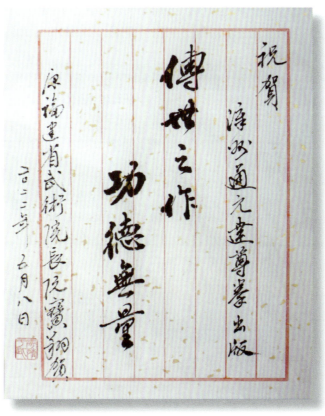

中国武术研究院专家委员会专家、福建省武术院原院长阮宝翔题词

"梅花香自苦寒来，宝剑锋从磨砺出"。祝贺林其塔、孙少宝《漳州通元达尊拳》的新书出版了，这是福建武术界的一大喜事，我为你们的成功而感到骄傲！

胡金焕

中国武术九段、福建师范大学胡金焕教授题词

恭贺《漳州通元达尊拳》出版

创新守正，造福乡梓

壬寅年初夏于集美

集美大学体育学院原院长、福建省武术协会监事长郑旭旭教授题词

闽南文化研究专家、漳州市住建局原局长巫汉平题词

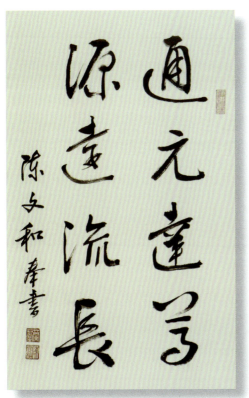

通元达己
源远流长
陈文和率书

漳州师范学院（今闽南师范大学）闽南文化研究所副研究员、漳州市住建局原副局长陈文和题词

福建省武术协会副会长、漳州市武术协会会长、中国武术七段、漳州市体校原校长贾建欣题词

祝賀林其塔 孫少寶《漳州通元達尊拳》出版

挖整民間技藝
弘揚傳統武術

壬寅年仲秋 周盟淵

祝賀林其塔 孫少寶二先生大作《漳州通元達尊拳》問世

達者為尊

永春怡雲武術研究會創會會長
中國武術八段 蘇瀛漢 敬書

五祖拳第五代传人、中国武术段位制
系列教程《五祖拳》主编周盟渊题词

永春怡云武术研究会创会会长、中国武术
八段、永春白鹤拳九段苏瀛汉题词

祝贺林其塔、孙少宝两位先生大作《漳州通元达尊拳》出版

"通元达尊拳　八闽永流传"

郭琼珠　壬寅夏于厦门

福建省南强武术研究院常务副院长、中国武术八段、厦门大学郭琼珠教授题词

清末民初漳州通元庙住持、通元达尊拳名师碧琅禅师（1878—1949）

林其塔与恩师漳州太祖拳名师曾木先生（1913—2005）（2000 年·漳州）

通元达尊拳名师孙甲水先生（1915—1985）

林其塔等拜访武林泰斗、自然门大师万籁声先生（前排中间坐者）。站立者自左至右为林其塔、邵芝明、平清、杨建闽、郭浩炘；陈艺群（前排右1）（1986年·福州）

林其塔（右1）参加"兴华杯"福建八闽武坛群英会演，与林增辉（左1）、曾乃梁（左2）、林建华（左3）合影（1987年·漳州）

　　林其塔（左）参加"兴华杯"福建八闽武坛群英会演，与中国武术研究院专家委员会专家、国家级武术教练曾乃梁先生（右）合影（1987年·漳州）

　　林其塔应邀参加中国新闻社和福建省武术协会拍摄的武术专题片《闽海雄风》（1987年·漳州东山）

　　林其塔等人代表福建省武术队参加全国武术观摩交流大会。前排自左至右为高建清、郭浩炘、胡金焕、宋润宪、吕水镜；后排自左至右为林其塔、林飞雄、林媛媛、杨开鉴、吴绍忠（1988 年·锦州）

林其塔组织漳州上墩中学武术队开展武术活动（1988 年·漳州）

在漳州市工人疗养院为女职工举办女子防身术培训班。示范者为林其塔（1990年·漳州）

林其塔参加"泉州国际南少林武术节"，演练通元达尊拳（1993年·泉州）

　　林其塔参加"泉州国际南少林武术节"武术比赛。前排自左至右为林其塔、郭国富、黄坤瑞、吴亚成、陈万庆、程志明；后排左起蔡海树、陈长发（1993年·泉州）

　　林其塔与日本广岛严诚流空手道访问团团长由木荣司交流。左起谢雨森、陈长发、许志扬、林其塔、黄坤瑞、林章、由木荣司、贾建欣及漳州体校五位学生（1996年·漳州）

林其塔（后排左9）与日本广岛严诚流空手道访问团交流，与团长由木荣司（第二排左6）等人合影（1997年·漳州）

林其塔（左2）与英国白鹤拳总会交流合影（2001年·漳州）

林其塔（右1）参与组织漳州市第二届传统南拳演武大会。与陈万庆（左2）、蔡海树（左1）合影（2001年·漳州）

　　林其塔参与组织漳州市第三届传统南拳演武大会。前排左1为陈长发、左2为陆伟华，左6至左10依次为林其塔、陈万庆、蔡海树、许志扬、陈海（2002年·漳州）

　　林其塔（后排左2）带领学生参加漳州市第三届传统南拳演武大会（2002年·漳州）

林其塔（左3）参加郑州市举行的"首届世界传统武术节"，与蔡海树（右1）合影（2004年·郑州）

林其塔参加郑州市举行的"首届世界传统武术节"，荣获拳术一等奖、对练二等奖。图为藤牌刀对棍，持牌者林其塔、持棍者蔡海树（2004年·郑州）

林其塔在"海峡两岸南少林武术论坛"上发言（2005年·台南）

林其塔在嵩山少林寺"中国功夫之星全球电视大赛36强出关大典"上留影（2006年·郑州）

　　林其塔应邀担任嵩山少林寺"中国功夫之星全球电视大赛36强出关大典"嘉宾评委。自左至右为林其塔、潘小杰、韩建中、少林武僧、游玄德、张全亮（2006年·郑州）

　　林其塔（左）在嵩山少林寺"中国功夫之星全球电视大赛36强出关大典"上与南武当山道教协会游玄德会长（右）合影（2006年·郑州）

　　林其塔（右）在嵩山少林寺"中国功夫之星全球电视大赛36强出关大典"上与中国体育科学学会武术分会委员、杭州师范大学教授周伟良（左）合影（2006年·郑州）

林其塔参加漳州龙文区举办的海峡两岸"中华武术大家练"活动。自左至右为郭琼珠、林其塔、黄志勇、康寿领、郭应哲、林建华、贾建欣、陈金水（2007年·漳州）

林其塔参加闽台南少林传统武术交流大赛，获得刀术金奖。自左至右为游炳忠、蔡海树、林其塔、陈万庆、陈亚知、赖国祥、陆伟华（2008年·福州）

林其塔参加闽台南少林传统武术交流大赛，漳州代表队获得优秀组织奖。自左至右为游炳忠、陆伟华、蔡海树、陈万庆、林其塔、陈亚知、赖国祥（2008年·福州）

通元达尊拳学生参加"第十四届香港国际武术节"。自左至右为胡国华、林亚通、陈志宏、王文勇、柯国旗、巫炳国、陈子涵、程惠明、陈清忠、陈艺艇（2016年·香港）

通元达尊拳学生参加"第六届澳门国际武术节暨澳门国际武道大赛"（2017年·澳门）

林其塔受邀出席中华自然门武学国际论坛，自左至右为高天助、林建华、林其塔（2017年·漳州）

杭州师范大学教授周伟良（后排左4）一行到漳州调研，与通元达尊拳部分学生合影。前排自左至右为程惠明、陈清忠、陈志宏、陈艺艇、胡春元，后排林亚通（左2）、胡国华（左5）（2018年·漳州）

漳州通元达尊拳研习社主办新年武术汇演。自左至右为李跃明、林其塔、胡国华（2019 年·漳州）

陈艺艇表演

程惠明表演

通元达尊拳研习社学生参加"闽南文化　非遗圩日"演武大会。自左至右为林溪西、程惠明、陈清忠、胡国华、林亚通、巫炳国、胡春元、李惠松、钟坤滨、刘宇杰、胡贵明（2019 年·漳州）

林其塔（左3）在辅导学生（2020年·漳州）

通元达尊拳学生参加2020年国庆节武术汇演。自左至右为长槊刘宇杰对双短槊钟坤滨、徒手巫森鑫、大刀胡春元（2020年·漳州）

林其塔带通元达尊拳学生参加2021年端午节漳州非遗圩日演武。前排自左至右为李惠松、程惠明、王文勇、叶燕杰、朱龙义、韩宏华；后排自左至右为胡春元、陈志宏、陈清忠、林其塔、胡国华、朱文辉、陈艺艇（2021年·漳州）

2021年端午节漳州非遗圩日通元达尊拳学生在漳州"三馆"前集体演练（2021年·漳州）

通元达尊拳学生集体演练福建省级非物质文化遗产代表性项目"通元达尊拳"（2021年·漳州）

组织福建省级非物质文化遗产代表性项目"通元达尊拳"进校园（2021年·漳州）

林其塔（左）参加福建省武术发展论坛，与福建省武术协会甘式光会长（右）合影（2022年·厦门）

福建省健身气功协会会长林文贤为受聘的南强武术研究院名誉副院长颁发聘书。自左至右为林忠、林增辉、林其塔、林文贤（2022年·厦门）

林其塔、孙少宝参加福建省武术发展论坛，与中国武术九段、福建省南强武术研究院院长、厦门大学林建华教授合影。自左至右为孙少宝、陈长发、陈万庆、林建华、蔡海树、林其塔、许志雄、郭允明（2022 年·厦门）

林其塔（右）参加福建省武术发展论坛，与集美大学体育学院原院长郑旭旭教授（左）合影（2022年·厦门）

林其塔（左）参加福建省武术发展论坛，与中国武术九段、福建师范大学胡金焕教授（右）合影（2022 年·厦门）

林其塔（左）参加福建省武术发展论坛，与永春怡云武术研究会创会会长、中国武术八段、永春白鹤拳九段苏瀛汉（右）合影（2022年·厦门）

林其塔（右）参加福建省武术发展论坛，与漳州市武术协会会长贾建欣（左）合影（2022年·厦门）

林其塔（右）参加福建省武术发展论坛，与泉州市武术协会原主席、国际五祖拳联谊总会副主席蔡金星（左）合影（2022年·厦门）

孙少宝（左）参加福建省武术发展论坛，与中国武术八段、福建省南强武术研究院常务副院长、厦门大学郭琼珠教授（右）合影（2022年·厦门）

林其塔与通元达尊拳部分学生参加福建省武术发展论坛。自左至右为洪奋强、郑宇明、程惠明、陈清忠、胡春元、林其塔、胡国华、李跃明、陈志宏、林亚通（2022年·厦门）

福建省人民政府文件

闽政〔2022〕5号

福建省人民政府关于公布第七批
省级非物质文化遗产代表性项目名录的通知

各市、县（区）人民政府，平潭综合实验区管委会，省人民政府各部门、各直属机构，各大企业，各高等院校：

根据《中华人民共和国非物质文化遗产法》《福建省非物质文化遗产条例》有关规定，经研究，同意省文旅厅组织专家评审后提出的第七批省级非物质文化遗产代表性项目名录188项，其中新增项目名录157项，第一批至第六批省级非物质文化遗产代表性项目名录扩展项目31项，现予公布。

各地、各部门要以习近平新时代中国特色社会主义思想为指导，按照法律法规和有关规定要求，坚持以社会主义核心价值观

为引领，贯彻"保护为主、抢救第一、合理利用、传承发展"的工作方针，扎实做好非物质文化遗产代表性项目的保护传承工作，推动非物质文化遗产得到全面有效保护，为新发展阶段新福建建设作出贡献。

福建省人民政府
2022年1月29日

（此件主动公开）

福建省第七批省级非物质文化遗产代表性项目名录
（共计188项）

一、新增项目名录（157项）

序号	类别	项目名称	申报地区或单位
25	VI 传统体育、游艺与杂技	鸣鹤拳	福州市台江区、仓山区
26		达尊拳	漳州市芗城区
27		龙海宋江九州八卦阵	漳州市台商投资区
28		永春白鹤拳	泉州市永春县
29		施厝扁担术	泉州市泉港区
30		掷铙钹	泉州市
31		黄氏南少林鸣鹤拳·械	莆田市涵江区
32		连城舞青狮	龙岩市连城县
33		独木冲浪	宁德市蕉城区

漳州武术运动调查

林其塔

1985 年 6 月

漳州武术史初探

漳州兴华武术社林其塔整理
1985 年 6 月初稿
1985 年 12 月定稿

漳州武术运动调查

　　为了使人们对漳州武术运动的发展状况有比较全面的了解，本人对此作了一次尽可能详细的调查，但由于缺乏文字记载的史料，仅靠知情者提供的口头材料整理，难免有不够精确之处，仅供参考。

　　在此，谨对热情为我提供材料的诸同志及在整理过程中给予我指导的厦大林建华老师表示深深的敬意！

　　以本文向"漳州兴华武术社"的成立献礼！

林其塔武术手稿（1985 年）

林其塔《技击入门须知》入选《擒拿格斗术集粹》（1987 年版）

林其塔武术手稿（2017 年）

序

　　漳州武术名家林其塔先生及其弟子孙少宝先生的大作《漳州通元达尊拳》即将出版，这是福建省非物质文化遗产代表性项目、享誉闽南地区的历史名拳——达尊拳专著首次出版面世。其塔先生希望我能为该书写个序。同为漳州人，又是数十年的武坛挚友，他将一生所学、所练、所悟的闽南久负盛名的传统拳种达尊拳的心得整理、总结、编著出版，留存后世，具有深远的意义。书稿读了多遍，受益匪浅。因此，尽管才疏学浅，我仍十分高兴为该书的出版谈谈自己的一些感想。

　　漳州是一座闻名遐迩的历史文化名城，迄今已有1300多年历史。这里不仅气候宜人、风景秀丽、常年花果飘香，更是文昌武炽、民风朴实、人才荟萃。独特的地理环境和历史文化孕育了漳州人崇文尚武的传统以及热情豪爽又舍身重义的性格和情怀。

　　漳州的尚武传统至少可以追溯到汉唐时代。1000多年前的闽南漳州，桀骜不驯的原住民个个武勇强悍、身手矫捷，擅刀叉箭钩，极其善斗。他们各自为伍，互抱成团。为了争夺地盘，不同部族间经常发生冲突，更与入侵者拼死厮杀，使闽南地区长期处于动荡不安的状态，史称"蛮獠啸乱"。为此，唐高宗李治两次派河南府兵计58姓校尉、2万余军士入闽平乱。经过10余年、数百次激烈鏖战，中原官兵终于平定了"啸乱"。唐垂拱二年（686年），陈元光奏请朝廷，在泉、潮间增置漳州，促使潮汕、漳泉一带汉、蛮民族逐渐融合，并兴农扶商，辅以文教，发展经济，使社会秩序趋于稳定，百姓逐渐得到安宁。

宋末元初，元军攻打福建，漳州和其他城市爆发了大规模、长时间的抗元斗争。漳州各地百姓在各自首领的率领下，奋起抗击侵略者，和凶悍的元军进行殊死拼杀，他们不屈不挠，前赴后继，使蒙古骑兵在福建特别是漳州遭受了重创。

明代的漳州是倭患重灾区，亦是抗倭重镇。漳州百姓英勇无畏，他们练武艺，习镖牌，配合俞大猷、戚继光大军奋力杀敌。《明史》有载："闽漳泉习镖牌，水战为最。"抗倭名将俞大猷说："惟藤牌手出在漳州府龙溪县，土名海沧、许林、嵩屿、赤石、玷尾、月港、澳头、沙板等地。此各地方山川风气，生人刚勇善斗、重义轻生。"因此，漳州成了俞大猷兵员的首选之地。仅一次就在漳州招募了1500名藤牌手。明嘉靖四十一年（1562年），又招募了6000余名新兵，进行了严格的武艺、战术训练，成为抗倭的生力军。明末清初，郑成功在漳厦抗击清兵，漳州人吴田、许凤、陈龙、蓝理、柯彩武功超群，战功赫赫，成为郑成功麾下五虎将。如今，在漳州广泛流行的传统武术器械如单头槌（棍）、丈二槌（棍）、藤牌刀、钩镰枪等，都深深地留下了明代武艺的烙印。

在明代200多年间，福建共出了153名武进士，仅漳州就高中53名。清代漳州有58名考取武进士，其中2名状元及第。清朝、民国的漳州武术依然盛行，各城镇乡村武馆、武社林立，各拳种、各流派、各色功夫争奇斗艳，高手名师辈出，独领闽南一代风骚。流行的主要拳种有：达尊拳、白鹤拳、太祖拳、五祖何阳拳、罗汉拳、五兽拳、相公拳、洪拳（双技）、客家拳、畲拳等拳种。而达尊拳以其悠久的历史、丰富的内容和独特的技法在闽南独树一帜。

漳州达尊拳有三个不同的传承：一是通元庙所传的达尊拳；二是永春张苍荣所传之达尊拳；三为龙溪（今龙海区角美）黄其龙传下的达尊拳。这三个不同传承的达尊拳之拳理、拳技大体相同，但又各具特色，互有所长。

通元庙达尊拳可追溯到漳州开元寺武术。漳州开元寺始建于唐高宗上元元年（674年），唐贞元十七年（801年）迁建于龙溪县登高山（今漳州市芗城区）南麓，于清同治三年（1864年）太平军攻入漳州时毁于兵火。开元寺僧历代都有习武的传统，僧人功夫了得，且各具护寺绝技。开元寺被毁后，寺中僧众散落到城南通元庙，东郊石室岩、璞山岩，南郊白云岩，圆山云溪岩等各分寺支庙，达尊拳也随之外传，并以通元庙为最。由于该拳长期在寺庙和尚中代代传习，因而又有"和尚拳"之称。

漳州巷口孙甲水（1915—1985）结缘通元庙，成为通元庙碧琅禅师（1878—1949）及复明师（1880—1940）的俗家弟子。由于人品端正，勤奋好学，他深受两位高僧的垂爱。他继承了通元庙武学达尊拳，并练成了绝技铁盘手，成为漳州通元达尊拳的一代名师。后又传给儿子孙南松、孙炳辉以及吴松峰、林其塔等。

孙甲水的入室弟子林其塔先生谦和敦厚，德艺双馨，誉满八闽芗江。他从小嗜武，初从漳州习艺堂太祖拳名家曾木先生苦练南派太祖拳艺，后拜漳州"铁盘手"孙甲水先生为师，学练通元达尊拳。他天资聪颖，刻苦好学，历经数十年的艰苦磨砺，不仅练出了一身过硬功夫，系统地掌握了习艺堂太祖拳、通元达尊拳的理论和技艺，更兼通闽南各派特色拳技，融会贯通，终成漳州一名杰出的南派武术名家，是福建省级非物质文化遗产代表性项目"通元达尊拳"的主要传承人。

20世纪60年代漳州武风盛行，许多青少年或多或少都练过武术。当时其塔先生练南拳，我学北拳，不同拳种，不同师承，而后各自上山下乡务农。我于1973年上了大学专修武术，从此走上了武术教育之路。其塔先生也调回漳州，先从教，后从政，但他却始终不离武术。因为武术活动，我们的接触多了，一起参加漳州市或福建省举办的各种武术交流比赛。在武术交流或者比赛大会上，每每能看到其塔先生上场演示，其纯正的南拳技术风格和厚实的功力令人过目不忘，特别是他谦和朴实的人品、高尚的武德和对南拳武学的深厚造诣都令我钦佩。

其塔先生南拳正派，数十年来练功不辍，功深艺精。20世纪80年代起，他就多次参加"福建省传统武术观摩表演赛""闽台传统武术大赛"等，俱获殊荣。中国新闻社与福建省武术协会合拍的福建南拳武术专题片《闽海雄风》，就专门为其塔先生录制了南拳资料，他以习艺堂太祖拳、通元达尊拳和南棍、藤牌刀等技艺展示漳州南派武功的风采。1988年他代表福建省武术队参加在辽宁锦州举行的"全国武术观摩大会"并获奖，2004年再次代表福建省参加在河南郑州市举行的"首届世界传统武术节武术比赛"，荣获拳术（通元达尊拳）一等奖，与漳州习艺堂太祖拳名师蔡海树先生的藤牌棍对练荣获二等奖。2006年应邀赴嵩山少林寺担任"中国功夫之星全球电视大赛36强出关大典"的嘉宾、评委，还现场演练了独具特色的福建南拳。他还多次应福建省武管中心邀请，前往福州为省武术队队员传授闽南传统南拳技法，为福建南拳登上世界武坛高峰做出了贡献。

其塔先生还勤于笔耕。他认真记录并总结了福建省各拳种武技特点，特别是闽南战派武术风格特点和实战技击法，在各种报刊发表了武术专论数十篇。1985年撰写出《漳州武术运动调查》调查报告，该报告真实客观地记录了流传于漳州的主要拳种，包括本土传统拳种和北方外来拳种，各流派的渊源、师承、人物、流传和发展现状，成为第一部漳州武术史，为人们留下了极其宝贵的历史资料。

《漳州通元达尊拳》的另一位作者孙少宝，是福建省级非物质文化遗产代表性项目"通元达尊拳"的传承人之一，中国武术六段。他从小酷爱武术，20世纪80年代以优异的成绩考入厦门大学后，一边攻读学业，一边练武，并成为厦门大学武术队的一员。他除了苦练武术基本功外，随我重点攻习太极拳、形意拳和八卦掌，朝夕不辍。毕业后回到故乡漳州，工作之余又师从南派武术名家林其塔习练通元达尊拳和习艺堂太祖拳，不断汲取家乡宝贵的传统文化养分，努力充实和提高自己的武学素养。近年来，他悉心协助林其塔先生整理编著《漳州通元达尊拳》一书，为该书的出版尽心尽力。

经过近三年的努力，《漳州通元达尊拳》一书已经完稿并将付梓。该书不同于一般仅记录拳术套路的武术图书。它不仅有达尊拳独特的练功法、实战技法、典型拳术和器械套路，如藤牌刀等，更有漳州的历史、人文，漳州的尚武传统，漳州达尊拳的历史传承，漳州著名武术人物，以及林其塔先生的珍贵拳照和部分代表性文章等。该书共分为八章，文化气息浓厚，拳种特点突出，文武相承，图文并茂，可读性强。通过该书，人们可以了解闽南漳州的武术发展历程与习俗、了解久负盛名的通元达尊拳的真实面貌，为后人、为武术爱好者，特别是为南拳研究者提供了不可多得的珍贵文化史料。在重视继承和发扬祖国优秀传统文化的今天，该书的出版对于挖掘整理武术传统文化、填补漳州武术拳种专著空白、记录漳州武术发展具有深远的历史意义。

在此，期望《漳州通元达尊拳》早日出版。

林建华

2022 年 8 月 20 日

（林建华：厦门大学体育教学部原主任、教授，福建省南强武术研究院院长，中国武术九段，国际级武术裁判，曾任教育部直属综合大学体育协会理事长）

前 言

　　漳州是著名的历史文化名城。自唐代将领陈政、陈元光父子率兵平定闽南"蛮獠啸乱"后，于唐垂拱二年（686 年）向朝廷奏请建立漳州，迄今已有 1300 多年。

　　漳州地理位置优越，东面临海，与台湾一衣带水、隔海相望，有丰富的海洋资源和海洋文化，是台胞的重要祖籍地。漳州四季如春，花果飘香，人杰地灵，有福建最大的平原——漳州平原。漳州九龙江畔肥沃的土地盛产龙眼、荔枝、香蕉、甘橘、柚子、杨梅和水仙花，还有闻名世界的片仔癀、八宝印泥。

　　漳州自古商贸繁荣，文教昌盛，是闽南文化的发源地之一，有"海滨邹鲁"之盛誉。宋绍熙元年（1190 年），大理学家朱熹就任漳州知州，主张节民力、易风俗、立书院、施教化。明末抗清英烈、吏部尚书兼兵部尚书、武英殿大学士黄道周，被誉为"文章风节高天下"，就是漳州漳浦人。流行于闽台两地的戏剧"歌仔戏"也是源自漳州古老的锦歌。从漳州历代的科举来看，唐宋以来漳州登第进士科共有 690 人，出了 2 位状元。一位是宋朝的萧国梁，漳州府龙岩县永福里人，于宋乾道二年（1166 年）获进士第一，曾任太子侍郎官、礼部尚书、漳州郡守等官职。另一位是明代的林震（1388—1448），漳州府长泰县人，明宣宗宣德五年（1430 年）

庚戌科状元，授翰林院修撰。

漳州尚武传统历史悠久。古代漳州先民在与自然界搏斗及部落战争中，就以石、木、骨、角、蚌作武器，积累了丰富的与自然界搏斗及部落战争的经验和技术。从秦汉到唐代，外来人和本地土著经常发生冲突，形成了古代漳州彪悍的民风。受唐、宋、元、明、清以来的战争影响推动，漳州民众积累了丰富的武艺实战技术。武举方面，明代漳州有武进士53人，清代有武进士58人。武状元有李威光（平和）、吴锡章（南靖）两人以及武榜眼黄国梁（平和）。

明代抗倭名将俞大猷曾任汀漳守备，戚继光的军队"浙营"也曾驻营漳州。他们在漳设立乡兵，广泛组织训练团练抗倭，在漳掀起一股习武练拳的热潮。漳州长泰林墩百姓以林姓子弟兵为主组建民团"高安军"，配合戚继光痛杀倭寇于长泰朝天岭。明嘉靖三十八年（1559年）三千倭寇入侵长泰林墩，高安军与之激战，林墩江都三峰寺武僧出动助阵，经过生死搏杀，最终大败倭寇，保卫了家园。明万历年间，漳州藤牌兵参加远征朝鲜，平定"壬辰倭乱"。清康熙年间，漳州藤牌兵又参加出征平定蒙古葛尔丹叛乱。

漳州武界多勇士，漳籍将士吴田、甘辉、万礼、柯彩、蓝理、许凤、陈龙、何义等都是郑成功麾下战功赫赫的虎将，为收复台湾做出重大贡献。举世闻名的清末民间秘密反清组织天地会就是道宗禅师于顺治八年（1651年）在漳州东山九仙岩长林寺创立的。道宗禅师（1613—1701）俗名张木，漳州平和小溪后港村人，16岁入苦菜寺为僧，继承文武同修的临济宗禅门风范和南派拳术，尽得以儒释道为主要代表的中华文化真谛，奉行"以天下苍生为己念""一片利人"的宗旨。佛香以香花为本，俗称"香花僧"。信仰上三教合一名"三滴水共一"便是"洪"，天地会亦称"洪门"。道宗禅师又称第五和尚，被称为"长林五祖"，因此人们也把道宗禅师所传拳术称为"五祖拳"或"洪拳"。清末，青少年时期居住在漳州的晋江人蔡玉明在中年时期从漳州回到泉州，把在漳州跟何阳师所学的漳州五祖拳为骨架，吸纳包括漳州通元庙达尊拳、太祖拳等在内的其他优秀南拳养分，形成"新五祖拳"，在泉州广为传播，发扬光大，成为五祖拳一代宗师。1927年民国政府在南京设立"中央国术馆"，漳州武界也积极响应，于1931年成立"龙溪国术馆"。白鹤拳师张杨华（1871—1944）在此传授永春白鹤拳。张杨华师承永春白鹤拳师张苍荣。1934年，漳州白鹤拳手张日章出战福建省首届国术擂台赛并夺冠。目前在漳州市武协注册登记的武术馆校就有150家。

说到漳州武术，不能不提漳州开元寺武术。漳州开元寺始建于唐朝高宗上元元年（674年），原址在漳州云霄前埔村，寺名"开士寺"。唐玄宗开元二十六年（738年）李隆基为全国各州郡首要佛寺赐名"开元寺"。开元寺一度随漳州府治迁建至漳浦。唐贞元二年（786年），开元寺再度随漳州府治迁建至龙溪桂林村（今芗城辖区）。贞元十七年（801年），再迁移至漳州登高山（今芗城城区芝山）南麓。唐大中三年（849年），少林禅宗达摩祖师的第十世传人高僧义中禅师（即三平祖师、广济大师）主持漳州开元寺修禅传佛时，也传布强身护寺之武技。至此开始，出于保护寺庙的需要，漳州开元寺历代僧人保留了习拳练武的传统。

开元寺武艺原以拳、棒、铲、108法铙钹为主。清乾隆年间有清廷御林军教头漳州竹巷下人林南洲告老回乡，与开元寺住持衍庆祖师相交甚好，时常一起切磋武艺。林南洲将军伍兵器功夫传给寺中僧众，从此开元寺武艺增加了"公步家伙"（闽南方言，即军伍兵器功夫）的内容。开元寺武技经历代僧人对寺内外以及军伍武艺的兼容并蓄，并予继承发展，因而内容十分丰富。

清同治三年（1864年）九月，太平天国侍王李世贤率兵攻入漳州城（民间称"长毛反"），开元寺被烧毁，寺中僧众散落到各分寺支庙，如漳州城南龙眼营通元庙、东郊石室岩、璞山岩、南郊白云岩、圆山云溪岩、西坪寺，石码青山岩，海澄常春岩等。

通元庙始建于明代，属于开堂派，是开元寺的分寺支庙，因此开元武技也一脉相传至通元庙。通元庙僧人属于"三教合一"的"香花僧"，平时除礼佛参禅，还设坛念佛、打拳飞钹，并兼通医药，其所练拳术在漳州民间也被称为"和尚拳"。达尊拳也是通元庙武和尚所习拳种之一。

达尊拳主要流行于福建闽南的漳州、泉州一带，是以佛教禅宗初祖达摩之名讳为拳名。"达尊"，即"达摩尊者"。据相关的历史资料记载，最迟在明代中后期，达尊拳作为武术的一个流派就已经形成，至今有300多年的历史。漳州达尊拳在民国之前流传甚广，流派较多。如今练习达尊拳的人却不多，尤其是能完整继承之人更少，目前主要有漳州开元寺分庙通元庙碧琅师（名方龟，又称邱师）（1878—1949）所传达尊拳。碧琅师所传的这一支达尊拳即通元达尊拳。通元庙僧人原来一直信守开元寺武艺"只传僧人，不传俗家"的寺规，直到碧琅师主持通元庙（1895—1949）后，与复明师（1880—1940）共同将通元达尊拳以及开元寺其他武技传入民间。

通元达尊拳继承开元寺武技的优良传统，十分注重传承人的人品修行，同时注重禅、武、德合一，因此极具佛门特色。如碧琅师所传通元达尊拳的请手起势名曰"五指点香"，左手五指张开，掌心朝上，右手握拳，拳背贴左掌心，拳心朝上。这是标准的佛家礼仪。其他动作也有很多冠以"罗汉"之名，如"罗汉踢""罗汉颠""罗汉伏虎""罗汉提冲""独脚罗汉"等。从风格上看，通元达尊拳以"三战"为拳母，以坐禅、站跨（站桩）为根基，步站四六，根稳势烈，发劲沉遒，气势威猛磅礴。其套路短小精悍，有"拳打卧牛之地"之说。从技术上看，其拳法招招说打、势势讲用，讲究阴阳的变化、吞吐浮沉的闪转。其劲发弹抖，注重"寸劲"，如"摇身抖胛""鹰爪擒枝""剪枝擂鼓"等动作，尽显闽南战派拳术通元庙和尚拳的威猛剽悍，极具阳刚之美。通元达尊拳除了"三战"的吐纳运发劲训练，也极讲究内外合一，重视静功内气的修炼，如站马跨（闽南方言，指站桩）、坐禅功等。

目前，通元达尊拳拳术套路主要有：鸳鸯战、罗汉梅花三战、落地鸳鸯、罗汉颠、蝴蝶掌、五枚手等。器械主要有：达摩棍、铲、双合刀、大刀、叉、单刀、双刀、铁尺、钩镰枪、流星锤、藤牌刀、飞镖暗器等。还有铙钹一门技巧，做佛事时可表演，临敌可飞钹伤人，此技在武林中也是罕见。

通元达尊拳是地地道道的寺庙武僧自古传习的拳种，是真正的古拳道、和尚拳。质朴无华、自然天成是该拳种的宝贵之处和价值所在。2020年12月，被列入漳州市第八批市级非物质文化遗产代表性项目名录。2022年1月，被列入福建省第七批省级非物质文化遗产代表性项目名录。

为了继承通元达尊拳这一优秀传统武术文化，特编写出《漳州通元达尊拳》一书。全书共分八章，分别对漳州历史人文、尚武传统以及达尊拳的历史渊源、技术风格特点、主要内容、代表性套路、功法等，逐一介绍。本书叙述尽量翔实，并努力做到图文并茂、通俗易懂，以便于阅读。由于通元达尊拳留世的资料很少，加上时间仓促、作者水平有限，书中偏差、错误在所难免，希望各位同人、专家、朋友不吝批评指正。

林其塔　孙少宝

2022年7月15日

目 录

第一章　漳州地理与历史人文概览

漳州历史悠久，山川形胜，物产丰富。漳州人民用勤劳的双手，创造了灿烂辉煌的漳州文化。

自唐代陈政、陈元光入闽平乱，给漳州带来先进的中原文化以来，经过 1000 多年的不断传承、发展和积累，漳州已成为一座富有地域特色的文化名城。尤其是改革开放以来，漳州逐渐发展成为"田园都市生态之城"。有"中国优秀旅游城市""中国水仙花之乡""中国女排娘家""中国柚都""世界食用菌罐头之都""中国温泉之城"等殊誉，生态城市竞争力位居福建全省第一，为福建省生态先行示范区、国家级闽南文化生态保护区。1986 年，漳州被国务院列为第二批国家级历史文化名城。

第一节　地理风土概貌和行政区划沿革

漳州地理条件优越，气候适宜，物产丰富。漳州全市总面积 1.26 万平方千米，总人口超过 500 万人，绝大多数为汉族，还有畲族、高山族等 21 个少数民族，是著名的侨乡和台湾同胞祖籍地，是广大侨胞、台胞寻根谒祖的府地。

一、地理条件优越

区位优势　漳州，地处祖国的东南沿海、福建省的南部。向东紧邻厦门，并与台湾隔海相望；西北衔接革命老区龙岩，博平岭是闽西和闽南的分界线，也是九龙江西溪和北溪、汀江的分水岭；北靠泉州；南与广东交界。与厦门、泉州合称"闽南金三角"。

交通发达　漳州濒临东海，海岸线长达680多千米，海域大、滩涂多，可发展海洋渔业、养殖。交通运输便利，靠近厦门国际机场，拥有四通八达的高速公路网、动车交通网，水上有古雷港、漳州港等优良港湾和九龙江航道。古雷港，位于漳州市东山湾东侧，毗邻台湾海峡国际黄金航道，是中国八大深水港之一，拥有全国为数不多的可供建设30万吨级码头的天然深水避风良港，也是中国发展第五代集装箱的优良港址。境内有九龙江，是福建省内第二大江。由九龙江冲积而成的漳州平原是福建省最大平原，面积达566平方千米。

气候适宜　漳州位于东经116°53′～118°09′、北纬23°32′～25°13′，东南临海、西北多山，属于亚热带季风性湿润气候。这里气候条件优越，年平均温度21℃，无霜期达330天以上。雨量充沛，年降雨量1000～1700毫米之间，雨季集中在3～6月，特别适宜于发展亚热带花果、蔬菜和其他经济作物，是蜚声中外的"鱼米花果之乡"。

物产丰富　有诗云："天开一岁暖，花发四时春""暑多寒少，有霜无雪，树叶长青，桃李冬花，谷二登，蚕五熟"，说的是物产丰富。有稻麦一年三熟，鱼虾肥美，四季百花争艳，常年瓜果飘香，因此素有"鱼米之乡""花果之城"的美称。这里可种植双季水稻、小麦、薯瓜；这里盛产芦柑、荔枝、天宝香蕉、龙眼、琯溪蜜柚、凤梨、橄榄等诸多水果，品种丰富、闻名中外；这里有春兰秋菊、夏荷冬梅、闲花野草，令人目不暇接；这里临溪靠海，水产品丰富，河鲜海鲜鱼虾蟹，应有尽有。因此，有人赞美漳州是"凌波仙子"居住的地方。漳州还以特色小吃驰名海内外。有漳州干拌面、手抓面、卤面、沙茶面、猫仔粥、蚵仔煎、豆花粉丝、烧肉粽、四果汤、石码五香、南靖咸水鸭、云洞岩盐焗鸡，有诏安黄金枣、龙海东美糕、平和豆干、长泰明姜与砂仁等舌尖上的非遗美食。

漳州还以"漳州三宝"驰名海内外，即八宝印泥、片仔癀与水仙花。

漳州八宝印泥创制于清康熙十二年（1673 年），至今已有 300 余年。八宝印泥冬不凝固、夏不吐油，用于书画印章，有"入水经火永不褪色"的特点，是漳州历史悠久的特产，也是国家级非物质文化遗产，深受各界名人的高度赞扬，至今畅销海内外。最初，八宝印泥是作为治疗外伤药膏流传于世的，也是练武人士治疗外伤的常备药品。相传当时漳州源丰药材行的老板魏长安是用珍珠、麝香、琥珀、猴枣、冰片等珍稀材料，调以蓖麻油、磦银朱、艾草等，研制成医治刀伤、烫伤、疯狗咬伤的药品"八宝药膏"。在一次偶然的机会，魏氏将八宝药膏作为印泥钤盖在自己的书画作品上，发现效果很好。魏氏遂将八宝药膏研制改进转产为八宝印泥，并流传于世。

片仔癀是一种名贵的中成药。传统的片仔癀是用麝香、牛黄、田七、蛇胆等名贵中药制成的，具有清凉解热、消炎杀菌、消肿、拔毒生肌等功效，可以治疗多种肿痛病症，效果非常好，号称"灵丹妙药"。据说在明代嘉靖三十四年（1555 年），当时有个御医因为不满宫廷的暴政，避世到漳州东门外的璞山岩隐居修行，并利用宫廷的秘法，用田七、蛇胆、牛黄、麝香等制药，对于跌打损伤、消炎止痛有明显效果。因当时用药时是切片分服，每次一片就可以消炎止痛（闽南话称为"退癀"，"癀"指的是热毒肿痛），所以民间称为"片仔癀"，并沿用至今。

水仙花是漳州市的名优特产，1987 年 6 月入选中国十大名花。漳州水仙以球大、形美、花多、味香、花期长而驰名海内外，素有"天下水仙数漳州"的称誉，以漳州城西南郊圆山脚下蔡坂一带为最著名，有上千亩水仙花。1984 年 10 月 26 日，漳州市将水仙花定为"漳州市市花"。

风景优美 漳州有着丰富的自然盛景，名山大川、滨海风光、田园野趣，美不胜收。漳州"处物华天宝地，出人杰地灵才"，有许多文人典故和尚武文化的历史遗存，有着丰富的人文旅游资源，是全国优秀的旅游城市。

1. **云洞岩**。也称鹤鸣山，位于漳州市龙文区蔡坂村，山势呈东西走向，从山麓到峰巅，由各种各样的花岗岩石层层堆砌而成。明代翰林学士丰熙称："山尽石，石尽美且巨，他山莫侪。"隋开皇年间（581—600年），有潜翁养鹤修道于此，不时鹤鸣于山里。又据《漳州府志》载："山岩石壁，高出云霄。宋僧人往见二士对弈，就之，化为白鹤，冲天而去。"故名"鹤鸣山"。据说，云洞岩上有一石洞，天将降雨时，云雾从洞中飘出；雨霁天晴时，云雾又飘回洞里，故又名"云洞岩"。

云洞岩

云洞岩号称"闽南第一洞天""闽南第一碑林""丹霞第一洞天"，以无数幽深石洞和奇特的山石风光著称，有大小 40 余处花岗岩洞穴景观，与石、水、林、泉、岩、洞、寺相得益彰，还有多处宋代石亭、石井和明代的石碑楼、名人墓葬等。宋代理学家朱熹在此讲学，并留下"溪山第一"的题刻。唐代许碏，明代理学家蔡烈、丰熙、周瑛、林达、林魁和古文学家王慎中，清代杨道泰、马负书，以及近代的溥杰、弘一法师、单士元、赵朴初、杨成武等历代名人留下的篆、隶、楷、行、草各种书法题刻200余处，且兼备诗、文、联、记等文体。

云洞岩上有古山寨遗址。在古代，山寨与山洞共同连成一道自然屏障，成为古时军事防御的坚固堡垒，有"一夫当关，万夫莫开"的美誉。

2. 灵通岩。 灵通岩位于漳州市平和县灵通山，有"小黄山"之誉。灵通山原先叫大矾山、大峰山。直至明黄道周为大峰岩题下"灵应感通"四个字后，人们才把大峰山称为灵通山、大峰岩称为灵通岩。灵通岩以险峰、奇石、清泉、飘云著称。其山峭岩立壁、层峦叠嶂、怪石嶙峋，岩上有"珠帘化雨""三童弄狮""猛虎守峡"等十八景奇异瑰美，尤其是高达321米世界"第一天然大佛头像"和"珠帘化雨千米飞瀑"为景区独特的风貌。

在唐代，"开漳圣王"陈元光曾在狮子峰建一巡逻台，在这里练兵、镇守，台内200名战士每日习武练操。巡逻台遗址，今天还在。陈元光还将其父陈政的坟墓从云霄将军山迁葬于此。

明朝著名学者和抗清爱国志士黄道周少时曾经在灵通山上读书，灵通山下教书。"洞霞讲舍荒初业，空属流云寄扫坛。"黄道周出仕为官后，多次邀请徐霞客、林轩、陈天定、陈杨美等笔友文人游览灵通山，留下许多脍炙人口的佳话和辞章。

灵通岩"珠帘化雨"

台湾阿里山神吴凤（1699—1769），就出生于灵通山东南山麓壶嗣村。清康熙六十一年（1722年）至乾隆三十四年（1769年）间，吴凤被任命为阿里山通事。身为通事的吴凤处事公道，忠于职守，全力促进汉族和当地民众的融合发展，受到当地人的信赖。后来，为摒弃当地人以猎人头来祭神求丰年的恶习，故意安排让人误杀自己，使当地人可以得到人头祭神。当地人得知误杀吴凤后，吴凤的"舍生取义"之举，极大震动了当地人，并从此革除陋习。后人为纪念吴凤舍身劝化之功，尊之为"阿里山神"。如今，"阿里山神"吴凤故里不仅成为平和富有特色的人文景观，也是海峡两岸同根的历史见证。

3.乌山。漳州下辖的云霄、诏安两县交界处的"闽南革命摇篮"乌山，面积约900平方千米，脉走闽粤两省，丛崖、幽谷、深涧、巨壑、层峦、叠峰、云雾，构成了乌山独特的景观，是夏季休闲避暑养生的胜地。

乌山嵯峨高大，挺拔隽秀，陡峭盘纡，丛崖险隘，幽洞深邃，具有泰岳之雄伟、华山之峻崎、衡岳之烟云、峨嵋之清凉，在闽粤边区实属罕见。顶峰附近，崇山峻岭，悬崖峭壁，到处是乌黑色花岗岩和流纹岩，遍地是林立的兀石器。乌山既有人称"东南第一巨石"的龙床石，又有深不可测的石井，更有由巨石堆砌而成的天然石洞，以及盘曲蜿蜒数里的深邃的天然石隧道。

乌山的山峦沟壑还曾是历代军事藏龙卧虎之地。宋末元初陈吊眼曾以乌山为据点，带十万畲汉民众起义抗元，震撼东南半壁河山。这里还曾是明末清初天地会的活动场所，在乌山的观音庵周围石头上还有许多"天地王""大山王"等天地会石刻。位于乌山北蔗村东北侧的大石巷革命遗址（乌山革命纪念馆），是1947年至1949年3月间闽南地委机关遗址，保留了中共闽南原特委书记卢叨的住所、电台室、前哨报社、军械处、伤兵处以及雷公陂地雷战和坪坑伏击战旧战场等当年乌山游击队生活、战斗的场所，供人们参观敬仰。

乌山天池

4. 鹅仙洞与"小西双版纳"。 位于漳州市南靖县金山镇的鹅髻山鹅仙洞自然风景区，是国家级自然保护区，因山顶像鹅髻而得名。景区面积2.8平方千米，主峰海拔875米。鹅仙洞有奇特的山峰、飞翘的古刹、俏丽的瀑布和原始雨林，以奇险峻秀、空灵清幽闻名于世。有罗伦古道、飞来亭、鹅髻远眺、棋盘石、灵龟神游、仙鹤池等20多个景点，是漳州著名风景区之一。此山因明代状元罗伦两度进驻而闻名遐迩，因有九鲤飞真的传说而引人入胜。

鹅髻山上有千亩原始热带雨林，是福建省内面积最大、原生性最突显的亚热带雨林。这里因植物品种繁多而被称为"小西双版纳"。有空中飞瀑、缥缈的云

南靖鹅仙洞山门

雾、成群的蝴蝶、野生的兰花、深幽的古道，人在此大自然之中，则有妙趣横生之意，不禁忽生流连忘返之情。

5. 九侯山。九侯山系乌山支脉，位于漳州诏安县城北 15 千米处，方圆十余里，有九大山峰，最高为天柱峰，号称"南闽第一峰"。民间历代相传有九侯山十八景之说，有天开门、棋盘石、五儒书室、松涧泉、罗汉洞等，是著名的游览胜地，也是历代学者文人名士游览休憩、避世讲学求学之地。

九侯山比较完好地保存着始建于唐代的"九侯禅寺""福胜岩石室"等古建筑和宋代以来朱熹等历代名人墨客的摩崖题刻 20 多处。九侯禅寺寺门左侧深涧里有飞泉涌浪，珠飞玉溅，其声如雷。在湍急的泉流中有一巨石耸起，高数十丈，长 20 余米，状如鲤鱼跃浪，昂首仰天，势若腾空而起，这就是"松涧泉"和"鲤鱼石"。

九侯山

松涧泉边有一块"试剑石"，相传是唐代开漳圣王陈元光巡视九侯山时，试剑所留下的遗迹，至今剑痕犹在。山麓有一大石洞，名"陈吊洞"，宋末元初，福建汉族、畲族人民起义领袖陈吊眼曾屯兵于此。

6. 东山风动石。位于东山古城东门海滨石崖上，高 4.37 米，宽 44.47 米，长 4.46 米，重约 200 吨，上尖底圆，状似仙桃，巍然"搁"在一块卧地凸起且向海倾斜的磐石上，两石的接触面仅为 10 余平方厘米。狂风吹来时，或人仰卧磐石上跷起双足蹬推时，巨石会跟着摇晃，但又不会倒下。人们站在风动石下面，有一种惊险的感觉，叹为天下奇观，故名"风动石"，诗曰："风吹一石万钧动。"因此，东山风动石以奇、险、悬而居全国 60 多块风动石之最，被古代文人誉为"天下第一奇石"，是东山岛的标志性景观。

东山风动石

传说，明朝嘉靖年间，海上倭寇侵扰东山岛，企图抢走风动石。于是用了数艘兵舰，套上绳索，企图装船拉走。可是，任由倭寇费尽了力气，甚至到最后牵拉的绳索都断了，风动石却依然屹立在原地。

风动石附近的铜山古城始建于明洪武二十年（1387 年）。城墙为花岗石砌成，长 1903 米，高 7 米，城堞有 864 个垛口，东西南北各有城门，西南两处建有城楼，为环山临海的水寨。明嘉靖二十二年（1543 年），戚继光在此全歼倭寇。崇祯六年（1633 年），福建巡按路振飞、大帅徐一鸣在铜山海面连续两次击败荷兰帝国东印舰队。清顺治三年（南明隆武二年，1646 年），郑成功以此为抗清根据地之一，训练水师。清康熙二十二年（1683 年），福建水师提督施琅从铜山港和宫前港起航东征，平定台湾。铜山古城的最高处九仙顶有"人世仙境""海天一色""宦海恩波""三岛春秋"等摩崖题刻 20 多处。一块刻有"瑶台仙峤"的巨石是当年戚继光、郑成功的水操台。

漳州还有许多著名的风景名胜。有被地质学家誉为"中外罕见的古火山博物馆"和"形象生动的海上兵马俑"的漳州国家滨海火山地质公园龙海区隆教古火山，是世界罕见保存最为完好的海底古火山口，具有重要的科研价值、观赏价值和化学物理磁疗价值，专家们称之为"具有垄断性、特色鲜明的旅游资源"；有与金门的北太武山是"姐妹山"的龙海区南太武山，巍然雄踞在烟波浩渺的东南海疆，其列峰秀出，绿野无垠，村舍错落，登高俯览，则宛如一幅浓墨泼洒的美丽画卷；有"海底森林"美誉的福建漳江口红树林湿地自然保护区，是以红树林湿地生态系统、濒危动植物物种和东南沿海优质、水产种质资源为主要保护对象的湿地生态系统类型保护区，是中国北回归线北侧种类最多、生长最好的红树林天然群落；还有长泰天柱山国家森林公园、东山乌礁湾国家海滨森林公园、南靖乐土亚热带原始雨林保护区、明代旅游家徐霞客二度漂游的九龙江北溪；等等。

二、漳州建"州"与行政区划沿革

建州前的漳州　漳州，在夏禹时代属扬州（古代指长江流域东部和广大东南地域包括闽地的统称）。《尚书·禹贡》记载，早在大禹治水时，曾将天下分为九州，扬州就是其中之一。东南方包括福建都属于扬州。

周代，福建的先民们形成了七个大部落，各占一方，历史上称"七闽"。《周礼·夏官·职方氏》中载有"四夷、八蛮、七闽、九貉、五戎、六狄"的说法。漳州为七闽之地，在战国时期属于越地。北宋奉议郎吴与（今漳州漳浦县人）《漳州图经序》："谨按本州，在禹贡为扬州之南境，周为七闽之地。"

秦始皇二十六年（前 221 年），秦统一天下，将全国划分为 36 郡，随后派兵南下征百越。公元前214年征服百越，建立了桂林、象郡、南海和闽中郡。今漳州地区梁山山脉以北属闽中郡，梁山山脉以南归南海郡。汉朝初期，以梁山为界，漳州之域北属闽越国，南属南海国。

至汉武帝建元年间（前140年至前135年），中央王朝改"封邦建国"为郡县二级制后，漳州之域分属东、南两大部分，东属会稽郡冶县，南属南海郡揭阳县。

三国时期（220年至265年），漳州之域属吴地。吴永安三年（260年）设建安郡，漳州在建安郡内。

晋灭吴后，西晋太康三年（282年）析建安郡置晋安郡，至东晋义熙九年（413年），在盘陀岭以南地区建立了绥安县，这是有史以来第一个以县建制在漳州之域出现的城市，县治在盘陀岭附近。

南北朝时期，南朝梁天监九年（510年），析晋安郡置南安郡，漳地归属南安郡。同时在九龙江西溪流域又建立了兰水县，县城设在兰陵（今南靖县靖城）。南朝梁大同六年（540年）在九龙江畔建置龙溪县。

隋开皇十二年（592年），并绥安、兰水入龙溪县，隶泉州（州治今福州）。

"漳州"建置 隋末唐初，漳州尚未建置之前，从现在的泉州到潮州之间，发生了"蛮獠啸乱"。唐高宗总章二年（669年），朝廷先后派玉钤卫翊府左郎将归德将军陈政及其两兄陈敏、陈敷率军入闽平乱。唐仪凤二年（677年），陈政病卒后，其子陈元光袭父职。唐永淳二年（683年），陈元光向朝廷上《请建州县表》。他说，周官七闽，宜增为八，请建一州泉、潮间，以控岭表，委刺史领其事。朝议以为遐僻之地，万一遣官不谙土俗，黎民反受其殃，陈元光父子，久牧是土，蛮民畏怀，遂令他兼辖尤便。唐垂拱二年（686年）六月二十九日，朝廷诏下准建州县，给告身（委任状），俾建郡邑于绥安地。晋升陈元光为中郎将、右鹰扬卫、率府怀化大将军，兼守漳州刺史。因州治最早设在云霄境内梁山下，因临漳江而称"漳州"，辖漳浦、怀恩二县，州治设漳水之滨唐军中营屯所（今云霄县西林）。至此，由于增设"漳州"，福建才被称为"八闽"。

新建置的漳州初辖两县，即漳浦与怀恩，而漳浦则附州为县，本古绥安县地，因在漳江之畔故名漳浦。唐开元二十九年（741年），因怀恩县户籍逃亡太多，省怀恩县，并入漳浦，再把泉州的龙溪县划归漳州，漳州仍辖二县，即漳浦县与龙溪县。

大历十二年（777年），又割汀州的龙岩县归漳州，这样漳州就领所属三个县。

唐建中三年（782年），柳少安出任漳州刺史后，偕同陈元光的第四代孙别驾陈谟到龙溪县巡视。他们实地勘察了龙溪县内的山川形胜，调查了气候、物产、民情等各方面的情况后，认为这里山川清秀，原野平坦，四季如春，可以开辟万顷良田供人民生聚繁衍，如此天府之国，才是最上乘的州府所在地。于是，柳少安在唐兴元元年（784年）具疏请于朝，乞准徙治于龙溪未能获得批准。接任者陈谟一再上疏申请，终于在唐贞元二年（786年）获准漳州府再次迁治于龙溪县城（今漳州市芗城区）。

行政区划沿革　宋乾德四年（966年）复名漳州，太平兴国五年（980年）析泉州长泰县来属。

元至元十六年（1279年）改漳州路；至治二年（1322年）析龙溪、漳浦、龙岩3县边境交界地域置南胜县（至正十六年即1356年改称南靖），漳州共领5县。

明洪武元年（1368年）改为漳州府。成化七年（1471年）析龙岩县地置漳平县，正德十四年（1519年）析南靖县地置平和县，嘉靖九年（1530年）析漳浦县地置诏安县，嘉靖四十五年（1566年）十二月析龙溪、漳浦县地置海澄县，隆庆元年（1567年）析龙岩、大田、永安部分县地置宁洋县。

清雍正十二年（1734年）龙岩县升为直隶州，漳平、宁洋县归之。嘉庆三年（1798年）以漳浦县的云霄镇和平和、诏安部分地置云霄厅，漳州府辖龙溪、漳浦、长泰、南靖、平和、诏安、海澄7县2厅。清末属汀漳龙道。1912年废府。

1949年9月至1950年5月漳州各县相继解放，为第六行政督察区；1950年3月改为漳州专区，9月改为龙溪区；1955年3月改名龙溪专区，1970年9月改为龙溪地区；1985年5月撤销龙溪地区，成立省辖地级漳州市。

漳州原有的核心城区为芗城区、龙文区，是厦深高铁、龙厦高铁、鹰厦铁路交汇的重要枢纽城市、国家区域级流通节点城市。2021年2月，经国务院批准，原漳州市辖的龙海市、长泰县改为龙海区、长泰区，漳州的核心城区将扩大为芗城区、龙文区、龙海区、长泰区，能更好发挥漳州中心城市和城市群带动作用。

第二节　人文兴盛海滨邹鲁

漳州历史文明悠久，文脉源远流长。早在1万多年前，漳州先民就在此拓土而居。经过历代勤劳的漳州人民不断地开拓、继承和发展，创造了灿烂辉煌的漳州文化。尤其是历经了唐、宋、元、明、清的积累与发展，社会文明水平得到很大的进步和提高，可以说达到人文鼎盛，因而有"海滨邹鲁"之誉。

一、远古传说与史前文化

"太武夫人"的传说　相传远古时代，便有太武夫人在漳州拓土而居的传说。

在漳州市龙海区东边靠海的地方，有座山叫太武山，因隔海与金门岛北太武山遥遥相望，所以也称为南太武山。

南太武山海拔560米，传说山上有"太武夫人坛"。据清光绪《漳州府志·卷四十·古迹》引用宋代《漳州图经》记载："太武山，其上有太武夫人坛，前记谓闽中未有生人时，夫人拓土而居，因以名山。'武'作'姥'，其说荒远。但列仙传称：皇太姥，闽人婺女之精，而闽越负海名山多太姥者。"所谓"闽越负海名山多太姥者"，就是说包括福建福鼎太姥山、邻省浙江嵊县的天姥山、金门北太武山等许多以"武""姥"为名的山。在福建方言里，"太武山""太姥山"的"武""姥"同音，"太武""太姥"就是"太母""老祖母"的意思。

在漫长进化过程中，人类远古时代先后经历过"母系氏族社会"和"父系氏族社会"两个阶段。在母系氏族时期，人类过着群婚生活，子女只知其母，而不知其父。《公羊传》说："圣人皆无父，感天而生。"因而在当时，女性是居于主导地位的，那时部落的首领都是辈分较高的老祖母。据《福建史稿》载，在尚无文字记载以前，福建在远古时代的传说只有两个：一是关于"太武夫人"的传说。其部落活动于闽南太武山地区，显然处于母系氏族阶段。二是关于"武夷君"的传说。其部落活动于闽西北武夷山地区，"武夷君"是男生，是"父系社会"时期的一位部落首领。在没有文字的远古时代，各个部落首领在后代的子民中，往往成了神、仙的化身。"父系社会"时期的"武夷君"显然晚于"母系社会"时期的"太武夫人"。可以说，"太武夫人"是福建先民最早的始祖母，其历史地位当在全福建首屈一指。"太武夫人"作为福建最早的女神，其实就是母系氏族时期的先民们对女性部落首领"老祖母"的崇拜。因此，"太武夫人坛"，就是子孙后代为祭祀这位闽中先民族群的始祖母而专门设置的祭坛。尽管有众多的太武（太姥）山，但"太武夫人坛"却唯独设在漳州龙海区的太武山，说明这里才真正是"太武夫人"当年"拓土而居"的故址，堪称福建先民的发祥地。

母系氏族制前期，是属于考古学上的旧石器时代的晚期；母系氏族制后期，属于新石器时代的早期。太武夫人在漳州拓土而居的传说，反映的福建先民文明历史发展阶段，也和漳州的旧石器时代的考古发现相印证。

石器时代文化遗址 1989 年，漳州市区考古工作者在市区北郊的莲花池山和竹林山发现旧石器时代文化遗址。福建省、漳州市考古工作人员从原生层中采集到旧石器时代的石制品 27 件，其中莲花池山出土 23 件、竹林山出土 4 件，分为石核、石片、砍砸器和刮削器 4 种。从发现的旧石器推断，早在 4 万至 8 万年前，漳州先民就在这块美丽富饶的土地上聚居劳作、刀耕火种、生息繁衍。

漳州地区新石器时代文化遗址，包括漳州市郊的覆船山、龙海的万宝山、漳浦的香山、东山的大帽山和诏安的腊州山等，其遗物多为陶片、石器、石片、兽骨、贝壳等。证明当时生活在这里的居民过着狩猎、捕鱼、捞贝和采集的生活。他们靠溪、沿江、傍海而居，习惯于过依山近水、捕鱼狩猎等较为原始的生活。

1987 年春天，在东山岛发现了一件右肱骨残段化石，距今 1 万年左右。这一件史前时期的人类化石被命名为"东山人"。这一"东山人"有一个从陆居落海、长期保存在海底，又经渔民打捞回陆的迂回曲折的经历。究其原因，就在于当地有一古老习俗，即凡从海域作业打捞的骨头（包括已成化石的），不论是人骨或兽骨，均携回陆地"万福宫"（当地一种收埋仓库）收藏或安放。于是，这位来自台湾海峡"水晶宫"的福建远古先民，便有幸重见天日、返回人间。东山的人类化石仅发现有一段肱骨。据鉴定，这段肱骨系右侧肢骨体下端与肱骨髁相邻的部位。化石呈浅灰色，残留部分全长 57.9 毫米，在形态上和现代人的肱骨没有什么差别。"东山人"肱骨化石处于旧石器向新石器时代过渡时期，距今 1 万年左右，是当时福建省唯一一件史前时期的人类化石，它把福建的史前文明往前推了约 3000 年。

商周时代文化遗址　据专家考证，目前漳州地区共发现 274 处商周时代文化遗址，主要分布在河流两岸的山岗、山地和缓坡及滨海台地、小岛顶部和河流入海处的三角洲地区。出土文物主要有石器、陶器、青铜器三大类。如 2005 年 1 月 1 日，福建省文物考古队开始对漳州长泰岩溪镇一山丘处商代墓葬坑进行考古发掘，共出土 10 多件陶尊、陶豆、陶罐、陶纺轮和石锛、砺石等文物。考古专家称，此次发掘出土的陶尊、陶豆等珍贵文物，完整性好，器形多样，年代更为久远，对于了解 3200 年前的古闽越人的活动习俗、生活习性、生产状况、社会面貌，具有重要的学术价值。

仙字潭摩崖石刻　漳州的商周时代文化遗址还有仙字潭摩崖石刻。仙字潭摩崖石刻在福建省漳州市华安县沙建镇许田村，距漳州市区 34 千米处、九龙江支流的汰溪下游北岸岩壁上，是福建省首批公布的省级文物保护单位。

仙字潭摩崖石刻共有 6 处，自东往西长 30 多米。除一处汉字"营头至九龙山南安县界"外，其他 5 处共 36 个符号，最大的长 0.74 米、宽 0.35 米，最小的长 0.13 米、宽 0.1 米。这六组似字又有别于传统观念上的文字、似画又过于抽象变形的文化符号，千奇百怪，由于年代久远，深奥难懂，讹传为神仙所书，故名"仙字潭"。据考证这些石刻是古代"七闽"部落的遗迹。

据宋《太平广记》云："泉州之南，有山焉，峻起壁立，下有潭，水深不可测，周十余亩……石壁之上有凿成文字一十九言，字势甚古，郡中士庶，无能知者。"《漳州府志》载，唐朝就有人持其拓本到洛阳求教于韩愈。韩愈潜心精研后，释读其文曰："诏还黑视之鲤鱼天公界杀牛人壬癸神书急急"，共19个字，是为"天公责蛟螭"说，但不知有何根据。

九龙江支流的汰溪下游北岸岩壁　　　　　　　　仙字潭石刻

目前，学术界对仙字潭石刻的研究观点有多种看法，尚未定论，形成一个百家争鸣的局面，有待于进一步深入研究和探讨。

二、"海滨邹鲁"的形成与文风的兴盛

漳州作为独立州郡建置前，即唐武后垂拱二年（686年）之前，这片土地上是被称为"闽越族"少数民族杂居的地方，是"蛮荒之地""化外之区"。

"海滨邹鲁"的形成　唐高宗总章二年（669年），陈政（616—677）、陈元光（657—711）入闽平定"蛮獠啸乱"。垂拱二年（686年）漳州建州后，陈元光与其子陈珦、孙陈酆、曾孙陈谟，历任漳州刺史。从669年陈政入闽至819年陈谟卒，在长达150年的时间里，陈家五代人及其从河南带来的部下们，通过"偃武修文，施行惠政；劝农务本，通商惠工，兴修水利，屯垦安民"，传播中原先进农耕技术，持续推进恢复生产、发展经济。尤其是采取了"兴庠序，施教化，移风俗，育人才"等措施，传播中原文化，促进当地文化的发展。

南宋时，著名理学家、哲学家、教育家朱熹（1130—1200），于宋绍熙元年（1190年）任漳州知府。任上，朱文公竭力主张要"节民力，易风俗"，施行教化，移风易俗。他在漳州城郊的白云岩上，建造了紫阳书院，在此传道讲学。朱熹任漳州知府虽然只一年，但其施行的一系列崇儒的措施，对漳州文化发展起了极大的作用，影响极其深远，后人将朱熹知漳作为漳州文化发展的里程碑。

龙海白云岩紫阳书院

明代著名思想家、哲学家、军事家、文学家王守仁（1472—1529），字伯安，别号阳明，浙江绍兴府余姚县（今宁波市余姚市）人，学者称之为阳明先生，亦称王阳明。明正德十一年（1516年）九月，王阳明被擢为都察院左佥都御史，巡抚南（安）、赣（州）、汀（州）、漳（州）等地，至正德十六年（1521年）六月提任南京兵部尚书止，共四年多时间。

王阳明巡抚南赣汀漳期间，曾亲率 2000 名精兵平漳寇，肃清了盘踞在漳州南部闽粤交界山区数十年之久的山民暴乱，取得"漳南战役"的胜利。之后，王阳明上疏奏请新设"平和县"，实施建学校、易风俗、强教化等安民教化政策。同时，王阳明对漳州地区的社会秩序风俗进行重构和教化，他将"亲民""知行合一""致良知"等思想贯穿到理政新措中，不遗余力地建乡政、立乡约、兴社学、立书院，教化民众，达到"人知礼让，户习《诗》《书》，丕变偷薄之风，以成淳厚之俗"的境界。在王阳明的影响下，明代漳州形成了"尚儒重读"的文化氛围，漳州文化得到又一次的大发展，使得漳州成为"文物如邹鲁，斯言信不虚"的文明之地。

明崇祯年间代理漳州知府、阳明后学曹惟才曾赞叹："此清漳一块土何幸，宋有紫阳，而明又有（阳明）先生也。则从此之聿新，不独漳之山水灵也，凡诵紫阳而仰先生者，皆良知灵也。"

经过唐宋元明清的发展，加上优越的自然条件、富饶的物产资源，以及相对于中原稳定的社会，因此到明清之际，漳州便有"海滨邹鲁"之美称。

书院的兴盛　书院是中国古代自唐宋以来至明清出现的一种独特的教育机构，集教育、学术、藏书为一体的文化教育机构，是私人或官府所设的聚徒讲学、研究学问的场所。"书院者，育才兴学之地也。"

漳州建州后，第一任刺史陈元光积极提倡兴办学校、移风易俗，推广中原的文化。他首先在州署中设置专管教育的"文学"官员，倡导兴办书院、乡校，推行科举制度，大力提倡文化教化，漳州从此重学风气盛行，开启了文风鼎盛的时代。松洲书院就是这时创办的。

松洲书院，位于漳州市芗城区浦南镇松洲村，由陈元光与其子陈珦于唐中宗景龙二年（708 年）创办。清乾隆《龙溪县志》载："松洲书院在（漳州府）二十四都，唐陈珦与士民讲学处。"松洲书院有书舍、厅堂、跑马场，面积约 15 亩，既可教文，又可习武，具有相当大的规模。书院属官办，教员均由府县隆礼聘请。创办者陈珦把孔子的"文、行、忠、信"融于一体，言传身教，培育了大批人才，改变了"海滨世无仕者"。

松洲书院

由于松洲书院自唐贞元二年（786 年）漳州府迁到龙溪县桂林村（今芗城区）以后，被开辟为祭祀陈元光的威惠庙，形成"前庙后校"的结构。后来松洲书院历经各朝重修，一直保持"庙堂兼书院"的特点。至清同治三年（1864 年）书院于太平军入漳之役被烧毁。

松洲书院为古代中国最早创办的书院，是"八闽第一书院"。据现有资料记载，以书院作为学校名称"其始于唐代丽正修书院"，时在唐玄宗开元六年（718 年）。漳州创办松洲书院在唐景龙二年（708 年），比丽正修书院整整早了 10 年。因此，松洲书院不仅是福建省最早的书院，也是中国最早的官办书院之一。古代最著名的白鹿洞书院、岳麓书院、应天府书院、嵩阳书院四大书院，均在五代至宋初才建立，其中四大书院最早的是南唐升元四年（940 年）创建的白鹿洞书院，比漳州创建松洲书院的时间晚 200 多年。因此，邓洪波先生在《中国书院史》中认为，松洲书院作为我国第一所教学功能比较齐全的书院，在书院的发展史上具有里程碑意义。

自此，漳州兴办书院成为社会风气。两宋时有龙江书院、观澜书院、石屏书院、紫阳书院等，皆闻名遐迩，大放异彩。明时有龙溪的江东邺山讲堂、锦江书院、霞文书院，有漳浦的明诚书院、崇正书院、紫薇书院、鸿江书院，有东山的南溟书院以及长泰的泰亨书院、状元书院，诏安东瀛书院和海澄清漳书院、儒山书院等。清代有龙溪丹霞书院、霞北书院、霞东书院等。据史志记载予以初步统计，漳州古代书院共有130多处。其中唐至五代5处，宋13处，元代3处，明代49处，清代61处，还有创建年代不详的10处书院。明末的漳州学者经常于众多书院之中，聚徒讲学，蔚为风气。

才子名家辈出　自漳州建州后，受中原文化的影响，漳州读书科举风气日渐兴盛，能人辈出。

从漳州历代的科举考试来看，据有关资料记载，作为在全国范围内影响最大、最有代表性的进士科，唐宋以来漳州登第进士科共有690人，其中唐代2人、宋朝268人、元朝1人、明代306人、清朝113人。共出了2位状元，一位是宋朝萧国梁，漳州府龙岩县人，宋乾道二年（1166年）获进士第一；另一位是明朝林震，漳州府长泰县人，明宣德五年（1430年）庚戌科状元。

漳州还出现一大批名家大儒。唐有周匡物兄弟、潘存实，宋以后有高登、陈淳、林偕春、黄道周、张燮、唐朝彝、蓝鼎元、庄亨阳、蔡世远、蔡新等一大批政治家、思想家、教育家、文学家、史学家、数学家和地理学家。近代著名的文学家则有林语堂、杨骚。众多名家先贤还留下了300多种著述。

张燮（1574—1640），字绍和，自号海滨逸史，福建漳州府龙溪县人。自幼天资聪慧，10岁通五经，兼览史鉴百家。年轻时，文章诗歌名噪一时。张燮20岁中举后，定居镇江（今龙海区石码镇）侍奉父亲。于明万历四十五年（1617年）写成《东西洋考》一书12卷。此书取材十分丰富，包括明代后期有关海外贸易和交通的历史、地理、经济、航海等各方面的知识，对当时人们了解海外各国的情况提供了重要参考，为我们现在研究中外关系史、经济史、航海史、华侨史等也提供了丰富的资料。还著有《文集》《群玉楼集》，刊刻汉魏《七十二家文选》，黄宗羲称他为"万历间作手"。

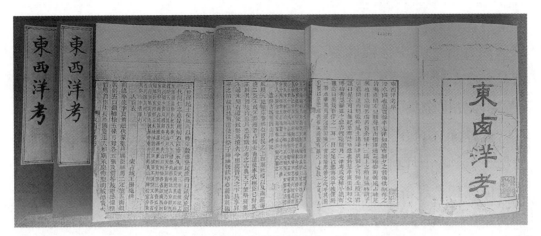

张燮《东西洋考》

黄道周（1585—1646），字幼玄，号石斋，世称石斋先生。福建漳州府漳浦县（今东山县铜陵镇）人。黄道周博学多才，精通天文、理数诸书，工书善画，诗文、隶草皆自成一家，是著名的学者、书画家、易学家和教育家。因抗清失败被俘，后壮烈殉国，享年62岁。

黄道周的道德文章冠盖一时，对漳州学风的形成起着重要作用。他25岁后定居漳浦东郊。明崇祯七年（1634年），应漳州府之请讲学于芝山。崇祯十六年至十七年（1643年至1644年）相继讲学于漳州紫阳书院、邺山讲堂和漳浦明诚书院。四方学者接踵而至，弟子数以千计，从而培养了大批有学问、有气节的人。

黄道周手制研究易经的工具"天方盘"，以八个同心圆和1万多个小方格组成，摆在讲学处天井中。几百年来，无数专家学者专程前来拜谒，但无人能解个中奥妙。

黄道周"天方盘"

黄道周又与当时国内知名学者广泛结交，如史学家张燮、大地理学家徐霞客等。其中徐霞客曾多次来漳州寻访黄道周。黄道周著作有《儒行集传》《石斋集》《易象正义》《春秋揆》《孝经集传》等，后人辑成《黄漳浦先生全集》。

蓝鼎元（1680—1733），字玉霖，号鹿洲，别号任庵。漳州府漳浦县张坑（今赤岭山坪村山尾顶）人。蓝鼎元自幼熟读经史，尤喜古诗文，通达治体，谈论经济。他胸怀大志，常以文章抒发抱负。蓝鼎元著作有《鹿洲初集》《女学》《东征集》《平台纪略》《棉阳学准》《鹿洲公案》《修史试笔》等传于世。

庄亨阳（1686—1746），字元仲，号复斋，漳州府南靖县奎洋镇人，数学家。清康熙五十七年（1718年）进士，历任山东莱州潍县知县、国子监助教、吏部检封司主事、汉阳府同知、湖北内监试、徐州府知府以及江南按察使（分巡淮安、徐州、海州道）。庄亨阳以学者、科学家的身份享誉海内外，对数学造诣很深。其《河防算术》一书被收入《四库全书》，名为《庄氏算学》，英国李约瑟博士著的《中国科技发展史》、李俨撰的《中国算学史》、钱宝琼写的《数学史》等著作都高度评价了《庄氏算学》。

蔡世远与蔡新 蔡世远（1682—1733），字闻之，号梁村，漳州府漳浦县人。因世居漳浦梁山，学者称之为"梁山先生"。蔡世远学问渊博，尤对于理学研究颇深。清康熙五十四年（1715年）曾主持福州鳌峰书院。他居家期间曾受县令之请讲学于漳浦县城，学子从者多至千人，是清初漳州文坛之首。

蔡新（1707—1799），字次明，号葛山，别号缉斋，系蔡世远的族侄。蔡新系清乾隆元年进士，后历任吏、礼、兵、刑、工等部尚书，官至文华殿大学士，是闽南地区历史上为官时间最长、地位最高，也是年龄最高的人。他继承了蔡世远的理学思想，曾经兼任过著名的《四库全书》馆正总裁，为漳州的文化史写了闪光的一笔。

蔡新故居

林语堂（1895—1976），福建漳州人，原名和乐，后改玉堂，又改语堂，中国现代著名作家、翻译家，新道家代表人物。早年留学美国、德国，获哈佛大学文学硕士，莱比锡大学语言学博士。回国后曾在清华大学、北京大学、厦门大学任教。1945年赴新加坡筹建南洋大学，任校长。曾任联合国教科文组织美术与文学主任、国际笔会副会长等职。林语堂于1940年和1950年先后两度获得诺贝尔文学奖提名。作品包括小说《京华烟云》《啼笑皆非》、散文和杂文文集《人生的盛宴》《生活的艺术》以及译著《东坡诗文选》《浮生六记》等。

漳州有林语堂纪念馆，位于芗城区。馆前安放一尊林语堂先生的塑像，由中国著名雕塑家、厦门大学李维祀教授设计制作。馆内展出林语堂先生100多幅珍贵照片和100多种书及一些林语堂用过的物品实物。

漳州林语堂纪念馆

杨骚（1900—1957），福建漳州人，著名诗人、作家，中国左翼作家联盟成员，中国诗歌会发起人之一。1938年加入"中华全国文艺界抗敌协会"，1939年参加"作家战地访问团"到抗日前线访问，被誉为"抗战诗星"。出版有抒情诗集《受难者的短曲》《春的感伤》，剧本集《迷雏》《他的天使》，诗剧集《记忆之都》，评论随笔集《急就篇》，译作有《铁流》《十月》等。

三、多姿多彩的民间艺术

漳州还有许多内涵丰富、多姿多彩的民间文化艺术。有被誉为海峡两岸的"两朵戏曲姐妹花"之一的芗剧，有饮誉海内外的"掌中艺术"布袋木偶戏，以及木偶雕刻、水仙花雕刻、民间剪纸、木版年画、锦歌、潮剧、竹马戏、大车鼓舞蹈、灯谜等。

目前漳州市县级以上非物质文化遗产保护名录有396项（其中，列入国家级17项、省级66项、市级175项；漳州布袋木偶戏、漳浦剪纸、南音、送王船入选联合国教科文组织名录、名册），非遗项目代表性传承人有467人（其中国家级14人、省级80人、市级238人）；文化部命名的艺术之乡 8 个，戏曲种类 20 多个，各类剧团 200 多个。还有享誉中外的布袋木偶戏、独具闽南特色的歌仔戏、锦歌、漳州蔡福美传统制鼓技艺等。

漳州人素来喜爱热闹，逢年过节少不了富有地方特色的艺术表演，如东山南音、漳州南词、哪吒鼓乐、漳台大鼓凉伞舞、华安畲家民歌、云霄龙船歌、太祖拳青龙阵、诏安铁技戏等。这些闽南文化给漳州非物质文化遗产增添一抹靓丽色彩。

漳绣、木版年画、素三彩烧制技艺、东山黄金漆画技艺、海船钉造技术、长泰古琴制作技艺、诏安彩扎、漳浦剪纸、诏安剪瓷雕工艺、漳州水仙花雕刻技艺等更是闻名遐迩。

芗剧 原名歌仔戏，亦名子弟戏，起源于漳州。明末清初，郑成功率部收复台湾，把流传于漳州的"歌仔"（锦歌）、"车鼓弄"等民间艺术带到台湾，并与当地民歌小调结合，在农村、渔区广泛流行。由于逢年过节，搭戏棚表演，故称歌仔戏。歌仔戏音乐曲调富有地方色彩，歌词唱白使用方言俚语，通俗易懂，同时又吸收了高甲戏、梨园戏、竹马戏等剧种的表演艺术成分，表演艺术得到大大的提升，因此，曾盛行一时。

芗剧剧照

抗日战争时期，邵江海（1913—1980）等艺人重新创作一套新的唱腔改良调，时称改良戏。改良戏在漳州龙溪一带广泛流传，改良戏班、歌仔馆曾经多达 200 个。

中华人民共和国成立后，由于改良调（子弟戏）主要流行于龙溪芗江一带，因此称芗剧。邵江海也被誉为芗剧一代宗师。从此，芗剧逐渐发展成为福建省五大剧种之一，传统剧目大约有 500 个，其中《陈三五娘》

《山伯英台》《吕蒙正》《杂货记》是歌仔戏四大传统剧目。

布袋木偶 漳州木偶起于晋，盛于唐，是历史上几次较大规模的中原汉人南迁带来中原文化与闽粤文化相融合的产物，迄今已有近 2000 年的历史。从历代文献中也可查到记载。如晋人《拾遗记》："南垂之南，有扶娄之国，其人善机巧变化……于掌中备百兽之乐，婉转屈曲于指间，人形或长数分，或复数寸，神怪倏忽，衔丽于时。"

经过明清两代的发展，到了清末，漳州的木偶戏已由城市渐进至乡镇，不仅有众多布袋戏班社，而且积累、改编、创作了大量演出节目，既有《大名府》《雷万春打虎》等传统折子戏，也有《钟馗元帅》《战潼关》等全本戏和《三国演义》《水浒传》《西游记》等连台本戏，标志着这种表演艺术形式已走向成熟。

布袋木偶戏表演细腻、栩栩如生。用五指操纵木偶进行的表演，既能体现人戏的唱、念、做、打，以至喜、怒、哀、乐的感情，又能表演一些人戏难以体现的动作，是一种具有高超技艺、精美造型和独特风格的木偶剧种。

漳州木偶

2006 年漳州市木偶剧团的布袋木偶戏和木偶头雕刻被列入首批国家非物质文化遗产保护，漳州布袋木偶戏以其古老、淳朴的艺术风格，蜚声中外、享誉世界，成为漳州一张金灿灿的文化名片。

水仙花雕刻　漳州水仙花属石蒜科，是室内观赏花卉，为漳州市花和福建省花，并当选为中国十大传统名花。

漳州水仙花的栽培和雕刻自明景泰年间延续至今已有500多年历史。据《龙溪县志》所述："闽中水仙以龙溪为第一，栽其根（鳞茎）至吴越，冬发花，时人争之。"世界上有60多种水仙花，唯产地在漳州城南圆山脚下的水仙花鳞茎硕大，箭多花繁，

水仙花雕刻

色美香郁，素雅娟丽，故有"天下水仙数漳州"之美誉。漳州水仙花主要有两个品种：一种是单瓣的，六片白色的花瓣向四边舒开，中间长有一个酒杯状的金黄色副花冠，名为"金盏银台"，俗称"酒盏水仙"，清香浓郁；另一种是复瓣的，卷皱的花瓣层层叠叠，上端素白，下端淡黄，雅号"玉玲珑"，俗称"百叶水仙"，香气稍淡。这两种水仙形态俊雅，是世界公认的多花水仙类中开花最多、香味最优的，被许多古代诗人誉为"国香"之花。宋代诗人黄庭坚称赞漳州水仙花："凌波仙子生尘袜，水上轻盈步微月。"

漳州水仙花雕刻，采用钢铁制成的刻刀、刻片、刻钳、刻剪、修叶刀、刻针等八种工具，通过刀刻、配合其他手段使水仙花的叶和花矮化、弯曲、定向、成型，使花、叶达到艺术造型的目的。其造型大体可分为兽型、禽型、生活型、人物型、象征型等五大类，其神韵逼真，千姿百态，栩栩如生，历代文人墨客称之为"凌波仙子"。漳州水仙花雕刻技艺"虽有人为，宛如天成"，成为一种独特的水仙花文化，具有很高的艺术欣赏和经济价值，人们誉之为"有生命的艺术珍品"，已为福建省省级非物质文化遗产。

第三节　历史文化古迹

　　漳州是国家级历史文化名城和全国优秀旅游城市，这里有许多历史名胜古迹，如古城、古寺、古堡、古村落、古牌坊等在国内外都享有盛名。

　　漳州古城　漳州古城位于漳州市芗城区的中心城区，自唐代以来即为州、郡、路、府之治所，现存老城区面积约 0.86 平方千米。古城原有许多历史古迹，如"三庵两院七桥亭""七阴八阳桥""九街十三巷"等。

　　如今，古城仍较为完整地保留了唐宋以来"枕三台、襟两河"的自然风貌、"以河为城、以桥为门"的筑城型制及九街十三巷的街道格局，可以用"唐宋古城、明清街区、民国风貌、闽南韵味"来概括，是漳州最有价值的核心区，也是全国第一个国家级文化生态保护区——闽南文化生态保护实验区的重要组成部分。2004 年荣获"联合国教科文组织亚太地区文化遗产保护项目荣誉奖"，入选首批"中国历史文化街区"。

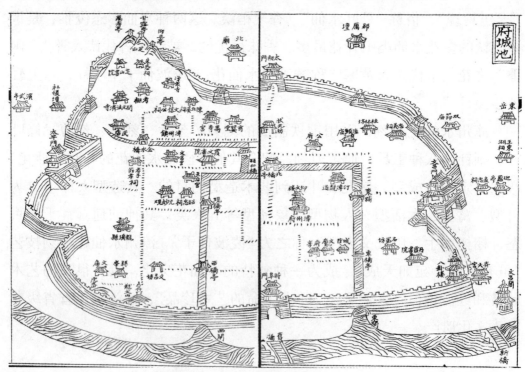

清代漳州古城图（清代漳州府治）

古城内拥有3处国家级重点文物保护单位、2处省级文物保护单位、10处市级文物保护单位，还完整地保存了骑楼式店面、中西合璧式建筑、闽南风格民居等三大类古民居建筑，漳州木偶头雕刻、蔡福美制鼓、八宝印泥等7个国家级非遗项目也都集中在这里。漫步在古城的青石板路上，可以参观漳州灯谜艺术博物馆、漳州市非物质文化遗产展示馆、徐竹初木偶艺术馆，可以看到炭精画、打白铁、竹编等漳州传统老行当，欣赏竹篙厝、胭脂砖、燕尾脊点缀着的院落，品味"闽南风、漳州味、宋河韵、老街景"的慢生活。

漳州古城"历史文化街区"

漳州古城"宋河新貌"

开元寺遗址 漳州自古佛教兴盛，有闽南佛国的美誉，早在唐初，漳州地区就已寺院广布、僧侣众多，漳州开元寺便是其中久负盛名的大寺院。漳州开元寺的僧人一边坐禅修佛，一边练武健身防身，历代出现了许多文武双修的得道高僧，如唐代义中禅师、宋代从谦禅师以及明代樵云禅师、本源禅师等。

漳州开元寺始建于唐高宗上元元年（674 年），当时寺名为"开士寺"，地点在云霄前埔村（今漳州市云霄县前埔村），唐玄宗开元四年（716 年）随漳州郡治迁至漳浦（今漳州市漳浦县），开元二十六年（738 年）敕封为"开元寺"。唐贞元二年（786 年），开元寺随漳州州治迁至龙溪桂林村（今芗城辖区）。唐贞元十七年（801 年），李登任漳州刺史，奏移开元寺于龙溪县登高山（今漳州市芗城区芝山）南麓。

据载，开元寺中有正殿、藏殿、法堂、戒堂、碧玉堂、应真阁、千佛阁、御经楼、咸通塔，其规制宏敞，为诸州禅林之冠。经宋、元、明、清数朝，寺庙均有扩建，蔚为壮观。寺内原有唐明皇铜像，又有金宝牌、金宝轮，皆御赐之宝。宋太宗御书经疏一百二十卷，宋仁宗篆书"明堂"二字、飞白书"明堂之门"四字。

宋末，开元寺毁于战火，唐明皇铜像及宝物失踪，御书经卷化为灰烬。元元贞二年（1296 年）重建开元寺时，将西湖畔的净慧寺（罗汉院）并入，取名"开元净慧万岁禅寺"。清同治三年（1864 年），太平天国李世贤部攻占漳州时，开元寺的一众武僧奋力抵抗。因而漳州城被攻破后，开元寺被太平天国军队焚毁，残存石件或湮没地下。之后，清当地官府在开元寺残址上修建试院、考棚。清末朝廷废科举，光绪三十一年（1905 年）试院改为漳州府中学堂，由此，漳州第一所新式学校在芝山诞生了，是为今漳州一中的前身。

日前，漳州市有关部门将收集到的开元寺遗存构件，包括经幢、石抱鼓、石碑、柱础等，在漳州市区芝山南麓的中间一块小草地上，就地集中展示，并立碑"漳州开元寺遗址"，以仰怀文物，供世人观瞻。

南山寺 在漳州市区九龙江南畔的丹霞山麓，为漳州八大名胜之一，是闻名海内外的有 1200 多年历史的佛教大寺院。于唐开元二十四年（736

年），为唐太子太傅陈邕所建。北宋乾德六年（968年）刺史陈文重修，改名"崇福"。南宋淳祐年间漳州知州章大任题匾"南州法罄"于寺内，至明朝天启年间（1621—1627）改称"南山禅寺"。现存建筑为清光绪年间和近代所修。

南山寺坐南朝北，占地面积4万平方米。沿中轴线由北往南依次为山门、天王殿、大雄宝殿、法堂（藏经楼），左右有喝云祖堂、陈太傅祠、石佛阁、德星堂、地藏王殿、福日斋。东侧还有城隍庙，后山有塔院等建筑。主殿大雄宝殿建筑面积约800平方米，面阔5间，进深5间，重檐歇山顶，殿内佛像之须弥座圭脚是唐代遗存，束腰以上为宋代所造。南山寺从明朝起为禅宗临济宗喝云派发源地，为喝云祖庭，在福建、台湾和南洋的影响极其广泛。

南山寺还有一段光荣的革命历史。1930年至1931年间，陶铸同志担任闽南特委书记时，就曾以南山寺和尚身份为掩护住在寺内"德星堂"中，领导闽南革命工作。1932年春，毛主席亲自率领东路军攻克漳州时，寺僧萧达加等7人就脱下袈裟，参加红军，跟随毛主席前往江西中央苏区，转战南北，为中国革命做出了贡献。1956年陶铸同志重游南山寺时，曾写下七绝一首作为纪念："南山古寺规模在，含笑依然花满枝。鬓白重来千百感，江山妩媚故人稀。"

南山寺

文庙　漳州文庙位于漳州市区修文西路，是漳州城内最大的古建筑群，也是我国四大孔庙之一，国家级重点文物保护单位。南宋建炎年间（1127—1130），孔子后裔避兵入漳，居住于此，其子孙世代相传住于庙内，直至明正德年间。

漳州文庙

据清乾隆《漳州府志》载，漳州文庙于北宋庆历四年（1044年）建，政和二年（1112年）移于州左，南宋绍兴九年（1139年）复故址。明、清两代及民国时期，屡有修葺。

漳州文庙坐北朝南，现占地面积约6000平方米，总建筑面积2600平方米。

原有的古代建筑物，如明伦堂、泮池、棂星门等已毁。现大门以内中轴线上依次为戟门、丹墀、月台、大成殿，两旁为东西两庑及敬一亭等。戟门面阔9间，进深2间。东西两庑面阔各8间，进深各二间。文庙大门前左右两边分别立有"道冠古今"和"德配天地"牌

"道冠古今"牌坊

坊。据说朱熹知漳州时，曾"每旬之二日必领官属下周学"，前来此处"视诸生讲小学为正义"。

漳州文庙具有很高的文化和历史文物价值，是漳州文化发展史重要的实证物。据专家考评，大成殿内部结构和细部装饰均为宋代遗物，是研究宋代文庙建筑的珍贵实例，反映了当时闽南一带较高的石雕刻技术和建筑技术水平。历史上，朱熹、黄道周、郑成功都曾到此庙祭祀孔子。

威镇阁 俗称八卦楼，位于漳州市区九龙江北畔（明代漳州城的东南角），是漳州名胜古迹之一。始建于明神宗万历六年（1578年），至今已有400多年的历史。

关于为什么要建威镇阁有多种说法。一说是，时漳州知府罗青霄建楼为了完善漳州城的"地理风水"，听取堪舆家（即风水先生）建言，按易经八卦图观测，建一座楼阁。既可弥补漳州城东南地"低洼"之"地理的缺陷"，又可象征"笔尖"高耸，有利于文风昌盛，多出人才。据《漳州府志》记载："明神宗万历六年（1578年），漳州知府罗青霄以巽隅洼甚；乃撤城上旧楼，建层阁。"另外一说是，为加强对倭寇侵扰漳州的防卫，在漳州城东南平阔地建一高楼，既可以驻兵防护，又可以登高瞭望加强警戒。

威镇阁楼高三层，采用阴阳八卦为顶面，阁上都用长宽相同的长方形巨石铺成八角形状，每块巨石按方位分别刻着"乾、坤、震、艮、坎、兑、巽、离"的方正大字，所以俗称八卦楼。该楼与芝山顶峰的威镇亭遥相对峙，互为犄角。威镇阁八面开窗，登临阁顶，方圆数十里风光尽收眼底，当年的设计者漳州同知罗拱宸登楼远眺，触景生情，赋联一对："五名山两秀水，城外风烟连海峤；真七儒三及第，漳州文献甲闽瓯"，巧妙地将当时漳州人文景观的精华融入联中。

威镇阁落成以后，曾经人潮如涌，盛极一时。明万历二十六年（1598年），有一次强台风从漳州登陆，刮倒了南城楼，而威镇阁仍巍然屹立。万历三十八年（1610年），漳州发生一次大地震，城里许多房屋倒塌，而威镇阁却安然无恙。之后400多年来，威镇阁历尽坎坷，经历多次焚毁与重建。1999年春节，重建后的威镇阁雄姿再现漳州大地，建设面积达 750 平方米，分一、二、三层和夹层，总高 48.8 米，成为漳州市区的标志性建筑。

威镇阁新姿

通元庙　通元庙在漳州市区城南龙眼营，坐东向西，始建于明代。正殿主祀广惠尊王即晋谢安和谢府的谢石、谢玄、谢铁等四位元帅，以及开漳圣王陈元光、观音菩萨。通元庙上悬"威镇南漳"匾额，后殿有天井，殿左右两室。

漳州通元庙

《漳浦县志》记载："谢东山庙，浦乡里在处皆有之，相传陈将军自光州携香火来浦，五十八姓同崇奉焉。"另据《漳州府志》记载，"谢广惠王即晋谢安石也"。据考证，这里所言的"陈将军"为归德将军陈政。因为唐总章二年（669年）陈政率部入闽，陈元光随之。陈元光出生于唐显庆二年（657年），随父入闽时才12岁。谢安（320—385），字安石，东晋名士、宰相，汉族，陈郡阳夏（今河南太康）人。年四十始为桓温司马，累官至太保，卒赠太傅，故世称谢太傅。谢玄系谢安之侄，字幼度，有经国才略。东晋太元八年（383年），前秦苻坚率兵南下进犯东晋。谢安举荐谢玄为平南元帅，领兵八万抵御苻坚百万大军于淝水。胜敌后，谢玄官拜左将军、会稽内史。

通元庙正殿面阔3间，进深3间，天井带两廊，硬山顶。正殿主祀广惠尊王谢安，并谢府四位元帅。上悬"威镇南漳"匾额。后殿有天井，殿左右两室，中祀观音菩萨，两边石柱镌有对联曰："德泽攸垂咸传固始，显灵如在永庇通元。"二楼一厅带耳房。此两层楼房系清咸丰四年（1854年）住持、通元达尊拳首祖僧慧照师所建。据说，通元庙两层的楼房建筑格局在漳州乃至全国各古祠庙宇中都堪称罕见，具有一定的建筑研究价值。

1864年10月14日，太平天国率余部攻占漳州后，侍王李世贤就住在通元庙后殿二楼上，于次年5月15日才撤出漳州。正因为这段历史，通元庙也被人称为"侍王府"。1988年6月10日，为纪念这段历史，漳州市政府批准"侍王府"为市级保护单位，并立碑纪念。

通元庙历代隶属开元分支寺庙，历代驻庙僧人均由开元寺选派。而通元庙僧人为出祖和尚，也属于"香花僧"。他们的生活来源不靠寺院供给，只依靠为人设坛念佛祝福超度，并舞弄铙钹、杂技、武术等表演收入来维持生活。为此，过去通元庙僧人也在外设馆授徒，开元武术的一支"通元达尊拳"因之传入民间，成为漳州武术流派中的一个独特拳派。

漳州土楼　漳州土楼是漳州对外的一张名片。漳州土楼以生土作为主要的材料建成。土楼一般是三层到五层，一楼是厨房，二楼是仓库，三楼之上就是卧室。整个土楼内部是聚族而居的，能容纳200～700的人。

漳州土楼数量很多，分布比较分散，共有800多座，汇集了福建省内

田螺坑土楼群

现存最高、最大、最小、最奇特和保护最完好的土楼。其中名气比较大的有南靖田螺坑土楼群、和贵楼、东倒西歪楼和华安二宜楼、平和半月楼等。田螺坑土楼群是南靖土楼中很有特色的土楼群之一，四座圆楼簇拥着一座方楼，像是一朵怒放的梅花，也像客家人餐桌上的美味佳肴"四菜一汤"。

土楼是古代漳州人首创的。据专家考证，土楼的产生首先是基于军事需要，是作为军事城堡而建的抵御外敌的建筑，类似于城堡、兵营和山寨。早在唐代漳州首任刺史陈元光为防备"蛮獠"的侵扰，就在漳州四境建了许多巡逻行台兵营，作为防卫的措施之一。明代倭寇侵扰漳州，漳州各地民众纷纷组织起来反击，并建了许多土寨子、土城堡以自卫。原来这些城堡大多建在地势险要或者军事要冲，外形多为圆形或者椭圆形；后来，一些大家族或者村落为了区域性民众的安全，也把这种城堡式的建筑加以改造融入民居之用，形成了防御与居住一体的或圆或方的土楼模式。

赵家堡 赵家堡位于距漳州市区南向偏东 90 千米的漳浦县畲乡湖西硕高山下，面积 0.5 平方千米，是南宋末年皇族闽冲郡王赵若和（宋太祖赵匡胤之弟赵匡美的第十世孙）流亡避难隐居的古城堡。明朝时，赵若和第十世孙赵范和赵范之子赵义先后于万历二十八年（1600 年）、万历四十八年（1620 年）重新扩建赵家堡和外城。赵家堡被史学界和建筑界专家学者称为"国之瑰宝"，是全国重点文物保护单位，被载入《中国旅游名胜大辞典》。

赵家堡

作为赵宋后裔聚居地，赵家堡仿效开封城的规划布局，"布局立意，处处乃沿汴京之旧"。赵家堡城内的建筑充分地考虑到社会生活的各种需求，如建造神庙、读书处等公共建筑，大致形成了生活区、礼仪区和园林区的格局。更重要的是，城里聚居、保存着一个皇室家族历 400 余年，是人类历史上的一大奇迹。如今，赵家堡古建筑群内住有 100 户，600 多名赵氏后裔。

赵家堡还具备了城池的军事防御功能，其完璧楼则体现了同期闽南地区民居防寇的建筑特色。赵家堡对于明代的军事史、抗倭史有特殊的意义。

漳州古牌坊　漳州古城内有两座明代石坊、两座清代石坊，是现存漳州石坊中最具代表性的建筑，是漳州古城的标志性艺术建筑，为全国重点文物保护单位。

位于漳州古城内香港路双门顶的是两座明代石坊"尚书探花"和"三世宰贰"。"尚书探花"坊乃明万历三十三年（1605 年）为林士章而立。

林士章，字德斐，福建漳州府漳浦县人，明嘉靖探花，曾任南京礼部尚书、国史副总裁等。坊宽 8 米、高 11 米，南北向。正楼匾额两面分别刻楷体榜书"尚书""探花"。"三世宰贰"坊位于"尚书探花"坊北约 30 米处，系明万历四十七年（1619 年）为南京吏部右侍郎蒋孟育及其父蒋玉山、祖父蒋相而立。蒋孟育，福建漳州府龙溪县人，万历进士，曾在漳州府结"玄云诗社"。坊宽 8.09 米、高 11 米。此坊以圆雕四力士置正楼顶部四角支撑坊顶。正匾两面分镌"三世宰贰""两京敭历"。"三世宰贰"，意指一家三代任官或封赠为侍郎这一级别；"两京敭历"是说在北京、南京当官的时间比较长、宦历多。

位于漳州古城内新华东路东端岳口街的是两座清代石坊"勇壮简易"和"闽越雄声"。"勇壮简易"坊建于清康熙四十六年（1707 年），康熙帝赐蓝理立。蓝理（1649—1720），字义甫，号义山，福建漳州府漳浦县人，曾任天津等处总兵、福建提督、左都督，挂镇朔将军印。在清初平定台湾的行动中，他战功显著，曾在澎湖拖肠血战，救施琅出重围。康熙帝曾令蓝理解衣而亲抚其瘢，并先后御书两匾赐之。坊宽 10.63 米、高 12.5 米。正楼四坡顶，顶部檐下正中置镂雕一龙衔顶、双龙盘边、祥云托底的竖匾，匾上直书"御书"二字。其下是两面分勒康熙所赐御书"勇壮简易"和"所向无前"正匾。"闽越雄声"坊在勇壮简易坊东北 159 米处，建于清康熙六十一年（1722 年），清圣祖赐许凤立。许凤，海澄人，曾任总镇福建全漳总兵官、荣禄大夫、左都督，与蓝理同为清初平台名将。坊坐东北向西南，宽 11.2 米、高 12 米。匾额两面分镌"闽越雄声""楚滇伟绩"。

这四座石坊，建筑形式均为石仿木结构，以青石和白石相间建造，坊上遍布雕刻装饰，分别用阴刻、线刻、浮雕、镂雕、双面雕等不同手法雕刻着龙凤、花卉、飞禽、瑞兽、人物等，各展风采，形象生动。不仅具有南方细腻繁缛的品位，而且融进北方粗犷刚毅的气派，体现了漳州传统艺术保存浓厚中原文化色彩与大胆吸收外来文化的特点。

明代牌坊（颜隆晖拍摄）　　　　　　清代牌坊（颜隆晖拍摄）

镇海卫古城　位于漳州南太武山麓鸿江之滨的龙海区隆教乡镇海村，是一座闻名遐迩的兵戎古城，系明代福建沿海抗倭御敌的重要卫指挥所之一，由江夏侯周德兴于明洪武二十年（1387 年）奉旨抵御倭寇时所建。与威海卫、济南卫、天津卫并称为"明代四大古卫城"，至今已有600 多年。2013 年 5 月 4 日，镇海卫古城被列入第七批全国重点文物保护单位。

卫城内设卫指挥使司和前、后、左、右、中五个千户所，辖六鳌、铜山、玄钟（今漳浦、东山、诏安）三个千户所，近万兵力，管辖南到广东汕头，北至福州马尾的漫长海岸线。据史料记载，镇海卫自筑卫城起至明嘉靖二十八年（1549 年）的 160 多年来，防区内安然无恙，人民安居乐业。

根据《海澄县志》载：城长共八百七十三丈，城宽丈三尺，城高二丈二尺，筑女墙一千六百六十个，窝铺二十个，垛七喤百二十个，分东西南北四个门。门各有楼，后东门常闭，另开水门，现在保存较好的是南门和水门，特别是南门，建造方式奇特，有两重城门，进入第一道城门后，两侧又各筑一道半月形城墙，俗称月眉城（简称月城）。现存墙基、四个门及城墙各一段。

镇海卫内外不仅山海俊秀，而且有不少保存完好的祠、庙、亭、碑、牌坊可供游人观瞻。城内尚有断头罗汉、东岳景观、城隍庙、孔子庙、义学碑记、梳妆楼遗址、关帝庙、昭毅将军残碑、古石碑坊，以及明代古街、古城墙等古迹。水门右侧柳树下有古地洞，据说是四通八达的地洞群，为闽南十八洞之一，名曰"飞蛾洞"。

历史上镇海卫曾多次修葺、重建。明正统十三年（1448年）、弘治年间（1488—1505）、隆庆三年（1569年）等先后进行三次重修。清顺治十八年（1661年），清廷下诏弃土移界，卫城遂毁弃。清康熙六年（1667年）清廷下令裁卫，镇海卫从此不复存在，但遗址遗迹虽历600多年的风云变幻，故垒雄风至今犹存。

漳州还有许多国家级的历史人文古迹胜景，如国家4A级旅游区、省级风景名胜区三平风景区（三平寺庙所在地）；全国重点文物保护单位、全国首批涉台文物白礁慈济宫（祀吴本真人）；保存着53座完整的土楼的南靖云水谣古镇和"闽南周庄"塔下土楼；龙海区埭美古村落；等等。

三平风景区（三平寺所在地）

白礁慈济宫

南靖云水谣古镇

埭美古村落

（本章图片由黄良弼拍摄，有备注的除外）

第二章 漳州尚武文化传统述略

漳州尚武文化传统内容非常丰富。从技术层面看，有军伍武艺、寺院武艺、民间武艺。在精神文化层面，还表现为彪悍的民风，以及反抗封建统治和外敌入侵的斗争精神。明末清初，漳州民间的社团组织遍布，武术门派开始出现，武术名家辈出，这也是漳州尚武文化传统一个很重要的组成部分。

第一节 漳州民间武术的发展

武术源于人类先民与自然、部族斗争的实践。古代漳州先民在与自然界搏斗及部落战争中，就以石、木、骨、角、蚌作武器，积累了丰富的与自然界搏斗及部落战争的技术。漳州先民对于兵器的制造十分考究。从龙海区浮宫、芗城区浦南等地出土的商周时代古兵器石戈看，浮宫的穿孔石戈，不但器型大（长 35.5 厘米、宽 8.5 厘米），而且磨制细致精美。说明古代漳州先民很早就有武术的实践活动。当然，直到唐代前期，漳州的生产力水平还很低下，包括武艺技术水平。

在唐代之前，现漳州所处的地方非常偏僻、落后。随着中原地区的移民多次南迁入闽，比较成熟的中原文化、生产技术以及军事武艺随之被带到了福建、广东一带。

唐朝以前，中原地区的移民多次南迁入闽，规模比较大的有三次。第一次人口迁移是在两晋南北朝时期，河南中州林、黄、陈、郑、詹、邱、何、胡八姓避乱南渡入闽，沿江而居，形成了历史上著名的"衣冠南渡"，其中相当一部分定居于漳州九龙江畔。第二次人口迁移是陈元光开漳。陈政、陈元光父子率3600名府兵、100多名将领入闽，平定了"蛮獠啸乱"。第三次人口迁移是"十八姓入闽"。唐朝末年，光州刺史王绪及其手下王潮、王审知率领光、寿两州5000多兵马以及部分吏民渡江南下进入福建。这几次移民，都是从中原出发，后来他们许多将士及其家属就定居在福建。于是，中原产生的军事武艺随之被传播到了福建。

如唐垂拱二年（686年）漳州建制后，当时陈元光率领入闽的数千名唐军，长期在漳州驻扎下来。《平和县志》就有记载：唐垂拱二年，陈元光置巡逻台于大峰山（即平和县灵通岩），台内200名士兵每日习武练操。这些士兵响应陈元光的政策，通过与当地居民通婚而定居下来。陈元光的部将许天正、李伯瑶、马仁、沈世纪等人，都是武功高强的将军，其队伍既训练行军布阵战法，也训练单兵作战以及冲锋陷阵的武艺。随着"蛮獠啸乱"平息，唐军主动和当地居民交往并融入当地的社会生产活动中，军队演练的武艺就逐渐流入民间。

两宋时期，战乱不断、边患不停，国内阶级矛盾不时激化，人民财产和生命安全遭受了极大威胁，民间人士纷纷结社自保，于是产生了众多军事性质的民间组织，他们教习武艺，抵御外敌、反抗压迫。如北方地区出现的民间军事性质的武术组织"忠义巡社""弓箭社"等。另一件事就是，北宋末年金兵南侵中原，宋室南渡，史称"靖康之难"。为避战乱，中原人口再次南迁，于是有大规模的汉人入闽。这次移民潮规模比前几次都大，且对南方包括漳州经济文化的影响也最为深远。相应的，南迁的北方民间军事性质的武术组织也直接影响、带动了漳州武术的发展。

元代，为加强统治，朝廷禁止汉人、南人民间持有兵器，严禁民间习武，规定了"民习角抵、枪棒罪"。1284年，甚至进一步申令禁止民间庙宇供奉真刀真枪。1289年，再次禁止江南人民持带弓矢，犯者籍而为兵。因而元代民间武术的发展受到较大影响，当时武艺多以家族内部秘密传授的方式在民间发展。

明代，全国各地均有乡兵的存在，他们以开办武馆等形式组织了各种名目的乡兵，如民壮、弓手、团练等，平时经常练武，以保护宗族、乡里以及后来反抗倭寇侵扰。乡兵，属民兵性质，平时不出戍地方、不脱离生产，但遇有重要的军事行动，往往被朝廷征调。明王朝建立之初，采用屯卫制的驻军制度。到了明朝中期，东南沿海出现倭患时，屯卫制已不适应抗倭战争需要。所以，明朝廷就调集各地乡兵作战。明朝廷征集的北方河南、山东、河北等地的乡兵，擅长格斗和弓箭长枪；南方浙江、福建、广东等地的乡兵擅长狼筅及水上作战；西北地区陕西、甘肃、宁夏等地的乡兵以骑兵居多；西南地区广西、四川、云南的土司兵"以狼兵雄于天下"。当时，福建漳州、泉州的乡兵民间武术活动非常活跃，并以"镖牌""水战"闻名于大明朝的朝野。《明史·九十一卷·兵三》："乡兵者，随其风土所长应募，调佐军旅缓急。……闽漳、泉习镖牌，水战为最。泉州永春人善技击。"这说明明代漳州民间武艺相当活跃和发达，并以作为武艺之用的"藤牌"闻名于世，且直接推动漳州乡兵"藤牌兵"的形成。《漳州府志·兵纪》中也记载："漳属牌刀名于天下。"显然，声名绝非一般。所以，为抗击倭患，戚继光、俞大猷等人就征调了浙江义乌、福建漳州和泉州等地的乡兵组建"藤牌兵"。而漳州的藤牌兵主要就来自福建漳州府龙溪县（现芗城区和龙海区一部分）。

时任参将的俞大猷到福建漳州府龙溪县的海沧、许林、嵩屿、长屿、赤石、玷尾、月港、澳头、沙坂等地（今海沧、角美、海澄、浮宫、白水、港尾及漳浦等一带）招募 1500 名藤牌兵，后来又招募了 6000 余名新兵，进行了严格的训练，成为抗倭的生力军。另一抗倭名将戚继光继承并改进了他的藤牌兵战术，创立了独步天下的"鸳鸯阵法"，以适应在以南方水田（田塍或泥泞）为主的地形与倭寇对阵。在俞大猷、戚继光等人的领导下，藤牌兵在抗倭斗争中取得了辉煌成就，也为漳州藤牌兵抵御外来侵略开创了新的篇章。

另外，戚继光在领导抗倭时，在浙江义乌招募、训练了一批新兵，成为"戚家军"，也称"义乌兵"。戚家军英勇善战，在闽北、闽东一再大败倭寇之后，挥戈进入漳州。福建沿海的乡民也纷纷组织起来支援明朝廷的抗倭大军，他们习拳练武，排兵布阵，有效地抗击着倭寇的进犯。荡平倭寇后，戚继光调离福建，但"义乌兵"仍驻扎下来，号"浙营"。于是"义乌兵"把军营武艺融入当地生活并促进了漳州当地的民间武艺的发展。

清代，除了各地乡兵的存在外，漳州民间还出现了众多以"反清复明"为宗旨的民间秘密结社，如天地会、小刀会等。他们以开办武馆为掩护，组织训练队伍，准备武装起义。如漳浦县天地会首领卢茂，通过在杜浔开办武馆，组织200多名青壮年参加起义队伍。闽南小刀会也在海澄、角美等地开办许多武馆，为发动起义打下基础。

漳州武术还在漳属各地寺庙的僧人中得到传承和发展。寺庙的僧人练武强健身体、保护寺庙可以追溯到很早的时候。隋朝末年，就有少林寺十三武僧助唐王李世民打败王世充的记载。唐代各地寺院的僧侣，为了健身护法和保卫寺院财产不受侵犯，习武之风非常盛行，漳州各地寺院也是如此。远的如建于唐代的平和县三平寺，其开山祖师杨义中（后被尊称为三平祖师公）就是一位武功高强的僧人。义中禅师把自己所学的佛学、武功带到漳州开元寺、三平寺。尤其在创建三平寺的过程中，他历经艰险，最终用智慧和武艺制服了当地的土人，使之成为自己的侍者。现在三平寺里有一副对联："法大无边龙虎伏，道高有象鬼神惊。"如果去掉传说中所谓"神功法力"的神秘面纱，实际上反映了义中禅师武艺高强的事实。为消除当地民众疾病流行之苦，义中禅师还教会民众打拳以增强体质。唐武宗会昌五年（845年），义中禅师在今天的漳州平和九层岩建三平寺，常在虎林之地诵经、练武，教民习武健身，习武之风于是一直流传下来。近的如清代漳州龙溪县城（今芗城区市区）开元寺各分庙，城南龙眼营通元庙，东郊石室岩、璞山岩，南郊白云岩、圆山云溪岩、西坪寺，石码青山岩，海澄常春岩等僧众，都保留习武健身的习惯。

从唐、宋开始，一千多年文化的交流、战争的洗礼，以及中原先进的军事武艺的传入，使得漳州的武艺水平得到大大的提升。

第二节　强悍好斗的民风

唐宋以来，闽南漳州、泉州一带，素以悍勇好斗著称。远在秦汉到唐代，随着中原地区的移民多次南迁入闽进漳，漳州外来人和本地土著的经常性冲突，形成了古代漳州彪悍好斗的民风。

古代漳州外来人和本地土著的冲突，影响较大的是唐朝初年爆发的"蛮獠啸乱"。在唐代陈政、陈元光进漳之前，"蛮獠"是已居住在闽南漳州当地，乃至广东紧邻福建的广大地区的土著。福建的地方史志和族谱家牒等历史资料，记载了隋唐时期在闽南地区以今天的漳州为中心，有大量"蛮獠"存在。《福建通志》明确记载："六朝以来，戍闽者屯兵于龙溪，阻江为界，插柳为营，两岸尽属蛮獠。"这些"蛮獠"聚居的自然环境和活动的地域范围在闽粤之间、山海之际林木阴翳不相通的"山僻深处"，还是过着比较原始的游猎、采集生活，生活保障水平比较低，需要经常迁徙。随着北方人口几次向南方迁移，占领新地盘，从事定居农业生产的汉族人民就难免要和当地的土著发生冲突。于是，在唐朝初年，在闽粤交界处，爆发了大规模的、持久的"蛮獠啸乱"。

据记载，唐高宗总章二年（669年），陈政奉命入闽"出镇绥安，平泉、潮蛮獠"。仪凤二年（677年），陈政病故，陈元光代父为将，继续与"蛮獠"作战。据《白石丁氏古谱》记载，陈元光于"永隆二年，移镇漳浦，以拒潮贼，阻盘陀诸山为塞，其西北山洞之黎，卒依险阻，林木荫翳，不相通。乃开山取进，剪除荆棘。遣士人诱而化之，渐成村落，拓地千里"。《闽书》载，由于陈元光的苦心经营，在当时"蛮獠"活动的广大地区内，形势大为改观，"东距泉、建，西踰潮、广，南接岛屿，北抵虔、抚，桴鼓不惊，号称平治"，为漳州地区的开发打下了基础。

由于"蛮獠"社会问题未得彻底解决，所以动乱平息后又起。《闽书》载，"苗自成、雷万兴之子复起于潮，潜抵岳山（在云霄县）"。陈元光于唐景云二年（711年）率兵镇压，因轻师冒进，为蛮将蓝奉高所伤致死。直至唐开元三年（715年），接任陈元光职务的陈珦，"率武勇，衔杖缘阻，夜袭巢峒，斩蓝奉高首级，并俘余党，父仇以复"。此后陈珦经 20 余年努力，辅以文教，"训诲士民，泽治化行"。如果从陈政入闽开始算，到玄孙陈谟于唐元和十四年（819 年）卒，陈氏"祖孙父子凡五世"对漳州地区的开发、经营，前后历经 100 多年，这在福建历史上是罕见的。而陈氏几代人对漳州地区的开发、经营的艰辛过程，可见当时"蛮獠"势力的强大以及当地民风的彪悍。

宋末元初，元军铁骑兵分两路入闽，烧杀抢掠，所到之处"财物掠尽，横尸遍野"。元军铁骑的入侵，受到了以文天祥、张世杰、陆秀夫等南宋大臣的坚决抵抗，同时，也遭到了福建农民义军的沉重打击。元初，福建爆发了以漳州陈吊眼、南靖李志甫、安溪李大、南安吕光甫、莆田陈文龙和陈瓒以及畲族妇女许夫人等带领的数十万之众的军队进行的大规模、长时间的抗元斗争，使元军在福建受到了重创，其中陈吊眼领导的抗元斗争声势最为浩大。元至元十九年（1282 年），陈吊眼被诱捕斩首后，其余部吴满、张飞等，仍坚持斗争了一段时间，最终都被元军各个击败。之后漳州各地的反元斗争仍如火如荼。从元至元三年（1337 年）到至正二十七年（1367 年），漳州黄二使、李志甫、吴仰海、万贵、曾飞和管得胜、陈角车和夏山虎、李国祥等先后领导畲汉人民起义。元代漳州的农民起义次数之频繁、人数之众多，是前所未有的。直到明洪武元年（1368 年）漳州归入明王朝版图，起义的浪潮才平息下去。

明朝廷实行海禁，切断了海上贸易线，漳州沿海海运基本断绝，使得当地民众的生活特别艰难，无法忍受专制统治的漳州民众不断起事造反。从明洪武至正统年间正是明朝甲兵最盛的时候，然而，漳州地区却爆发了多次农民起义。明洪武十二年（1379 年），漳州府龙岩县民江志贤聚众数千人起义。明洪武十四年（1381 年），福安县民聚众 8000 余人起义，同年龙岩县民起义，自立官署，进攻龙溪县。正德年间，南赣汀漳巡抚王阳明于正德十二年（1517 年）一月底至四月初期间，亲率 2000 名精兵入闽平寇，攻破了盘踞在漳州南部闽粤交界山区数十年之久的 40 多座山寨，平息了以福建詹师富、广东温火烧为首的暴乱。

漳州民风的彪悍还表现为乡族械斗事件多发。乡族械斗是一种以地缘和血缘关系为纽带构成的民间群体之间人际关系的暴力冲突。明清时期，乡族械斗以其普发性、持久性和破坏性成为闽南地区的治安问题。漳州民间各地的武术活动非常活跃，民众开办武馆，经常练武，以保护宗族、乡里等，对乡族械斗也起到推波助澜的作用。这在《漳州府志》等相关资料里都有记载："漳民喜争斗，平和、诏安多有纠乡族持兵戟相尚者。近附郭亦为之。"

清代关于福建民风有这样的记载："闽地环山负海，民俗素称强悍，每因雀角微嫌，动辄聚众械斗，甚至拆屋毁禾，杀伤人命，通省皆然，唯漳泉为尤甚。"广东的官员也说：械斗之风"起于福建之漳泉，流传于潮州"，并渐染于广东各地。雍正皇帝曾发表了如下诏谕："朕闻闽省漳泉地方，民俗强悍，好勇斗狠，而族大丁繁之家，往往恃其人力众盛，欺压单寒，偶因雀角小故，动辄纠党械斗，酿成大案，及至官司捕治，又复逃匿抗拒，目无国宪。两郡之劣习相同……闽省文风颇优，武途更盛，而漳泉二府人才又在他郡之上，历来为国家宣猷效力者实不乏人，唯有风俗强悍一节，为天下所共知，亦天下所共鄙，何不翻然醒悟，共相勉励而成礼义仁让之乡乎。"雍正实对福建"风俗强悍"表示了否定的评价。清乾隆朝福建漳州镇总兵在上奏朝廷的奏章中也多次提到"漳俗民情强悍好勇斗狠"。事实上，在明清时期，福建、广东等地的地方官一大职责就是制止械斗，每次协调甚至要出动军队。清代福建官员张集馨曾描述，"凡出斗者，妻孥喜笑相送，不望生还"。每次械斗，都像是盛大仪式，妻子儿女甚至不指望丈夫能活着回来。而一旦打起来，则六亲不认。清代知名学者赵翼曾提到，"当其斗时，虽为翁婿、甥舅不相顾也"。

由于人多地少，械斗的原因多跟土地、水源相关，后来甚至游神越界、信仰、祠堂风水、坟地等都会成为冲突点。因为家族聚居的关系，个人矛盾有时也会演变成乡族械斗的由头。一次械斗，双方往往成为世仇，更带来持续不断的械斗，恶性循环。械斗的多发，也直接催生民间秘密结社。他们提倡"忠心肝胆、侠义待人、患难与共、抗暴自卫、互助互济"。至近代，福建不少地方还有相邻两村百年不通婚的现象存在。

第三节　反抗外敌入侵的斗争

古代漳州人民，在面对外族入侵、外敌入侵时，勇于奋起斗争和反抗，写下了许多可歌可泣的英勇华章。

抗倭斗争。14 世纪初，日本内战中失败了的一些封建主、武士、商人和浪人到中国沿海地区进行武装走私和抢劫烧杀的海盗活动。中国沿海地区，北起山东、南到福建、广东，皆受到劫掠，历史上称之为"倭寇"。漳州府所属各地也均深受其害。

明嘉靖年间，倭寇屡屡侵扰漳州府所属的龙溪、漳浦、诏安、长泰、南靖、平和等地，焚劫杀掠不计其数。为了抵御倭寇的入侵，深受倭害的漳州府所属的各地百姓纷纷组织起来，他们修筑堡垒，建立乡兵武装，奋起自卫。嘉靖三十八年（1559 年）四月初七日，"倭寇万余突至长泰，知县肖廷宣，以身杂士卒中，日夜巡城奖励。邑贵人巨室，皆日具酒肴以飨守陴者，民无勇怯皆效力，孺童少妇，皆运石击贼"。全城军民同心协力打退了倭敌的连续进攻。敌围城 6 天不能得逞，只得拔营远遁。该县善化里高安乡（今长泰枋洋镇乔美）"团练丁壮千余人自守"，还派员支援县城和邻近乡镇抗倭，"斩获甚多"，以至倭寇"遥望高安赤帜，不战而遁"。其他各县纷纷效仿高安乡兵组建团练武装，有力地打击了倭寇的劫掠。在漳浦，据《漳浦县志》记载，悍勇的漳浦人多以村、族为单位，组织起来学技击，教一为十，教十为百，寡可击众，使贼不敢进。"每遇贼至，提兵一呼，扬旗授甲，云合响应……贼望见之，以为神兵从天而下，所当皆靡，所至无前。"

漳州民众还积极配合明朝官兵，打击驱逐倭寇。嘉靖年间，明朝廷也终于起用了决心抗倭的将领俞大猷和戚继光。当主张"备倭于陆，不如备之于海"的俞大猷到龙溪县月港、嵩屿等地招募水兵，漳州民众积极响应，使得俞大猷很快就建立起一支具有战斗力的水师。同时俞大猷还在漳州府招募 1500 名藤牌兵，并和戚继光先后创造发展了诸如藤牌刀、狼筅、鸳鸯阵等破敌的奇门兵器和阵法，发挥以长制短的优势，在抗倭过程中屡建奇功，使倭寇闻风丧胆。

抗击西方侵略者的斗争。明代中后期，西方国家开始骚扰我国东南沿海地区。葡萄牙、荷兰、英国侵略者先后侵扰漳州沿海及其所属岛屿。漳州人民配合明朝官兵，奋勇抗击，保卫海疆。

抗击葡萄牙侵略者。早在明正德九年（1514年），葡萄牙（明代称佛郎机）侵略者开始侵扰我国广东、浙江和福建。正德末年，葡驻马六甲总督派遣马斯喀兰夏率数船抵达福建漳州外海，窥视中国沿海，这是西方侵略者入侵福建的最早记录。明嘉靖二十三年（1544年），葡萄牙侵略者占据漳州府龙溪县（今龙海区）峿屿岛，到嘉靖二十七年（1548年），在峿屿岛的葡人已经"不下五六百"了。葡人刚开始是以商人的身份来到中国的。每次皆以从南洋转贩或掠夺来的胡椒、苏木、象牙、苏油、沉香、檀香等奢侈品与边民交易。但交易中，葡人先是强买强卖，继而巧取豪夺，杀人越货，进而劫抢航船，焚掠村舍。葡萄牙侵略者往北入侵到双屿（在今浙江舟山），并与倭寇和流窜的中国奸民相勾结，狼狈为奸，一起危害中国民众。葡萄牙侵略者的强盗行径，激起了福建人民，特别是漳泉人民的极大愤慨。他们与明军一起，奋起反抗，打击侵略者，连续取得龙溪峿屿、走马溪（今诏安五都岐下）、漳州之捷，迫使葡萄牙侵略者狼狈逃离浙、闽沿海，逃到广东洋面。逃到广东的葡萄牙侵略者，骗居并于数年后霸占了澳门。1887年，清政府被迫与葡萄牙政府签订了《中葡会议草约》和《中葡和好通商条约》后，澳门受葡萄牙殖民统治。1999年12月20日中国政府对澳门恢复行使主权。

抗击荷兰侵略者。早在明万历三十二年（1604年），荷兰人麻韦郎就以行贿的方式买通福建地方官员后占据了澎湖。明天启二年（1622年）六月，荷兰人再次占据澎湖，并派五艘舰船进犯漳浦六鳌，受到守卫漳浦六鳌把总刘真的反击。在被俘虏、斩杀十多人后，荷兰人逃至台湾南部并占据之。第二年，荷兰人又侵扰漳州龙溪、漳浦沿海一带，要求"互市"。对于荷兰人的侵略，福建巡抚南居益"力主渡澎捣巢"，到泉州、漳州招兵买船，于天启四年（1624年），水师"由澄誓师，抵澎接战，大破之，贼始撤去"。明崇祯六年（1633年）七月，荷兰人又偷袭海澄，被知县梁兆阳率兵夜渡破之。荷兰人对漳州沿海的骚扰，直到后来郑成功收复台湾才结束。

抗击英国侵略者。19世纪初，福建沿海也是英国人贩卖鸦片的重要区域。英国走私船舶经常在漳州沿海海面进行非法鸦片交易。时任闽浙总督的邓廷桢主张禁烟，缉拿鸦片贩子，整顿海防，狠狠地打击英国鸦片贩子。漳州南炮台也是邓廷桢在打击英国鸦片走私贩子的1840年建成的，炮台在石坑村屿仔尾东南临海突出部的镜台山上。炮台濒临东海，紧靠大陆，居高临下，雄视万里海疆。它与厦门岛上的胡里山炮台南北对峙，互为犄角，扼守着厦门海口，拱卫着祖国东南大门，素有"天南锁钥"之称。漳州南炮台先后在1840年8月21日、1841年5月4日打退来犯的英国侵略船队，在抗击英国侵略者的战争中威名远扬。

这期间，漳州沿海城乡普遍组织团练，保卫家乡。英国侵略者几次派遣兵船到漳浦、东山等地骚扰，都被当地军民击退。1841年8、9月间，占领厦门的英军企图进犯漳州海澄。他们抓住一位舵工当向导，舵工故意把船引入浅礁，使其不能前进，这位无名英雄当即遭到杀害，为保卫漳州献出了生命。

第四节　天地会的创建与发展

明中叶以后至清初，随着阶级矛盾、社会矛盾日趋尖锐，宗族之间的纷争、大宗欺凌小宗现象时常发生，土地兼并现象严重，徭役繁重，加上明朝政府实行严厉的"海禁"、清初政府实行严厉的"迁界"，漳州百姓生计断绝，又有连年兵祸，导致大批农民破产，漳州经济一片萧条。因此，漳州下层百姓承继历史上盟神聚会的习俗，以桃园结义为榜样，以水泊梁山英雄为楷模，提倡"忠心肝胆、侠义待人、患难与共、抗暴自卫、互助互济"，出现了许多秘密结社，包括"以万为姓""以洪为姓"等异姓结拜集团。

"万氏集团"的形成　"万氏集团"这一组织，形成于明崇祯年间。早在明崇祯年间，闽南许多地方乡绅大族势力强大，横行肆虐，当地百姓深受其苦。在漳州诏安九甲这个地方，当地民众团结组织起来，共同推举平和小溪人万礼（1612—1659，原名张要）为首，统踞在诏安二都。他们为抗击大族，召诸异姓为盟，组成"万众合心，以万为姓"的异姓组织，所有参加组织的人都"以万为姓"，形成"万氏集团"，并排出兄弟序列。万礼是万姓集团老大，称万一。道宗禅师称万五、郭义称万二、万道龙称万三、万道芳称万四、万云彪称万六、蔡禄称万七。万姓兄弟有勇有谋，势力逐渐壮大，后来实际上成为闽粤边界一支武装割据力量。

"天地会"的创立 "万氏集团"刚开始的性质不过是民间的互助团体。后来，随着激烈的民族矛盾和社会矛盾的不断加深，逐渐形成以"反清复明"为宗旨的反清秘密组织"天地会"。清顺治八年（1651年），道宗禅师（1613—1701，原名张木，漳州平和小溪镇人）和万礼等人以"万氏集团"为基础，在漳州铜山（今漳州东山）九仙岩长林寺创立秘密组织"天地会"，成为"反清复明"的最大组织。道宗禅师因此也被称为"长林五祖"。随后，天地会在漳属各县得到很大的发展，尤其是在漳浦、平和、诏安、云霄等县，其中平和县大溪乡的高隐寺、云霄县东厦乡高溪庙（俗称顶庙）和观音亭（俗称下庙）是天地会早期的活动地点。道宗禅师把秘密组织起名为天地会，据说是引用明末清初著名学者黄宗羲、王夫之、顾炎武、黄道周等关于"天地正气""为天地立心"等言论而命名。黄宗羲曰："通天地，恒古今，无非一气而已。"王夫之曰："阴阳二气充满太虚，天之象，地之形，皆其范围也。"顾炎武曰："盈天地之间者，气也。"黄道周曰："人须于剥复后见天地心；我岂若畎亩中乐尧舜道。"

道宗禅师还在天地会首创了"香花僧"这一新的僧尼社团，并融合了儒教的孝仁、道教的符术，形成三教合一、以佛教为主体的民间信仰教派。作为香花僧成员，男可娶妻，女不落发，是介乎僧尼与居士之间，属于丛林之外的僧尼。所以，香花僧信仰上是三教合一，名为"三滴水共一"便是"洪"。这也是把天地会称作"洪门""洪家"、其所传武术称为"洪拳"的原因之一。

天地会为了从舆论上制造反清的声势，编造了西鲁传说。传说清康熙十三年（1674年），西鲁国入侵大清国境，朝廷张榜求贤招募退敌勇士。时有福建省莆田县九莲山少林寺僧人揭榜请缨，替朝廷打败了西鲁国。但朝廷恩将仇报，派兵火烧莆田少林寺。幸有蔡德忠等五个和尚逃至铜山、诏安，遇到道宗禅师，拜其为师，成立"反清复明"的组织"天地会"，为死难者报仇。天地会借该故事来宣传和制造反清舆论。

天地会内部为保证安全地组织开展活动，制定了一整套严密的会规，从组织形式、结盟仪式、活动方式方面作了规定。如规定，入会者都要对天发誓，保守会中秘密，"凡要入这会，须设立香案，在刀剑下明志。遇有事情，同教之人大家出力，公同易助"。因此，天地会在漳州民间传播二十多年，官方基本不知。清政府多次镇压过天地会组织的民众反抗活动，但是清政府还是未能发现天地会的存在，以为只是普通的民众反抗活动。清乾隆四十八年（1783年），天地会成员漳州平和县人严烟等人到台湾，与当地的平和籍林爽文、庄大田等人建立了天地会秘密组织。后，林爽文、庄大田于清乾隆五十一年（1786年）在台湾彰化发动了一次武装抗清的农民大起义。该次事件前后经历一年零三个月，参加规模有数十万人，引起朝野震惊，清政府立即从大陆调兵遣将前往台湾镇压。林爽文的军队与训练有素且拥有大量枪炮的清军奋勇拼杀，最终不敌而败退。清政府在镇压了台湾大起义之后，从林爽文处搜得了天地会的结盟誓词底稿和其他材料，才知道天地会的存在。

此后，天地会又演变出了添弟会、三点会、三合会、小刀会等各种民间秘密抗清会党。在清中后期的一百多年里，天地会及它的分支一直是清王朝的心腹之患。

天地会的武术发展与传播 漳州铜山（东山岛）是郑成功的重要军事基地，清顺治五年（1648年）五月，郑成功亲统大队舟师进驻铜山岛，屯兵铜陵九仙山（又名水寨大山），在这里招兵、练兵、措饷。清顺治七年（1650年），郑成功出兵粤东并屯兵闽粤交界处一带，当年五月，万礼领众数千人来投归郑成功，受到郑成功的器重。万礼带领的这数千人，许多是绿林出身，尚存严重的江湖习气，经过一番正规训练后，成为郑成功部队的一支劲旅，也为以后天地会的发展培训了一支能征善战的基础队伍。因战功卓著，万礼很快升至后提督，并被永历皇帝封为建安伯。

当时郑成功委派万礼建立兵营，万礼请道宗帮他选址和筹划以及参与以后的训练。因此，道宗实际上是这支部队的军师。道宗选择九仙山作为秘密组织"天地会"的重要活动地点。因九仙山北临铜山港，是我国东南沿海历代军事要地，地理形势险要，与云霄、诏安相邻，东面与台湾澎湖相望。明初设铜山水寨，故名水寨大山。

在清代，朝廷严禁民间教门和秘密结社，但对民间练武则采取较为宽容的态度，"良民农隙讲武，练习拳棒，自卫身家，原为例所不禁"。因此，天地会在组织"反清复明"的抗清活动过程中，以传授武艺作为主要手段，广泛地发展民众，训练天地会成员。天地会的创会领袖人物道宗禅师早年出家，拜东山苦菜寺时中和尚为师，继承"戒律精严，文武同修"的临济宗禅门风范和南派拳术，后任长林寺开山僧。道宗禅师所传南派武术，成为天地会会众必练的武技，该武技随天地会的发展而广泛传播。由于道宗禅师号称"长林五祖"，因此，其所传的武技也被称为"五祖拳"。其他洪门弟子，尤其是在天地会的其他万姓集团成员，大多擅武，技艺不凡，也以传授洪拳、五祖拳为名广泛地发展组织，成为清代漳州民间武术传播发展的一支重要力量。

英国伦敦不列颠博物馆所藏的《天地会文件抄本》中就记录了很多关于武术与少林寺、洪拳等的内容。萧一山在《近代秘密社会史料》卷四《洪门问答书》上记载了洪门兄弟见面时的问答内容："武从何处学习？在少林寺学习""何艺为先？洪拳为先""有何为证？有诗为证：勇猛洪拳四海闻，出在少林寺内僧。普天之下归洪姓，相扶明主定乾坤。"从中可见，天地会所练习的武术技艺"洪拳"，为洪门会众的入门之艺，亦是洪门反清复明武装斗争的有力武器，有极其鲜明的反清复明的特征。

天地会的洪拳、五祖拳广泛流传于漳州一带，并向省外传播。

洪拳在长期的流传中形成了多个分支，如"朝元堂""朝鹤堂""威德堂""耀德堂"等。由于洪拳常用单指手和双指手，因而漳州当地又称之为"双枝拳"。漳州洪拳拳架紧凑严密，结构严谨，步稳势烈，枝手多变，攻防兼备，劲力刚猛，拳打一条线，大有呼喝则风云变色之气势。漳州当地还流传着气势恢宏、变化多样的宋江阵等阵法。由于天地会的会众中有很多底层百姓和其他流民无产者，这些人无固定职业，生活漂泊不定。随着他们的四处迁徙，天地会也迅速传播。到了嘉庆、道光年间，已经传播到广东、广西、江西、浙江、湖南、湖北、云南、贵州、四川等地，后又传播到东南亚各地和美洲等地。随着天地会的发展，洪拳等武术也由漳州开始流传至福建其他地区，以及两广、两湖、台湾、四川等广大南方地区，成为南方众多省区市的一个重要拳种，这些地区均有不少传承者。

天地会的另一支武艺"五祖拳"也在漳州流传。清末时，由何阳师在漳州府龙溪县洋老洲设馆授徒，馆名"何阳堂"。至民国初已传至漳州府下的龙溪、海澄、南靖等地。目前比较有影响力的有漳州瀛洲何阳堂（即洋老洲何阳堂）、田丰何阳堂两个武馆。

第五节　漳州传统南拳流派

明末清初至今，漳州民间传统拳系以南拳为主，拳种流派众多。它们虽各有派系和自己的风格，但它们也有共同的特点：身法敏捷、动作灵活、以巧见长；动作朴素、拳势刚烈；上肢手法绵密多变，讲究短打擒拿；腿法少，多低腿、暗腿；窄步高马，步法稳固，较少蹿蹦跳跃、跌扑滚翻动作。发力时以气催力、以声助势，由腿、腰、肩臂、指贯串一气，劲力顺达，干净利落。每派又有多种拳术套路和器械套路。此外，还有从兵营流入民间的兵器套路"公步家俬"军伍兵器功夫，以及从漳州开元寺武僧流传民间的开元拳和舞弄铙钹、水流星等带有杂技表演性质的武术。

各地武馆一般都有堂号，如武艺堂、习艺堂、登龙堂、威德堂、朝鹤堂、何阳堂、捷元堂等。同一门派的武馆，往往用相同的堂号。有的把武馆称为狮馆，这是过去为避免官方对武馆的监视，大部分武馆就以舞狮娱乐为掩护。这些狮馆都有舞狮和摆阵的表演内容，且各有独特的舞狮步法，如狮子打四门、沙僧戏狮、猴子戏狮等。

目前在漳州传承的南拳流派主要有：开元拳、通元达尊拳、太祖拳、五祖拳、洪拳（双枝仔拳）、永春白鹤拳、五兽拳（龙拳）、罗汉拳、青龙江拳等。

一、开元拳

唐代漳州开元寺建寺之初，时寺僧已习武成风。开元寺的僧人一直保持习武护寺的习惯，并逐步形成武术体系，称为开元拳。

开元拳风格特点为：有刚有柔，攻防兼备。演练中，出招迅猛凌厉，轻松活泼，腰、腿、掌、肘发劲变化无常，力疾势猛，虚实变化，观势运用，随心应手。要求刚似钢铁，柔如丝棉；动如暴风骤雨，静似寒潭止水；转如狂风卷叶，立似落地生根；轻如飞燕腾空，重似泰山压顶；进如骏马奔腾，退似猿猴跳涧；攻同猛虎扑食，守求密不透风。军伍器械，舒展大方，不尚花架，刚劲有力，回旋轻灵，造型美观，技巧实用。

二、通元达尊拳

漳州开元寺分庙通元庙碧琅师及复明师所传通元达尊拳，至今有三百多年历史。

通元庙达尊拳的风格特点是，以三战为拳母，以站马跨和坐禅为主要练功手段，内练一口气，外练筋骨皮。有铁臂功、铁腿功、鹰爪手、铁盘手、排打功等等。讲究意、气、力与拳架的内外融合，注重阴阳变化和统一，步站四六，身正如碑，根稳势烈，多发弹抖之劲。动作简洁利索，套路短小精悍。

三、五祖拳

（一）五祖何阳拳

又称何阳拳、五祖拳，源于清康熙年间漳州天地会。清末时，由五祖拳师何阳设馆传授，馆名"何阳堂"。尔后传至龙溪、海澄、南靖等地，目前比较有影响力的有瀛洲何阳堂、田丰何阳堂两个武馆。

五祖何阳拳的风格特点是：步站四六、身正如神、插脚拨腿束臀、叠肋沉肩坠肘、头顶项直身拧。注重以意催气、以气催力。练习时，步稳势沉，发劲弹抖。讲究刚中有柔，刚柔相济。步走弧线，防守紧密，正侧兼用，擒拿柔化，鞭撬硬进。手法多变，拳、掌、短节兼用。起腿不过腰，多用中低腿法。动作简捷刚猛，套路短小精悍。

（二）五祖鹤阳拳

五祖鹤阳拳系清末泉州人蔡玉明在学习五祖何阳拳的基础上，综合闽南流传的太祖拳、达尊拳、罗汉拳、白鹤拳、猴拳而新创的一个流派，也称"新五祖拳"，以区别于"五祖何阳拳"。由蔡玉明的弟子尤俊岸、沈扬德、魏隐南、翁朝言回传至龙溪石码、海沧（今属厦门）、海澄、东美、角美一带。

五祖鹤阳拳风格特点为：具有勇猛彪悍之形，雄伟磅礴之势，动作简练，技势激烈，富有阳刚之美。身形要求"提百会则头挺，牙关起而项强，两肩坠而心胸守，十趾跷则足力生，卸大椎以通中气，兜前足以固膀胱，束档而夹尾闾"。技法要求守中宫，招数致密，"手不离中门，技不离子午"。架势小而手法多变，拳法多而腿法偏小偏低，善于守而利于近攻短打。练起来，静如磐石，动如脱兔，守似处子，攻似猛虎。发劲要求蹬腿、转腰、卸肩，以点着力，劲力浑厚刚猛。素有"金刚劲"之称。

四、太祖拳

此拳托宋太祖赵匡胤之名。明代戚继光在《纪效新书》中就有"古今拳家，宋太祖有三十二式"之载。郑若曾在《江南经略》上也载"赵家拳有赵太祖神拳三十六……"。太祖拳传入福建据推断当在南宋后期。太祖拳在福建形成完整的拳种体系，是在清道咸年间才开始见传，并在泉州、漳州、龙岩等地区广泛流传，成为闽南地区最具特色、影响最广的重要拳种之一。

太祖拳原有赵太祖与明太祖之分。漳州自清朝末年就传入了赵太祖拳，有登龙堂、习艺堂、武艺堂三个分支。清末拳师游青龙在漳州开设武馆，堂号"登龙堂"，收徒传授太祖拳拳械。尔后，其徒到外地开馆收徒，以龙溪、海澄、长泰、华安、云霄、南靖等县更为突出。"习艺堂"这一分支是由漳州下辖龙海紫泥安山康光辉传授，传授范围以龙溪（今芗城、龙海、龙文）、长泰为主，也传至印尼、新加坡、马来西亚等国家。

"武艺堂"也是赵太祖拳派，是漳州赵太祖拳同派不同拳路分支之一，由徐建功所传。徐建功（1882—1953），号如龙，福建龙岩市永定下洋乡初溪村人。传授范围以龙溪、长泰为主。

太祖拳的风格特点为：上盘有长枝也有短手，其势分三节，入手可变化。下盘要求落地生根。进退跳跃灵活自如。身法多含胸拔背。攻防讲究取上而能下，击东能击西，入手即提步，提步即入手，以静克动。守则以柔克刚，以守带攻；攻则以假乱真，虚虚实实，自然而然，随机应变。

五、永春白鹤拳

该拳为福建永春方七娘所创。清光绪二十二年（1896年）前后，永春白鹤拳传人张苍荣由永春迁居漳州府（府治龙溪县）城内北桥街（今漳州市区），人称其为"苍师"，为漳州捷元堂武医初祖，后传授张杨华。张杨华于民国十一年（1922年）建馆授徒，堂号"捷元堂"。民国二十年（1931年）应聘到龙溪国术馆传授白鹤拳，继而到龙溪县设馆教徒，知名拳手张日章、郑文均师承张杨华。

永春白鹤拳风格特点为：以鹤为形，以形为拳，演练中动静、虚实分明，快慢相间，上下起伏，脉络贯通，神气流畅，似刚非刚，似柔非柔，以弹抖劲力足、轻盈灵巧、形神兼备著称。讲究内外合一，意守丹田；以意引气，意到气到；以气催力，以声助力，吐气生威；防中带攻，攻防并重；运手柔，着手刚；后人发，先人至；讲究吞吐浮沉，刚柔相济。其拳法结构严谨清晰，攻防意识鲜明；手法短而多变，步法走闪灵活，劲力刚健灵巧。

六、洪拳

又称战派双枝拳、相公拳、宋江拳（后两种名字在闽南语中读音极相似）。清光绪年间许枫、蔡大欣分别在漳州收徒传授洪拳。此后，他们的传人在漳属多地开设武馆，堂号有"朝元堂""威德堂""朝鹤堂""耀德堂"。

洪拳风格特点为：强调内功训练，发气催劲，发劲沉实，刚而不硬。

技击时威力猛、根基固，攻防一体。运劲时双手食指竖直，其余各指弯曲，故又称战派双枝拳。

七、五兽拳（龙拳）

五兽拳源于龙岩，在漳州也称龙拳，由龙岩人徐秀寰的弟子李万和于1929年传入漳州，堂号"龙武堂"，先后在龙溪、海澄等多地城乡开馆授徒。

龙拳风格特点为：以侧身弓步为基本步型，少用拳、腿，多用屈爪、掌。常采用单手连带打的技击法。动作较为小巧绵密，讲究沾粘随化，以静克动，以柔克刚，以守带攻，常以巧取胜。

八、罗汉拳

也称少林罗汉拳，系一少林僧慧明法师所传。至清末民初，这支罗汉拳传至潘依八，后潘依八又把它尽悉传给了漳州林增辉。该拳现流传于福州、泉州、漳州等地。

该罗汉拳的主要风格特点是：动作舒展大方，刚劲有力，既有长拳的舒展，又有南拳的刚猛。动如猛虎下山，静似罗汉打坐，刚如铁塔，柔似飞凤，行如走云，纵跃如猿，定步似柱，拳路广，技法多，重复少，劲力足。

还有游方和尚一清大师所传罗汉拳。该罗汉拳的风格特点是：刚柔动静自然，纵跳灵活敏捷，舒展大方，刚劲有力，变化莫测。

九、青龙江拳

青龙江拳是在今芗城区瑞京西街村流传的一种拳术。其基本动作、风格特点与今龙海所传承的太祖拳基本一致。

第六节　漳州历代武术名人简录

漳州历史上出现过许多杰出的军事将领和武林人物。

一、漳州古代武术名人

唐代，陈政、陈元光父子入闽开漳，带来了一百多名将领，比较有名的有许天正、马仁、李伯瑶、沈彪、卢如金、戴君胄。这些战将都是能征善战、文武双全的将军。他们带来中原先进的军事实战技术，直接促进漳州武术的发展和提高。宋末至元代，在福建漳州爆发反抗元朝统治的一系列畲汉人民起义，先后出现陈吊眼、李志甫、许夫人（一说是抗元名将兴化人陈文龙的女儿陈淑贞）、黄二使等起义领袖。明代郑成功的主要部将前有甘辉、万礼、何义武技超群，屡立战功，分别晋升为中提督、后提督、左提督，后有陈龙、吴田、许凤、蓝理、柯彩等将领，这些漳籍将士都是郑成功麾下战功赫赫的虎将，为收复台湾做出重大贡献。民间武术人物主要有天地会的创始人万五道宗和尚、退休军伍林南洲、开元武僧衍庆师等。

义中禅师　（781—872），义中禅师俗姓杨，原籍陕西高陵县，信徒也尊称禅师为"三平祖师"。义中在学佛修佛时，也学武强身健体，成为一位身怀绝技、武功高强的禅宗高僧。义中先后建立"三平真院"和三平寺，后主持漳州开元寺达十七年之久，并在这三个寺庙聚徒传教传武。后，义中禅师被唐宣宗皇帝敕封为"广济大师"。

陈吊眼　（1250—1282），一作陈钓眼，又名陈大举。漳州云霄民间多呼陈吊，因曾称号"镇闽开国大王"，亦称"陈吊王"，福建漳州府云霄县人。陈吊眼从小喜欢习武弄枪，南宋景炎元年（1276年），元兵攻福建、江西、广东，端宗赵昰南逃，陈吊眼聚众在漳浦起义。次年元兵入闽，文天祥奔走汀州、漳州组织抵抗。陈吊眼正准备率领义师应援，文天祥却已由广东梅州前往江西。南宋景炎三年（1278年），泉州招抚使蒲寿庚献城降元。次年，宋将张世杰率军前往泉州讨伐蒲寿庚。陈吊眼闻讯，即随父陈文桂及叔父陈桂龙等率义师联合广东大埔畲洞许夫人支援张世杰讨伐蒲寿庚。张世杰所部谢洪永等围攻泉州，闽北戴巽子、黄华、廖得胜等也群起响应，占据建宁、政和、邵武等地岩洞，后因元兵增援撤围。

南宋祥兴二年（1279 年）二月，崖山之战后，宋亡。元至元十七年（1280 年），陈吊眼率义军五万攻破漳州，杀元招讨使傅全、万户府知事阙文兴，进占高安寨。元将完者都率军反扑，陈吊眼退出漳州。次年，陈吊眼与南剑邱细春称号镇闽开国大王，建元"昌泰"。元帝怕其影响日益扩大，随即派都元帅完者都、副帅高兴，调集拨归塔里赤指挥的四省军队进行强攻。至元十九年（1282 年），元将完者都、高兴等攻破高安寨，起义群众被杀者达两万余人。吊眼率义军浴血奋战，终因众寡悬殊于和尚寮千壁岭（俗称"天壁岭"）战败被俘。其叔桂龙率余部退入乌山，又被元兵纵火焚烧，遁入二都赤竹坪、龙畲洞。同年，陈吊眼被杀害于漳州。

万礼（1612—1659）又名张要，福建漳州府平和县人。明崇祯年间，张要与堂弟僧道宗及乡友郭义、蔡禄等 18 人结拜聚义，谋结同心，以"万"为姓。张要被众人推为首领。后代史学家称其为"万姓集团"。张要改名万礼，又称万一、万大，在诏安二都九甲社，招兵买马，聚众从数百至数千，统踞诏安二都，对抗官府，劫富济贫。曾攻打诏安霞葛南陂土堡和夜袭广东饶平黄冈城，名噪一时。官府诬称其为"九甲贼""老万贼"。清顺治七年（1650 年）五月，万礼率领义军加入郑成功抗清行列。在郑军中，万礼攻城略地，骁勇善战，屡立战功。顺治八年（1651 年）三月，在广东惠州伏击大获全胜，由戎旗镇亲随协将升任为前冲镇镇将。以后，在攻打漳州、保卫海澄等战役中都立了大功。顺治十二年（1655年），升任为后都督，成为郑成功前线"五虎将"之一，南明永历帝敕封为建安伯。顺治十六年（1659 年）七月二十二日，万礼随郑成功部队围攻南京城，在战役中被俘牺牲，郑成功祀万礼神牌于忠臣庙。

道宗和尚（1613—1701），俗姓张，名木，福建漳州府平和县人。少年到东山苦菜寺为僧，文武佛兼修。崇祯末年，与堂兄万礼（张要）、乡友郭义、蔡禄等18人结拜聚义，创立"万姓集团"，改称万云龙，因结盟时排行第五，故称万五和尚。同时在诏安草创长林寺，定法号为"道宗"，自称"长林寺开山僧"，也被称为"长林五祖"。后"万姓集团"日益壮大，竟聚众数千，并曾于清顺治五年（1648年）攻漳浦清营。顺治七年（1650年），道宗随万礼参加郑成功抗清队伍，并参赞军机。顺治八年（1651年），道宗、万礼等人在漳州东山九仙岩长林寺创立天地会。顺治十年（1653年），道宗回诏安扩建长林寺，并创建香花僧宗派，以住持僧身份为掩护，指挥上抵福州、江西、浙江、江苏，下达两广、云南、贵州的天地会秘密组织。道宗禅师于清康熙四十年（1701年）圆寂。

甘辉 （1625—1659），福建漳州府海澄县（今属福建省漳州市龙海区）人，清顺治三年（1646年）投于郑成功军中，并成为郑成功麾下一员虎将。顺治五年（1648年）四月，郑军攻同安，甘辉出征，即斩清军守备王廷于马下，守将祁光秋及县令张效龄漏夜潜逃。七月，甘辉平定诏安五都林日灼的煽乱。顺治七年（1650年）八月郑军转战漳浦，漳州总兵王邦俊率领清兵赶来救援，为甘辉所截击，漳浦守将眼见求援无效，只好献城投降。顺治九年（1652年）正月，甘辉大败清军守将王进及总督陈锦，后甘辉以功升任中都督，顺治十二年（1655年）又升任正总督。顺治十六年（1659年），甘辉等部将随郑成功大举北伐，大军攻瓜州，克镇江，直逼南京城。但郑成功不听甘辉等建议，中清兵缓兵之计，结果坐失战机。撤退途中，甘辉被俘，不屈被杀。

蓝理 （1649—1720），畲族，字义甫，号义山，福建漳州府漳浦县人。清康熙十三年（1674年），蓝理投奔南下讨伐耿精忠的康亲王杰书，在浙江击败随同耿精忠叛清的曾养性等，入闽后又屡立战功，康熙十五年（1676年）被授为松溪、建宁营游击。康熙十八年（1679年），蓝理率军收复长泰县，以功升任灌口营参将。康熙二十二年（1683年），蓝理随施琅征台，是主要战将之一。在一次海战中，蓝理被郑军重炮击中腹部，腹破肠出，裹伤再战，被誉为"破肚将军"。康熙皇帝称其"台海血战，功在首先"。为表彰蓝理功绩，康熙皇帝曾先后两次御书"所向无前""勇壮简易"赐给蓝理，并镌刻在漳州蓝理牌楼上，今犹存。蓝理后被授昂帮章京内大臣兼摄左都督，世袭骑都尉，封一等伯。康熙二十七年（1688年）蓝理被授宣化府总兵官，挂镇朔将军印。之后，调浙江定海总兵，又镇守天津，再升福建陆路提督。康熙五十九年（1720年），蓝理卒于北京。

蓝廷珍（1663—1729），畲族，字荆璞，福建漳州府漳浦县人。蓝廷珍年轻时，投奔其族亲蓝理入伍随之镇守浙江舟山。在军中，蓝廷珍苦练各种军事技艺。清康熙三十四年（1695年）后，蓝廷珍从把总逐渐提升至广东南澳总兵，之后又兼理碣石、潮州二镇军务。康熙六十年（1721年）五月，蓝廷珍随闽浙总督满保征讨台湾朱一贵起义，蓝廷珍被委令总统水陆大军。闰六月，清军打败朱一贵起义军后，蓝廷珍奉令暂理台湾总兵官事务。蓝廷珍治理台湾期间，整编保甲，实行团练，加强地方管理和防务工作，发动百姓开垦荒地，使台湾很快就恢复社会秩序、发展农业生产，被誉为"治台名将"。清雍正元年（1723年），蓝廷珍升任福建水师提督，加左都督，世袭三等阿达哈哈番（即轻车都尉）。雍正七年（1729年）冬，卒于任上，被追赠太子少保，赐祭葬，谥襄毅。

孙全谋（1744—1816），字元臣，号澹亭，福建漳州府龙溪县人。年轻时投水师入伍，以功劳提拔本标千总，累迁游击。清乾隆五十一年（1786年），奉命赴台湾围剿林爽文起义有功，升为广东参将，晋罗定协副将，赏戴花翎。乾隆五十七年（1792年），授江南苏松总兵。清嘉庆二年（1797年），授广东提督，辖水陆管兵，加骑都尉世袭。嘉庆二十一年（1816年），授广东水师提督，同年逝世。

林南洲（约清乾隆年间），福建漳州府龙溪县城南竹巷下人。清乾隆年间任京城御林军教头，年老还乡，传徒授艺。因慕漳州开元寺住持衍庆法师武功，登门相会，彼此时常切磋武艺，竟成好友。林南洲将军中传授的军伍器械等武艺，传授给开元寺僧众。自此漳州开元寺武艺多了军伍器械的功夫。

衍庆（约清乾隆年间），福建漳州府龙溪县人，漳州开元寺住持。衍庆师精通开元武技，与告老还乡的原御林军教头林南洲交厚，相互切磋武艺，并请林南洲将军营武功器械传教给开元寺僧众，丰富了开元武技的内容。

二、漳州近代武术名人

漳州近代也出现许多武术名人，有清末在台湾组织义军、抗击倭寇的简大狮，有在云霄县出生的号称"鉴湖女侠"的近代革命烈士秋瑾（祖籍浙江），有民间武术人士何阳师、许枫、王僅、慧照、黄其龙、吴龙等。

简忠浩（1868—1900），人称简大狮，生于福建台湾府淡水县，祖籍福建漳州府南靖县梅林。简大狮自幼喜武，年轻时回南靖县梅林乡长教村祭祖省亲，并留在族中练武。因他力气很大，众人称他力大过狮，于是易名"简大狮"。出师后，简大狮回到淡水，开始招徒授艺。甲午战争后，日本侵占台湾。大狮愤而变卖家产、募集义民 1000 余人在台北起义，多次突袭重创日本侵略军，因而和其他义军首领林少猫、柯铁称为"抗日三猛"。清光绪二十三年（1897 年）五月八日，大狮与詹振、陈秋菊等爱国志士率义军 5000 余人，分兵两路，攻打台北城，占领奎府街、大龙峒等地，与日军相峙于妈祖宫前，激战至翌日八时，打死打伤日本侵略军 300 余名。大狮与秋菊等见日军防守甚严，主动退至大屯山中。1898 年，简大狮等再率义军进攻日本侵略军磺溪屯所、竹仔山、基隆等地，给日军以重创。因此，简大狮成了日本侵略者的"心腹大患"。1899 年，简大狮潜回漳州府，住在龙溪简氏祠堂（今漳州市芗城区新华西路 220 号）避难。1900 年被清政府出卖，被日本人押回台湾，受绞刑而死。

王僅（1814—1914），又名王敬，福建漳州府龙溪县人，早年从师习练洪拳，曾在凤阳府为官。后辞官返乡，在漳州龙溪县城传徒授艺，学生主要有柯应菜、王周龙等。

何阳（1816—1908），人称"何阳伯"，为漳州五祖何阳拳的始祖。年轻时在漳州府龙溪城南洋老洲开酒店，并在此传授五祖拳，堂号"何阳堂"。后来人称何阳伯所传五祖拳为"五祖何阳拳"。主要传人有李腾飞、张大汉、帆寮山、林米糕、叶敢、苏文柏（龙溪县城区新华西石狮巷人）、蔡玉明（后来回泉州开五祖拳一派）等。

慧照 漳州开元寺四十三世僧，主持漳州城南龙眼营通元庙后，于清咸丰四年（1854年）扩建通元庙，主要传承漳州开元寺开元武技以及通元达尊拳。

许枫 清末福建永春州（今永春县）人，洪拳主要传人之一。约于清末年间在漳州传徒授艺。

蔡大欣 清末福建永春州（今永春县）人，洪拳主要传人之一。约于清光绪二十五年（1899年）在漳州传徒授艺。蔡大欣先传授锦舍、耀宗等人，蔡师的堂号为"威德堂"。后又传至小坑头杏雨和北桥山项巷老山，杏雨和老山又传下碑吴批等人。

秋瑾 （1875—1907），初名闺瑾，乳名玉姑，字璿卿，号旦吾。东渡后改名瑾，字竞雄，自号"鉴湖女侠"，笔名秋千，曾用笔名白萍。籍贯浙江山阴（今绍兴市），1875年11月8日（清光绪元年十月十一）出生于福建漳州府云霄县城紫阳书院。秋瑾幼年随兄读书于家塾，好文史、能诗词，15岁时跟表兄学会骑马击剑。1905年参加光复会。1907年2月，秋瑾在绍兴秘密组织"光复会"，准备革命起义，7月13日事泄被捕。7月15日凌晨，秋瑾从容就义于绍兴轩亭口。秋瑾是我国民主革命的重要领导人之一，也是我国近代史上第一位为民主革命而牺牲的女英雄，为辛亥革命做出了巨大贡献。

尤俊岸 （1847—1913），福建漳州府龙溪县（今龙海区）人，祖籍福建泉州府晋江县。自小住在蔡玉明家，随蔡玉明习武，是蔡玉明门下最重要的弟子之一。尤俊岸精通五祖拳的各种武功拳法，尽得蔡玉明的武艺真传。尤师将一生所学传龙溪石码卢万定。卢万定后来移居印尼，将五祖拳传于印尼一带。

三、漳州现代武术名人

漳州现代武术名人有担任赤卫队长、在土地革命斗争中英勇牺牲的市尾太祖拳游长春，民国时期在福建全省国术擂台赛勇夺桂冠的张日章等，还有白鹤拳的张苍荣、张杨华，有"习艺堂"太祖拳康守斋、康光辉，有市尾太祖拳游青龙、游丰源，有达尊拳、五祖鹤阳拳的康许旺，有通元庙开元拳、达尊拳的碧琅、高复明、孙甲水、洪长博等，有五兽拳（龙拳）李万和，有习练军营拳械功夫的"秀才庆"苏陈阳、游振辉、吴龙等。

张苍荣（约1846—1930），福建永春州（今永春县）人，精于白鹤拳和达尊拳。清光绪年间，举家迁居龙溪县（今漳州市芗城区）城内北桥街，受雇于北门街郑瑞珠香烛店为制香师傅，世称其为"苍师"。他在漳州教习白鹤拳与达尊拳，传下不少弟子，影响甚广。其中漳州捷元堂第二代宗师张杨华艺成之后竖起白鹤派旗帜，广泛传播白鹤拳。

黄其龙（1851—1927），又名磊锡、磊舍，福建龙溪县（今漳州市龙海区）人，清末武举人。自幼好武，幼年时曾师从一位游方和尚学艺练武，后来又相继学了少林拳、鹤拳、达尊拳等，并精通雨伞、烟杆、乾坤日月刀等奇门兵器。后来黄其龙将白鹤拳和达尊拳相结合，创编出鹤尊拳，由于他同时擅长骨伤科，后设馆"云从堂"专职传徒授艺和行医。

张杨华（1871—1944），福建龙溪县人，居于今芗城区北桥街。原是郑瑞珠香烛店伙计，本姓杨，因拜师张苍荣习练白鹤拳，受苍师认可，遂被招入赘，故更改张姓，世称其为"赏师"。1925年，张杨华主持"漳州精武体育会""龙溪国术馆"的教学。1937年，在龙溪国术馆组织训练"闽南抗日大刀队"，传承弟子数万人，使得漳州成为闽南白鹤拳重镇。张杨华培养了郑文、张日章、黄海西、郑文龙、洪剑明等一批白鹤拳高手，成为20世纪三四十年代享誉漳州的白鹤拳派名师。

碧琅（1878—1949），本姓方，原名龟，字延龄，法号碧琅，人称"龟师""碧琅师"，系福建龙溪县崇福村人。出生于农家，九岁拜漳州通元庙紫莲师为师。清光绪二十一年（1895年），碧琅师时年十八，因其所学有成，乃接掌漳州通元庙住持之职。1930年代初，他开始对外传教开元武技和通元达尊拳，先后收了俗家弟子张胡山、孙甲水等多人，并在漳州市郊浦头开馆授徒。碧琅师兼学岐黄之术，继承开元寺历代传下之僧医衣钵。碧琅师文武道场均有专长，除文场功课外，兼武场表演铙钹技巧，其铙钹艺精技纯。

高复明（1880—1940），原名鹤明，福建晋江（今泉州）惠安人。幼年出家于漳州长泰县天柱山天柱岩，得其师漳州开元拳派的真传，内外功均有很深的造诣。1892年随其师来漳州龙溪县城（今漳州市区）主持东桥亭庙。复明师其师与漳州通元庙诸师，武功均同源漳州开元拳派，故过从甚密，乃与碧琅师之师兄碧瑄师义结金兰。碧瑄师殁后，曾与碧琅师共主通元庙，并开始收徒授艺。

游振辉（1882—?），又名古令，福建龙岩州（今龙岩市）人。师从清末漳州团练营总教练何水道习练武艺。他精通十八般武艺，尤以奇异兵器月眉大刀、虎尾刀、斜矛枪为拿手绝活，年轻时已名闻遐迩，享誉武坛。游振辉在辛亥革命之前，任漳州团练营左营教练。民国初年，漳州团练营解散，游振辉与其师弟右营教练苏陈阳（人称"秀才庆"）以"双发堂"为号，应各地武馆邀请，以传艺为生。1925年，漳州精武体育会龙溪国术馆成立，游振辉受聘为国术馆武术教练，主教器械。1926年，又应市尾社武术馆邀请传授正统清御林军营的兵器功夫和舞狮法。游振辉还注重武德教育，培养造就了一代德艺双馨的杰出高手，为闽南武术发展特别是为市尾太祖拳流派的臻至完善做出了重大的贡献。

康光辉（1889—1973），福建龙溪县紫泥人，漳州"习艺堂"太祖拳主要代表人物，人称"辉师"。辉师自幼师从本村拳师康守斋习练太祖拳，康守斋（约清光绪年间）师承杏元师（情况不详）。康光辉长大成家后，再跟从其岳父方白习练太祖拳和骨伤科医术。25岁时设"习艺堂"开始传徒授艺。先后在龙溪县城区东（今芗城区）岱东国术馆（1933年，一说1932年）和漳州古塘村下间仔（1940年）传授舞狮（四门狮、洗狮弄狮、比狮折狮）、阵法（八卦阵、连环阵、莲花阵、叠古井等）和太祖拳法。之后他除了在漳州地区的芗城、龙海、龙文、长泰以及厦门等地广收门徒，还应聘前往我国香港、台湾地区以及印尼、新加坡、马来西亚等地授艺，门徒遍布东南亚。新中国成立以来，他以行医教拳为业。1973年12月，康光辉辞世西去，享年84岁。

吴龙（1890—1969），福建龙溪县人，曾在清末民初任漳州军营武教头，传教军营拳棒武艺，在漳州一带负有盛名。曾应李砚邀请，为龙溪洋老洲五祖何阳堂传教军营兵器。吴龙平时与漳州通元庙众武僧交情甚厚，时常一起切磋交流武艺，因此，吴龙的军营器械（公步家俬）功夫也传入了通元庙。

李万和（1895—1973），福建龙岩州（今龙岩市）人，五兽拳主要传人。12岁始拜龙岩徐秀寰为师习五兽拳，19岁开始教徒传艺。1928年从龙岩来到漳州，在龙溪县（今芗城区）浦头等地设馆授徒，堂号"龙武堂"，传下五兽拳（龙拳）一派。1946年龙溪国术馆恢复后，曾受聘在国术馆任教。曾在漳州、厦门一带广收门徒。

游长春（1902—1932），福建龙溪县（今芗城区）东北郊市尾社人。游长春自幼跟从其父太祖拳青龙阵第二代传承人游养宜（游养宜是漳州市尾太祖拳"登龙堂"武馆创建人游青龙的得意弟子之一）习练武艺。1929年，游长春主掌堂号为"登龙堂"的市尾武术馆馆务。1931年，为弥补本派器械套路之不足，不拘门户之见，他特邀请漳州精武体育会武术教师游振辉协助传授公步家俬功夫及舞狮法。游振辉拳师家住市区炮仔街，堂号"双发堂"，因此市尾太祖拳堂号又称"双发登龙堂"。游长春不仅在馆务上大力改革，而且积极接受进步思想。1932年4月，红军入漳，游长春任东乡农协会主席，市尾武馆大部分馆员参加了由游长春任队长的农民赤卫队。其间，游长春还把该馆的堂旗颜色由黑色换成红色，并增添阵势"五星阵"，原"青龙阵"易名为"青龙五星阵"，以示崇敬红军之情。红军撤离漳州后，由于被人出卖，游长春在一次外出时，遭土匪伏击，被枪杀在市区中山公园门外。

黄海西（1907—1986），原名金狮，人称"海师"，福建省芗城区人，漳州"捷元堂"国术馆第三代掌门人。7岁师从赏师张杨华习练白鹤拳和骨伤科医术，软、硬、内、外功皆出类拔萃。又从同门师兄弟吴海番（"赏师"外甥）处学得牙科医术。海师既从事牙科、伤科，又兼教白鹤拳，医术医德俱佳，故此诊所深得时人赞赏，皆以店号"海西"（闽南语中，"海西"和"海师"同音）称其名。龙溪国术馆成立后，赏师入主馆务，海师也相帮教学。1937年正式受聘为龙溪国术馆教师。新中国成立后，海师长期担任裁判员，活跃于漳州武坛。"文革"后，海师致力行医治病，救世济人，于 1986 年去世。

康许旺（1910—1988），福建省漳州市龙海县（今龙海区）人，原福建省武协委员，五祖拳师，人称"旺伯"。先从清末武举人黄其龙习达尊拳，后再练五祖拳并将所学各门武艺融会贯通，形成自己的风格，同时擅使乾坤日月刀等奇门兵器。主要在龙溪石码等地广收门徒，教授五祖拳，具有较高声望。培养出庄燕北、吴鑫、林树根等优秀学生，在全国武术观摩交流比赛、福建省传统武术比赛、福建省职工运动会武术比赛等取得金牌、优秀奖等好成绩。1982 年被评为全国千名优秀武术辅导员。

游丰源（1913—1999），福建省漳州市芗城区人。为漳州市尾太祖拳重要传承人和代表性人物。曾任福建省武术协会委员。从小拜游养宜为师习武学医。后又随游振辉练军伍公步器械武功。1933 年参加中央国术馆龙溪分馆的国术表演赛，获连环八卦拳对练第一名等多个好成绩。游丰源于 1957 年执掌市尾社武术馆。改革开放后，他积极推广和发展市尾太祖拳，恢复了 10 个旧武术馆，开辟了 12 个新武术馆，还多次组织并派出学生参加全国各种武术比赛，获奖颇丰。1986 年，游丰源参加全国武术挖掘整理工作，并参与《福建武术拳械录》的编辑。几十年来，他培养了数以千计的学生，他们在各自的岗位上为武术的发展做出了自己的贡献。

曾木（1913—2005），人称"黑毛师"，福建省漳州市芗城区人。曾木 16 岁时，拜"捷元堂"张杨华为师学习永春白鹤拳；19 岁时，又向"习艺堂"太祖拳一代宗师康光辉学习太祖拳。由于曾木师平时刻苦用功、勤学苦练，很快掌握了两门拳派的技法要领和精髓，因此深得两位师父的赏识和喜爱。

曾木师个头不大，但其身步法灵敏利索，动作中规中矩而又圆活纯化，刚柔相济，劲力刚脆抖活，在漳州武术界得到一致的好评。解放前，曾木师曾多次参加全省国术比赛，皆获优胜奖。20 世纪 60 年代，曾木师开始在家中收徒授艺，一直到 80 多岁的高龄还孜孜不倦地为推广传统南拳而奔忙。曾木师在漳州可谓"桃李满天下"，他的学生、学生的学生曾多次在全国各类传统武术比赛中获得佳绩。曾木师在 93 岁高龄时仙逝。

张日章 （1914—1948），家住福建龙溪县城区（今芗城区）台湾路127号（原为府口街123号）。张日章小学毕业后就拜在张杨华门下习练白鹤拳。张日章练功十分刻苦，几年以后，他不仅掌握了白鹤拳派的各种拳械套路，而且练就了铁腿功、铁砂掌和轻功等功法绝技，尤其以铁腿功最为精湛。其小腿的胫骨练得坚硬如钢，能够轻易碎砖断木。1934年，民国以来福建省首次举办的国术擂台赛在省城福州举行。张日章代表龙溪县前往参赛。张日章凭着精湛的拳法武功，一路过关斩将，勇夺桂冠。张日章因此名噪一方，造就了漳州武坛的一段历史佳话。后来，张日章赴江西参加抗日救国军，投身抗日救国运动。1948年3月28日，张日章因伤病发作终不治，年仅34岁。

孙甲水 （1915—1985），福建省漳州市芗城区人，住市区巷口新行街，人称"甲水师"。少年时期，孙甲水随其父孙酷励习练洪拳，后又以俗家弟子的身份师从通元庙碧琅师学习通元达尊拳，练得一身好硬功，并练成"铁盘手"功夫。

洪长博 （1925—1992），原名洪沅博，出家后赐号长博，福建晋江南安市溪尾官田村人，漳州通元庙末代住持。童年时随乡人学打铁，辗转来到漳州，于1941年拜通元庙碧琅、高复明为师。由于他天资聪颖，虚心好学，又勤奋苦练，艺业猛进，因此尽得二师开元拳械武功和108法铙钹技法真传，是漳州开元武术的主要传承者。后又得清末武营教练吴龙师之青睐，传教其军伍正统兵器功夫。洪师为人谦虚，深藏不露，身怀绝技却鲜为人知。1949年继任通元庙住持，直至1992年2月去世。

四、漳州古代武科名人

古代漳州在科举上也人才辈出，单单明清两代，漳州先后考中了武举人857人、武进士111人（明代53人，清代58人），其中武状元2人、武榜眼1人。平和人李威光，乾隆三十七年（1772年）武科状元；南靖人吴锡璋，清乾隆四十年（1775年）武科状元；平和人黄国梁，乾隆四十六年（1781年）武科榜眼。

李威光（1735—1795），也有作李咸光，字作楫，号韬序，福建漳州府平和县人。清乾隆三十七年（1772年）恩科武状元，授广西提标左营游击，后调任浙江黄岩镇标水师中军游击，旋即又晋升为福建烽火门参将。参加镇压台湾天地会林爽文起义后，晋升为台湾平安协水师副将。不久，调任闽安协副将，署任海坛、南澳总兵，诰封四世武功将军（从二品）。后因思母心切，解甲回乡。

关于李威光其人，漳州记载的是漳州平和县人，广东记载是广东长乐（今五华）县人，还是客家人唯一的武状元。历史上广东梅县、蕉岭与漳州平和两地人口互相迁移频繁。《平和县志》载：元、明、清时期，陆续有3路人口进入平和安家落户。一路从江西、闽西进入；另一路从福州、漳州进入；还有一路从广东梅县、蕉岭、长乐等地辗转进入平和。另外广东长乐、惠州一带有许多漳州平和的移民。据此推断，李威光可能是祖籍为漳州平和后迁入广东长乐的客家人。

吴锡璋（1745—1778），福建漳州府南靖县人。唯据《南靖县志》（民国版）载，吴锡璋于清乾隆四十年（1775年）考中武状元，官授"御前侍卫"，封武德骑尉（武职正五品封赠）。御前侍卫的主要工作就是守卫宫廷内外各门，御驾出行期间负责安保，是个比较荣耀的职务。

在吴锡璋的出生地南靖县靖城镇尚寨村，吴锡璋的直系后裔至今仍有30多人。其后人至今还保存其当年使用的一把3米多长的黑色纯铁大刀，它重120多斤，需要两三人才能把它抬出。吴家老宅门口，还放着两块梯形练功石，据说也是吴锡璋遗物。练功石高约50厘米，单个重100多斤，石身两侧各有一个洞，刚好容得下两个手掌。吴锡璋能将其抓起来上下、左右挥动。

吴锡璋任职三年就去世。吴锡璋夫妇合葬墓位于靖城镇尚寨村麒麟山脚下，碑文刻有"御前侍卫 武德骑尉"字样，现存其故居大门上高悬乾隆钦赐的"御前侍卫府"匾额。

黄国梁（1756—1795），漳州平和县人，清乾隆四十六年（1781年）登进士，殿试发挥出色，被乾隆皇帝钦点辛丑武科第二名，即榜眼，是漳州唯一的一个武榜眼。据说黄国梁悟性极强，小时候读诗书，天资聪慧，而且身材魁伟，身高超过 1.9 米，臂力过人。在他的故乡钟腾村如今还保留着他年轻时练功用的几块大武石，每块重达 340 斤。约乾隆五十五年（1790 年），黄国梁在铜陵村故居附近择地营建一处颇有规模的榜眼府第。据说乾隆亲笔题写"榜眼及第"的金匾，悬挂于府第正厅中堂。黄国梁的祖居地朝阳楼前现仍保留有他中榜眼及第石旗杆（八角形）二台，中举人石旗杆（四角形）一台，是珍贵的历史见证。尤其是榜眼府第，可以说是漳州市一处十分难得罕见的武科文物古迹。

第三章　通元达尊拳概述

第一节　达尊拳的源流

达尊拳是福建传统南拳中很有代表性的一个拳种，相传为佛教禅宗达摩祖师所创，故以达摩祖师为拳名。"达尊"，即"达摩尊者"。据资料记载，大约到明代后期，达尊拳作为武术的一个门派已经基本形成，最早传承于福建闽南的漳州、泉州一带，至今有三百多年历史。

一、达尊拳门派出现的时间

中国武术历史悠久、源远流长，拳家门派众多，技术内容博大精深。武术门派是我国独有的历史文化现象，在世界武术、搏击史上也是独一无二的。从武术的萌芽、发展到内容丰富、门派众多，中国武术经历了一个漫长的历史演进过程。据资料记载，大约在明代中后期，中国传统武术才开始出现了武术门派。

明朝中后期著名的抗倭将领戚继光（1528—1587）的《纪效新书》第十四篇《拳经捷要篇》记载："古今拳家，宋太祖有三十二势长拳，又有六步拳、猴拳、囮拳，名势各有所称，而实大同小异。至今之温家七十二行拳、三十六合锁、二十四弃探马、八闪番、十二短打，此亦善之善者也。"与戚继光同时期的郑若曾（1503—1570）在《江南经略》（初刻于明隆庆二年，即 1568 年）一书中，记载了当时流行的枪法十七家、刀法十五家、弓弩法十四家、杂器械十家、钯法五家、马上器械十六家、拳法十一家。而棍法最多，林林总总，竟至有三十一家。郑若曾称这些流派"各有专门、秘法散之四方""教师相传，各臻妙际"。这时，武术出现"武术门派"的称呼，才正式见于史书。同时，武术理论著作大量出现，除戚继光《纪效新书》、郑若曾《江南经略》外，还有俞大猷《剑经》、唐顺之《武编》、何良臣《阵记》、程宗猷《耕余剩技》、谢肇淛《五杂俎》、王圻及王思义《三才图会》等武术典籍。这些武术典籍不同程度地记载了拳术、器械的流派、沿革、动作名称、特征、运动方法和技术理论等，有的还附有歌诀及动作图解，在理论上总结了过去的练武经验，都为武术流派的形成发展奠定了深厚的文化理论基础，也为后世研究武术提供了重要依据。

　　一般认为，福建武术门派的形成晚于中原地区。在戚继光和郑若曾等著作文献中，均不见有福建拳种。明朝中叶以后，尤其到清代，福建陆续形成了太祖拳、达尊拳、罗汉拳、永春白鹤拳、洪拳、五祖何阳拳、连城拳、地术犬法、龙尊、虎尊、猴拳、福州鹤拳、五兽拳、五祖拳等拳种和流派，并逐渐发展和完善。其中，太祖拳、达尊拳、罗汉拳、行者拳、永春白鹤拳、洪拳、五祖何阳拳、五祖拳等武术门派，清代就已经在闽南一带广为流传。其创立时间不同，各有渊源，师承不一，风格各异，且自成体系。每种拳法都具有与其他拳法不同的技术特点，如"白鹤手""齐天指""太祖足""达尊身""罗汉步"等。

　　最早见之文字记载的福建拳种是"白鹤拳"，也叫"永春白鹤拳"，旧称"鹤法"。据文献资料所载，"永春白鹤拳"创拳于清顺治、康熙年间，由福建省福宁州（今霞浦县）北门外拳师方种的女儿方七娘所创，是一种别具一格的"似刚非刚，似柔非柔"的拳法。艺成之后，方七娘与其夫曾四回泉州永春收徒授艺。清乾隆年间，永春白鹤拳第五代传人萧伯实在他所著的《桃源拳术》（节选）记载："学拳法祖第一祖达尊云法、太祖教势、行者教道、罗汉示身、白鹤仙师教刚柔相济、八刚二十四柔，单拳独手乃天下无敌矣。"永春古称桃源，地灵人杰，地以拳显，拳以地名，故"白鹤拳"亦俗称"永春拳"。《桃源拳术》一书，为萧伯实根据永春的刘降、郑宠、林添等三位白鹤拳先贤平时身传口授整理而成。该书对白鹤拳的来龙去脉、功法、用法、配法、敌法等条目进行了深入详细的阐述。这是有关白鹤拳，也是福建武术门派最早的文献记载。同时，这一著作也是太祖拳、达尊拳、罗汉拳、行者拳等拳术门派在清代就已经在闽南一带流传的最早记录。另据福建省武协挖掘调研小组卢义荣、游幼波同志调查所记，永春潘孝德先生在民国十七年（1928年）手抄《白鹤拳谱》也提道："自古拳有五祖：太祖、罗汉、达尊、行者、白鹤，其中白鹤拳为年轻后起之一种。"这一有关白鹤拳的文献资料里，也明确地指出，太祖拳、罗汉拳、达尊拳、行者拳、白鹤拳这五种拳术流派中，白鹤拳是最后形成、最年轻的拳派。据此推算，达尊拳形成的时间在白鹤拳之前，保守推算至少应该在明代后期，至今也有300多年的历史。

二、达尊拳的流派

虽然达尊拳形成的时间至今有300多年的历史，但具体何时产生于何地，以及在其他地区的传承情况，由于资料所限，无法做进一步考证和溯源。目前，自清代末期以来在闽南漳州流传有序、有据可查的达尊拳主要有三支。

1. 通元达尊拳

这一支是清代后期，由漳州开元寺下庙通元庙住持僧慧照师、紫莲师、碧琅师所传的达尊拳。碧琅师传俗家弟子孙甲水、德正、火仔（原名失传）等，孙甲水传儿子孙南松、孙炳辉及吴松峰、林其塔等。

主要拳术套路有：鸳鸯战、罗汉梅花三战、罗汉颠、蝴蝶掌、五枚手、落地鸳鸯。器械套路有：铲、棍、短棍、单刀、双刀、枪、虎叉、钩镰枪、藤牌刀、双合刀、铁尺、剑、飞镖暗器。还有内外练功法等。

2. 张苍荣所传之达尊拳

这一支在清末民国初期，由漳州龙溪县城内北桥张苍荣所传。张苍荣，人称苍师，精于白鹤拳和达尊拳。清光绪年间，苍师举家由泉州永春县迁居龙溪县（今漳州市芗城区）城内北桥街，受雇于北门街郑瑞珠香烛店为制香师傅，始在漳州教习白鹤拳与达尊拳，并传下不少弟子，其中漳州捷元堂第二代宗师张杨华艺成之后竖起白鹤派旗帜，广泛传播白鹤拳。另一弟子苏文柏（？—1961），系福建龙溪县（今漳州市芗城区）人，住新华西路石狮巷，人称"苏柏师"或"斑柏"。苏柏师先师出瀛洲何阳堂，为五祖何阳拳名师，后带艺投贴于赏师张杨华门下，跟赏师岳父苍师学习达尊拳法，练就了铁砂掌、千斤坠功夫，尊奉达尊，继承达尊派衣钵，成为漳州达尊派的一名杰出人物。苏柏师传下王剑青、蔡尖等一批弟子。

苏柏师传达尊拳套路有：捆战、拖战、双战、达尊打结、四踢、小罗汉、大罗汉、虎拳、蛇拳、猴拳、鹤拳等。

3. 黄其龙所传之达尊拳

这一支系由清末漳州龙溪县角美黄其龙所传。黄其龙，又名磊锡、磊舍，龙溪县（今漳州市龙海区）角美人，清末武举人。黄其龙自幼好武，幼年时曾师从一位游方和尚，后来又相继学少林拳、鹤拳、达尊拳等，后来将白鹤拳和达尊拳相结合，创编出鹤尊拳。其主要传人有黄九魁、黄顺礼、黄天球、王育英等。

另据资料记载，清同治三年（1864年）九月，开元寺毁于兵火后，寺中僧众散落到漳州城南龙眼营通元庙，东郊石室岩、璞山岩，南郊白云岩，圆山云溪岩、西坪寺，石码青山岩，海澄常春岩等各分寺支庙，开元武技随之也流传到各分寺支庙。后来，能将开元武技（包括达尊拳）一脉予以传承下来的仅通元庙一支。据说在漳州还有其他地方有传习达尊拳，如清末时期长泰达尊拳师炎师。但情况如何、有没有传承等已无可考证。所以，对于其他传承情况，因无法一一调查，暂付阙如。

三、达尊拳与泉州五祖拳的渊源

五祖拳是福建尤其是闽南的漳州、泉州、厦门地区流行最广泛的一种拳术，有漳州五祖拳和泉州五祖拳之分。

漳州五祖拳，也称为五祖拳、五祖何阳拳、老五祖拳（以区别于蔡玉明创编的新五祖拳），主要指清朝以来流行于漳州一带，由漳州五祖拳师何阳师所传的拳术。何阳师为漳州五祖何阳拳有文字记载的始祖。何阳，人称"何阳伯",年轻时在漳州府龙溪县城南(今芗城区市区)洋老洲经营酒店,并在此传授五祖拳,堂号"何阳堂",因此后人称何阳师所传五祖拳为"五祖何阳拳",至今还在漳州一带广为流传。何阳师主要传人有李腾飞、张大汉、帆寮山、林米糕、叶阄、苏文柏、蔡玉明等。

李腾飞(1838—1923),字腾宗,漳州龙溪县人。清末民初漳州著名武师、五祖何阳堂第二代重要传人。其子李清莲和其孙李砚均是五祖何阳堂的重要传承人。李砚(1911—1991),字若耕,是洋老洲国术馆第七代传人,从事骨伤科。李砚传何阳拳徒手拳套路有:练头、打节、四大锻、双随、双爪、飞凤下田、二十八势、洞宾醉酒、黄蜂出巢(已失传)、十锦法(已失传)、仙人擂鼓,并练就"五祖混元金刚爪"功,擅长五祖"落地术"和"姑娘棍"法。1933年,年仅22岁的李砚主持洋老洲"五祖何阳堂"。为了充实武馆武艺,他聘请清末军营武术教头吴龙到何阳堂传授军队武营器械套路,使洋老洲何阳堂武艺更加全面和精彩,百年武馆更加盛名远扬。

何阳师的另一弟子蔡玉明(1853—1910),原名蔡谦,又名怡河,字玉明(有称玉鸣),其祖籍为泉州南门外晋江五都大浯塘村蔡厝。其祖父在福建漳州经营酱园店,店号"怡丰""怡盛",其店在龙溪城里(今芗城区)的新桥头、巷口、亭顶、北桥等处,在当时算较大的酱园店。"怡丰"所处的新桥头十八社半正是五祖何阳拳馆最聚集的区域。

蔡玉明自幼喜好技击,早年随其父亲在漳州经营酱油生意期间,先是向何阳师学习五祖何阳拳。随着技艺的精进,蔡玉明对武功的追求更加执着。他遍访名师,吸收各派武技精华,数十年如一日。尤其是学习综合了在闽南(主要是漳州)广泛流行的太祖拳、达尊拳、罗汉拳、行者拳、白鹤拳这五种拳术精华,吸取太祖之刚猛、达尊之运气、罗汉之步法、行者之灵活、白鹤之化柔等技法,兼容并蓄,经过多年的实践、改进,形成了一种技法比较完善、理论比较系统的新武术拳种"五祖拳"。漳州也有称之为"新五祖拳"的,以区别于五祖何阳拳。蔡玉明的学生尤凤标著《中华柔术大全》(1918年出版)称蔡玉明"兼通五祖拳法"之"兼通"者,就是指蔡玉明对太祖拳、达尊拳、罗汉拳、行者拳、白鹤拳这五种拳术都精通。

蔡玉明在漳州度过青年时期，其学习武术的经历主要在漳州，学习了包括"五祖何阳拳""太祖""达尊"等拳种在内的多种南拳。壮年时期的蔡玉明回到泉州时，已经自成一派，并先后收了泉州五位著名的拳师为徒，之后又培养出多位杰出的弟子，其中著名衣钵传人有：林九如、翁朝贤、魏隐南、尤祝三、陈京铭、何海、陈魁、狐狸仔、柯彩云、沈扬德、杨捷玉。五祖拳广泛流传于后世，产生了几个流派，主要有：林九如所传的五祖太祖拳、沈扬德所传的五祖鹤阳拳、杨捷玉所传的五祖白鹤拳等。

从技术角度看，漳州"五祖何阳拳"的一些套路名称如"双随""双爪""打节（打角）""练头""鼓水边"等，收势的"昭阳手"，都和目前泉、厦流传的五祖拳有相同相似之处。还有漳州通元庙达尊拳的"罗汉梅花三战"第一段和目前泉州、厦门流传的五祖拳的三战套路几乎完全一样，包括起势、请手。种种迹象表明，蔡玉明在泉州所传的五祖拳与漳州的"五祖何阳拳""通元达尊拳"等部分南拳的血缘关系十分密切。由此可见，漳州五祖何阳拳、通元达尊拳和泉州五祖拳有颇深的历史渊源。

第二节　通元达尊拳的传承

通元达尊拳流传于漳州开元寺以及其下属寺院内的僧侣间，于清末民初从漳州通元庙传承并慢慢流入民间。因这一支达尊拳由通元庙传承下来，所以被称为"通元达尊拳"。"通元"是地名，是以所在地"通元庙"庙名为名。可以说，拳以地名、地以拳兴。通元庙所习武术，可以溯源到漳州开元武技。漳州开元武技，源于漳州开元寺。至于达尊拳什么时候传入开元寺和通元庙，则不得而知。

一、义中禅师与开元武技

早在唐初，漳州地区就已寺院广布、僧侣众多。同时，尤其是中唐以来，禅宗风靡于当时社会各个阶层，福建直接受到禅宗很大的影响，漳州开元寺便是其中久负盛名的一大禅宗寺院。漳州开元寺曾造就众多高僧，据《漳州府志》记载就有唐代义中禅师、宋代从谦禅师、明代樵云禅师、本源禅师等。

唐代佛教有一个比较突出的现象，就是僧侣多习武，比如大家所熟悉的唐初少林寺十三棍僧助唐军就是。漳州开元寺僧人也有习武健身、保护寺庙的传统，寺中僧人多身怀绝技。其中，义中禅师就是一位身怀绝技、武功高强的禅宗高僧。

义中禅师（781—872），俗姓杨，原籍陕西高陵县，后因主持漳州三平寺而被信众尊称为"三平祖师"。唐德宗贞元十年（794年），十四岁的他随父亲仕官至宋州（即泉州），投拜于玄用禅师门下，剃发出家，被禅师赐法名"义中"。义中禅师先修三摩钵提（是佛教中"定"的一种），做得安心虑；后修奢摩他禅那（意为"止""寂静"），达到正定寂止的境界。

据唐代王讽《三平山广济大师行录》（简称《行录》）记载，义中二十七岁时，顿明心要，受具足戒，成为比丘，开始云游，拜师修证。从唐元和二年（807年）始，先后拜百岩怀晖禅师、西堂智藏禅师、百丈怀海禅师、抚州石巩禅师、潮州大颠禅师为师。百岩怀晖禅师、西堂智藏禅师、百丈怀海禅师、抚州石巩禅师等四位禅师系禅宗六祖惠能禅师的徒孙道一禅师的弟子，潮州大颠禅师系六祖惠能禅师的徒孙希迁禅师的弟子。

排辈分算来，义中禅师系禅宗达摩祖师师传有序的第十代弟子。禅宗南宗发展脉络如图 3-1 所示：

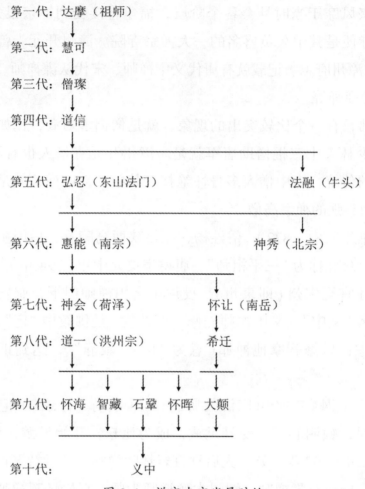

第一代：达摩（祖师）

第二代：慧可

第三代：僧璨

第四代：道信

第五代：弘忍（东山法门）　　　　　　　　法融（牛头）

第六代：惠能（南宗）　　　　　　　　神秀（北宗）

第七代：神会（荷泽）　　　怀让（南岳）

第八代：道一（洪州宗）　　希迁

第九代：怀海　智藏　石鞏　怀晖　大颠

第十代：　　　　　义中

图 3-1　禅宗南宗发展脉络

　　据载，义中禅师在怀海禅师门下巾侍十年，通悟了禅宗要旨，修证上层禅学。之后，义中又到江西抚州就随侍石鞏禅师左右达八年之久。传说石鞏经常张弓架箭，来接佛子。当义中登门诣法时，石鞏以箭相迎，义中见状，立刻开襟怀，挺胸挡箭。这正符合达摩祖师的禅学"直指人心，见性成佛，不立文字"。于是石鞏禅师就收起弓箭，称赞道："我三年来，张一枝弓，挂两只箭，而今只射得半个圣人。"从此，义中就随侍石鞏禅师左右八年。从石鞏禅师经常张弓架箭这一行为可以看出，唐代的僧人有习武健身防身的习惯，也可以知道义中在学佛修禅时，也是兼修武术的。

　　之后，义中又到了潮州投师大颠禅师。其间，传说义中还帮助韩愈驱除鳄鱼。说是被贬为潮州刺史的韩愈听说境内溪中有鳄鱼为害，于是写下了《鳄鱼文》，劝诫鳄鱼搬迁。韩愈读完《鳄鱼文》后，亲率五百弓箭手向水中射杀鳄鱼。义中也手舞禅杖，出战鳄鱼公和鳄鱼母，恶战三天三夜，最终把鳄鱼精杀死。虽然这是传说，但也间接说明义中身怀武功。

唐敬宗宝历元年（825年），义中游禅到漳州。他见漳州人文地理均好，就选定漳州府城北郊开元寺后面的三山（即今之芗城区城北紫芝山）半云峰下，建立"三平真院"，自立门户，聚徒传教。唐会昌五年（845年），唐武宗李炎下令毁佛，强迫僧尼还俗。其时，义中禅师虽年过花甲，仍坚定不移地率领一众僧尼，徒步来到今天的漳州平和县地界大柏山麓，选定龟蛇峰间建立寺院，坚持学佛修禅弘法。当时，大柏山麓附近居住着畲族和一支被称为"蛮獠"的少数民族，他们以刀耕火种、采集野果和狩猎为生。起初，他们对于侵入自己领地的汉族僧侣感到极为恐慌，经常肆意袭击、骚扰，想把外来者撵走。但义中禅师武艺高超，轻易治服了蛮獠和毛人，因此流传着祖师公斗于鬼窟、降伏众祟、擒蛇侍者和毛侍者等传说。据《行录》记载，义中禅师初入山时，先在"山鬼"穴前（即"毛氏洞"）卓锡，杖插入土中，即化成一株樟树（后人称之为"锡杖树"），义中禅师于是在树下参禅。此举惊动"山鬼"，他们想把禅师撵走，见禅师无动于衷，便集众奋力抬起禅师，至百丈石祭（龙瑞瀑布）抛扔掉。待到"山鬼"回来时，见义中禅师仍在锡杖下诵经，滴水不沾，很是惊诧。于是，继续把禅师装入加入石头的竹笼里，再次抛下百丈石祭。石祭高十几丈，深不可测。此次"山鬼"以为笼石沉之，必死无疑。结果，等到他们回来时，只见义中禅师仍坐禅于树下，安然无恙。山鬼方知禅师神通广大，遂匍匐礼拜，请求宽恕罪过，愿出力建寺，义中禅师应允。今天的三平寺后山上，有一个地方叫"虎林"，传说义中禅师经常在那里练习武艺。

唐宣宗大中三年（849年），朝廷降诏恢复佛教，漳州重建开元寺。有巡礼僧常肇、惟建等二十人向朝廷推荐义中禅师，称其是"嗣达摩正统，继南宗衣钵"的高僧。于是漳州刺史郑薰恭请义中禅师主持开元寺，完成修缮之事，并被唐宣宗敕封为"广济大师"。从唐大中三年（849年）到唐咸通七年（866年），义中禅师主持漳州开元寺达十七年。其间除寺中僧人原有的武术外，义中禅师把他所有的武术以及禅宗思想传授给寺中的弟子们。

经过一千多年的沉淀，开元武技经历代僧人对寺内外、军伍武艺、民间武艺的兼收并蓄，继承发展，内容已十分丰富。其历代相传的武艺主要是拳术、禅杖、长槌、短槌、流星锤和108法铙钹。

开元寺僧人修行、弘扬的是禅宗佛法，开元寺以及义中所传承的武术很早就与禅宗合修，上尊达摩禅师。因而开元武术具有佛门特色并深受禅宗思想的影响，形成重视人品修行、武德修养、禅武合一的特色。

二、开元武技与通元达尊拳

源于开元寺的武艺，自近代以来被称为开元武技，俗称"开元拳"。开元武技历代相传，只授僧众，不授外人。"开元拳"的一些器械功夫主要是后来承学了军伍正统的公步家俬。如清乾隆年间，御林军教头林南洲是漳州竹巷下人，告老还乡，回到漳州。林南洲与开元寺住持衍庆法师相交甚好，经常一起切磋武艺，遂将在军中教授的器械功夫传给寺庙僧众，丰富了寺庙的武艺。开元拳通过这样的多种方式，增加了公步家俬等内容。

通元庙隶属开元寺分支寺庙，历代驻庙僧人均由开元寺选派，其驻庙僧人的开元武艺直接传承自开元寺，其中达尊拳或也是传承自开元寺，也有传入庙内的民间武艺和军伍武艺。

清同治三年（1864年）九月，太平天国侍王李世贤率太平军（当地人称"长毛反"）攻入漳州，开元寺被兵火烧毁后，寺中僧众散落到开元寺各分寺支庙的龙溪县城（今芗城区市区）城南龙眼营通元庙，东郊石室岩、璞山岩，南郊白云岩，圆山云溪岩、西坪寺，石码青山岩，海澄常春岩等，开元拳随之也流传到各分寺庙。目前，只有通元庙将开元武技包括达尊拳传承至今。

通元庙僧人为出祖和尚，生活来源不靠寺院供给，只依靠为民间百姓设坛念佛、祝福超度或舞弄铙钹、杂技、武术等表演收入来维持生活，其最具有特色的就是"和尚弄钹"的武术表演。钹，即铙钹，古称铜钹、铜盘，民间称"镲"，属于打击乐器，是碰奏体鸣乐器的一种。

自开元寺四十三世慧照祖师主持通元庙（1854—1864年前后）后，通元庙僧人开始在外设馆授徒，开元武艺和通元庙武艺开始传入民间。

慧照师是漳州开元寺第四十三世僧人，主持龙眼营通元庙后，于清咸丰四年（1854年）扩建通元庙，主要传承漳州开元寺开元拳、达尊拳与其他武术。慧照师传授弟子紫莲师、紫竹师，紫莲师传授碧琅师（名方龟，又称邱师），碧琅师传授俗家弟子孙甲水。孙甲水传授儿子孙南松、孙炳辉及弟子吴松峰、林其塔等。如今，林其塔先生是这一武术门派的主要传承人。虽然同是通元庙所传武术，但由碧琅师传授孙甲水师，再到林其塔师传承的这一支武术，和通元庙的洪长博师、邱吴海师所学的武术不同。碧琅师、孙甲水师所传的这一支武术称为"达尊拳"，为了与民间所传的达尊拳作区分，故称"通元达尊拳"。

通元达尊拳传承谱系如图3-2所示：

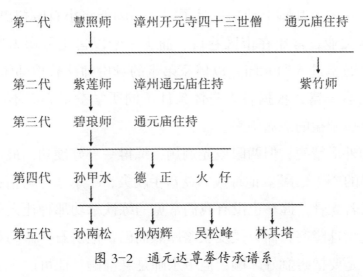

图3-2　通元达尊拳传承谱系

碧琅师，本姓方，原名龟，字延龄，法号碧琅。系福建龙溪县崇福村人。出生于农家，九岁拜通元庙紫莲师为师。由于勤学苦练，武功造诣极深。碧琅师在坐禅练功时，两腿盘坐，左右两侧各放一小箩筐铜钱，两手反复插、搅、抓、拧，久而久之，铜钱个个都曲卷了。清光绪二十一年（1895年），碧琅师时年十八，因其所学有成，乃接掌通元庙住持之职，过后因其文场功课经典学识渊博，名扬于漳州、石码、南靖、平和、长泰之间。碧琅师文武道场均有专长，除文场功课外，兼武场表演铙钹技巧。因其铙钹艺精技纯，被赞称为"倒枝梅"。

时有复明师，于1892年随其师来漳州龙溪（今漳州市区）主持东桥亭庙，并得其师开元拳派（属守祖）的真传，内外功均有很深的造诣。复明师其师与通元庙诸师，武功均同源开元拳派，故过从甚密，乃与碧琅师之师兄碧瑄师义结金兰，随碧瑄师兼学舞弄铙钹之技。艺成，逢其师圆寂，乃转为出祖开堂派。碧瑄师殁后，复明师曾与碧琅师共主通元庙。三十年代初，碧琅、复明二师打破历来只传僧徒不传外人的戒规，开始对外传教开元武技和通元达尊拳，并在辖区内浦头开馆授徒。时有俗家张胡山、邱吴海、孙甲水等多人在通元庙学拳。碧琅师还兼学岐黄之术，继承开元寺历代传下之僧医衣钵。

孙甲水为漳州市芗城区巷口新行街人，人称"甲水师"。甲水师出生于一个普通的城市平民之家。甲水师的父亲是个小贩，练得一手"双枝仔洪拳"的好功夫，其脚上硬功更是了得，一脚能将小石墩扫出几尺开外。甲水师子承父业，常年在市区巷口、浦头一带以售卖煎粿为生。少年时期的孙甲水有幸进入通元庙，以俗家弟子的身份师从碧琅师学习达尊拳。开元武术内容丰富，根据各人身体条件不同所学拳术亦有不同，甲水师所学达尊拳属刚猛的战派南拳。

甲水师外形精瘦，但两眼威光炯炯，练得一身好硬功，最奇特的是他那闻名武界的"铁盘手"。他练成的铁盘手功夫，手掌掌背与指关节连成一片，摸之柔若无骨，握拳也没有我们常见的练铁拳功那种让人望而生畏的很显眼的疙瘩球隆突，而只是皮肤略厚点而已，但击石碎砖易如反掌。常见的砸砖，是要把砖搁好才砸，但甲水师是悬空砸。他可以一手拿砖另一手轻轻一挥，砖立马断碎。他还能用双手把机砖一小块一小块掰碎，后院墙脚常见一些边沿较圆秃的碎砖，这些都是甲水师掰砖、击砖所致，可见其功力确实不同凡响。

甲水师把练功视为生活中不可缺少的一部分，在作活计中也因地制宜点滴练功习武。在他家后屋蒸粿作坊中，墙上挂着一张不大的碧琅师全身照片，门边立有一木桩，他出入此门，总要击它三掌四掌，撞它五臂六臂。作坊中还备有一小缸粗砂及小鹅卵石，他时常四指往下猛插，再抓起运劲搓握，如此反复，日复一日。墙上钉有一个不大的墙靶，他每次经过时，时而直拳，时而鞭拳，打得墙壁咣当震响。墙上还有一个镖靶，数支小小的三角镖把镖靶戳得"伤痕累累"。

后屋之外是一个三十平方米左右的小院，地面由石板条铺成，这在城市里已是一个难得的练武场所了。甲水师时常在这里习拳练功。院子北面就是后屋墙，下部有近一人高的石壁，壁面凹凸粗糙，而甲水师却常用石壁击打操练"回梦展"（闽南语音译）。"回梦展"是一段动作组合，专练进步和连环退步的步法变换和上擒、下勾、外格、内封等防守动作，以及切掌、削掌、冲拳、鞭拳（贡拳）、凤眼扣等技手。每当拳掌猛力击在石壁上发出砰砰响时，大有断石崩墙之气势。中院有一大石臼，有时让两青年站在石臼上，甲水师用掌击石臼侧面时，石臼晃动几乎翻倾，石臼上两人会站立不稳，只能急忙跳下。

甲水师在练功方面不但重视外功、硬功的锤炼，而且十分重视内功的修炼、培养，除了马步站跨、罗汉梅花三战外，也经常盘腿打坐养气。每当晚上练好套路动作后，休息闲聊时，甲水师总喜欢双腿交叠盘坐在床上打坐养气，这正是平时练功所养成的习惯姿势。

1963 年，甲水师开始把通元达尊拳传授给林其塔等人。

通元达尊拳这一古老的拳种，经历了太平天国兵火、"文化大革命"等事件后，拳谱等文献均已丧失无着，今日仅依靠历代传承人口口相传、言传身授。如今以第五代传承人林其塔为主予以传承。林其塔于 1965 年开始传武授拳。进入新世纪以来，传统武术的生存空间不断受到挤压，传承人日益减少。在林其塔先生的努力和坚持下，形势逐渐好转，青少年习练者不断增多，通元达尊拳也逐渐在社会传播和发展，并入编《福建武术史》《福建武术拳械录》。2020 年，"漳州市通元达尊拳研习社"在漳州市芗城区成立，进一步促进通元达尊拳的弘扬和发展。通元达尊拳有佛门拳法的鲜明特征，佛禅与拳法相互交融，交相辉映，内容丰富，历史积淀深厚，也吸引了日本、英国以及我国台湾、香港等地武术界人士多次来漳观摩交流。

三、藤牌术与通元达尊拳的藤牌刀

盾是防御性兵器，很早就在战场上使用。古人作战时，左手握盾以自卫、右手持刀以杀敌。左右手互相配合，一攻一防，才能杀敌制胜。

在上古神话中，有一位英雄叫作刑天，是炎帝神农氏之臣。据说他很有文采，曾经为炎帝创作过"扶犁之舞"和"丰年之咏"。后来。炎帝与黄帝轩辕氏于涿鹿之野开战，结果战败。炎帝手下的许多战将、猛士都不甘心，其中的蚩尤和夸父先后兴兵复仇，但都被黄帝派去的应龙杀掉了。刑天也赶来与黄帝交锋。但他打不过轩辕氏，结果被砍了脑袋。可是刑天死不服输，仍然以乳为目、以脐为口，一手操干（盾），一手持戚（斧），挥舞不停。这则神话虽然出于《山海经》，但我们从这个古老的传说中发现，远在黄帝时代，就有护体的干盾。它和攻击性的冷兵器互相对立又互相依存。因此，古人"干戈"同列、"矛盾"并称。

古代盾牌种类有长牌、手牌、旁牌、燕尾牌、藤牌等。盾多为长方形、梯形或圆形。大部分用木头、藤、竹制作，有的蒙以生牛皮。铜铁制作的盾，因为比较重，除作仪仗之用外，很少在战场上使用。最迟到春秋时代，盾已经成为军队中保护身体的主要护具，以后也为古代历朝军队所沿用。

藤牌是冷兵器时代盾牌的一种，是采集山上老粗藤编织制作而成的。藤牌一般编制成圆盘状，中心凸出，周檐高起，圆径约三尺，牌重一般不超过九斤。牌内用藤条编成上下两环，方便军士的手臂执持。

藤牌最早出产于福建漳州、泉州。因为藤牌编制简单，使用轻便，加上藤本身质坚而富有伸缩性，圆滑坚韧，不易被兵器砍射破入，所以藤牌自明代中叶传入内地之后，很快便成为步兵的主要装备之一。《明史·九十一卷·兵三》载："闽漳、泉习镖牌，水战为最。"这说明藤牌最先由漳州和泉州人创造使用。戚继光《纪效新书·卷四》：盾牌"其来尚矣，主卫而不主刺，国初用木加革，重而不利步"，故改"以藤为牌，近出南方，虽不能御铳子，其矢石枪刀皆可蔽，所以代甲胄之用"。于是，藤牌配单刀这一技法被俞大猷、戚继光用于抗倭战争中，并一直在漳州一带流传。

俞大猷、戚继光使用的藤牌刀技法很丰富。《戚继光兵法·卷四》说道："起手势、斜行势、仙人指路势、滚牌势、跃步势、低平势、金鸡畔头势、埋伏势"八种，姿势则要求"盾牌如壁，闪牌如电，遮蔽活泼，起伏得宜"，都是灵活的上步、退步、小跳步等。

在抗倭战场上，戚继光采用轻捷的藤牌兵和鸳鸯阵屡胜倭寇。戚继光的鸳鸯阵法，以12人为一队，最前为队长，次二人一执长牌、一执藤牌。长牌手执藤牌遮挡倭寇的重箭、长枪，藤牌手执轻便的藤盾并带有标枪、腰刀。长牌手和藤牌手主要掩护后队前进，藤牌手除了掩护还可与敌近战。再二人为狼筅手，执狼筅。狼筅是利用南方生长的老而坚实的毛竹，将竹端斜削成尖状，又留四周尖锐的枝丫，每支狼筅长3米左右。狼筅手利用狼筅前端的利刃刺杀敌人，掩护盾牌手的推进和后面长枪手的进击。接着是四名手执长枪的长枪手，左右各二人，分别照应前面左右两边的盾牌手和狼筅手。再跟进的是使用短刀的短兵手，如长枪手未刺中敌人，短兵手即持短刀冲上前去劈杀敌人。最后一名为负责伙食的火兵。"如已闻鼓声而迟疑不进，即以军法斩首；其余兵仗牌刀遮抵于后，紧随牌进交锋。筅以救牌，长枪救筅，短兵救长枪。牌手阵亡，伍下兵通斩。"

"鸳鸯阵"把牌手放在前列，后面排列长枪、狼筅、短刀手，使矛与盾、长与短紧密结合，以短救长，刀牌结合，充分发挥了各种兵器的效能，这就是鸳鸯阵法的要点。"鸳鸯阵"还可以根据情况和作战需要变纵队为横队，变一阵为左右两小阵或左中右三小阵。当变成两小阵时称"两才阵"，左右盾牌手分别随左右狼筅手、长枪手和短兵手，护卫其进攻；当变成三小阵时称"三才阵"，此时，狼筅手、长枪手和短兵手居中。盾牌手在左右两侧护卫。这种变化了的阵法又称"变鸳鸯阵"。此阵运用变化灵活机动，使敌人无机可乘，正好抑制住了倭寇优势的发挥。在东南沿海抗倭之役中，戚继光率领"戚家军"，经过"鸳鸯阵"法的演练后，手持藤牌刀排成鸳鸯阵屡建奇功，成为"威震八闽"的一支劲旅。

今天，以藤牌刀组成的鸳鸯阵已不再广泛传承。但藤牌、藤牌刀法这一历史悠久的武术技法一直流传至今，并广泛流传于福建闽南众多的传统南拳门派中，也在通元达尊拳这一门派中得到很好的传承，这也间接证明了通元达尊拳历史悠久、源远流长。在通元达尊拳传习的藤牌，也是圆形藤制。藤牌技法主要有拍牌、挡牌、掀牌、扇牌、罩牌、拦牌、盖牌、滚牌、举牌、甩牌等，一般配合单刀，组成藤牌刀技法。藤牌刀可以与各种兵器对练，有藤牌刀对槌、藤牌刀对双短槌、藤牌刀对虎叉、藤牌刀对枪、藤牌刀对大刀等。

第三节　通元达尊拳的内容、风格与特点

一、通元达尊拳的内容

通元达尊拳的内容十分丰富，包含徒手套路、器械套路等演练形式，有桩功、铁臂功、铁腿功、鹰爪手、铁盘手、排打功等内外功法练习，以及实战技术、擒拿、摔跤、飞镖暗器等。

通元达尊拳的拳术套路主要有：鸳鸯战、罗汉梅花三战、落地鸳鸯、罗汉颠、蝴蝶掌、五枚手等。

通元达尊拳的主要器械有：达摩槌（棍）、单头槌（棍）、短槌（棍）、春秋大刀、单刀、双刀、枪、钩镰枪、虎叉、铁尺、藤牌刀、方便铲、鸳鸯合刀、达尊剑，还有飞镖暗器等。其中有铙钹一门，做佛事时可作为表演，临敌可飞钹伤人，此技在武林中也是罕见。

槌（长槌、短槌）　中国武术中的一种打击兵器。北方称为"棍""棒"，古代也有称棍为"梃"，名称虽异，实为一物。

槌为无刃的兵器，是最古老的兵器之一，素有"百兵之祖"之称。槌的历史悠久，是原始社会主要生产工具之一，也是最早用于战争中的武器之一。

槌长度为1米至4米，常见的有短槌，1米左右（图3-3、3-4）；槌，或叫长槌，北方也有叫"齐眉棍"，与身高接近或至2米（图3-5）；单头槌，即丈二长槌（图3-6）等。北方人使用的棍，多用白蜡杆为材料。而福建人用槌，属于硬槌，是用既硬又沉的南方树材"赤皮"（柯木）等硬木

制成，握在手上很有分量。槌的大小粗细以单手能够把握为准。

图 3-3   图 3-4   图 3-5

长槌是常用的近战搏斗兵器。与北方"棍扫一大片"不同，达尊拳使槌之法，有"枪槌合一"的特点，或凌厉如猛虎下山，用贯中破敌，动作幅度较小，"或激灵似蛟龙出水，或小巧似仙女绣花，但犯者皆披靡"。

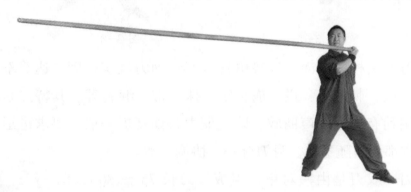

图 3-6

握槌的方法很多，常见的有手心向上的阳手握法、手心向下的阴手握法、一手心向上另一手心向下的阴阳手握法、对手虎口相对的双阴手握法等。

长槌槌法主要有：打、揭、劈、盖、挑、撩、崩、挂、戳、压、云、扫、穿、托、拨等。

短槌有单短槌，也有双短槌。其技法主要综合了刀、剑两种技法。

单头槌更多用在练功方面。

铲　在佛门中也称方便铲。铲分为铲头、铲身、尾端三个部分。铲头是铁质，铲身一般为硬木木柄，尾端为铁墩（图 3-7）。

方便铲是一种集棍、叉、枪、刀、锤于一身的兵器，其动作主要由钩、挂、劈、架、刺、铲、扫、撩、拍、砸、缠、绕等组成，其风格特点是反防为攻，反退为进，刚中有柔，柔中带刚，快慢相兼，刚柔相济。

单刀 单刀是战场上的主要兵器之一。单刀长 80 ～ 100 厘米，有直背直刃样式，也有弯背弯刃样式，刀背较厚，柄首呈扁圆环状，便于在骑战中抽杀劈砍，是一种威力很大的短兵器。达尊拳用的单刀多为直背直刃的单刀（图 3-8）。

图 3-7　　　　　　　　　　　　　　图 3-8

单刀刀法朴素严谨、气势勇猛彪悍、劲力沉实稳固。达尊拳刀法有劈、砍、撩、刺、截、拦、崩、斩、抹、带、缠裹等。其特点是：勇猛快速、刚劲有力、以声助威、以气催力，如猛虎一般。要求进退闪转和纵跳翻腾都要刀随身换、身刀合一、协调一致。

双刀 双刀是由一对单刀组成，刀长 75 ～ 80 厘米（图 3-9）。双刀也属于短兵器，其携带方便，利于近身攻击。

通元达尊拳双刀技法主要有劈、戳、刺、砍、扫、撩、抹、挂、架、挑、拨、绞、压等。

大刀 泛指由短柄刀加长柄杆演进而成的一类长柄刀，在古代属于长兵器，在战场上威力颇大。大刀的种类较多，其刀身有宽有窄，形制多样，有青龙偃月刀、春秋大刀、朴刀、半斩刀等。

图 3-9

大刀一般分为刀头、刀身（刀刃、刀背）、护手、刀把（上把、中把、下把、把尖）、刀墩等。一般刀身长约 55 厘米，一面有刃，前锐后阔。刀身与柄连接处有刀盘，柄贴盘部包有约 20 厘米的铜皮，称"定手"。刀把长约 150 厘米，柄尾安有铁铸的墩（图 3-10）。练习大刀一般都是双手握持，以腰力发劲，一动一静都表现出雄浑威武、勇敢果断的气势。还有一种叫朴刀，刀身窄长、刀柄较短。其刀身在 170 厘米左右，刀刃长 80 厘米左右（图 3-11）。

图 3-10 图 3-11

通元达尊拳大刀技法内容丰富，灵活多变，其基本刀法有砍、拨、扎、劈、撩、斩、切、盖、压、刺、抽、抹、拖。俗话说"大刀看刃"，就是指做动作时要背（刀背）、刃（刀刃）分明，因此，各种刀法要做清楚，不可含糊。在北方还有"手不离盘"之说，即练习时前手不能离开刀盘下边的定手处。但是在南方，练习者的前手握在刀把的中部离刀盘一至两寸处，应用中需要根据实际来变化把位。

枪 枪由古代兵器矛演变而来，为长刺兵器，其器长而锋利，使用灵便，杀伤力很大，其他兵器难与之相比，为"百兵之王"，是古代战场上使用最广的长形刺兵器。枪的长度约为 2 米，传统多用硬木为枪身，现在也有用藤木、白蜡杆的。枪身的大小粗细以单手能够把握为准（图 3-12）。

图 3-12

通元达尊拳的枪法中有槊法，有"枪槊合一"的特点。主要技法有刺、拦、拿、劈、撩、拨、扎、扫、盖、压、抽、拖、挂、挑、崩、绞、架、挡等。枪在十八般武艺中比较难学，不易掌握，因此有"年刀月棍日日枪"的说法。

虎叉 亦称叉，闽南的拳派大都称之为"虎叉"，是古代作战时使用的长武器之一，属十八般兵器之列。虎叉也是最早的生产工具之一，是远古人们打猎捕鱼的谋生工具，后演变为一种实用兵器。虎叉柄长一般与人同高，用硬木为叉身，叉身的大小粗细以单手能够把握为准（图 3-13）。

虎叉由叉尖和叉身两部分组成。叉尖为钢制，有三股叉，中股直面尖，两侧股由中股底端弧形向前，后粗前尖。叉按其部位可分为上把段、中段、下把段。上把段为其叉尖至顶端接叉处，从顶端接叉处开始包括把身中部为中把段，再下至底端为下把段。

通元达尊拳虎叉的主要技法有叉、转、滚、压、搓、绞、刺、截、拦、横、扫、挂、托、架、拍、锁等。

钩镰枪 钩镰枪是带钩长枪，枪前端为矛，侧有弯钩，既保留了枪的特点，又多了"钩"的功能（图 3-14）。

图 3-13　　　　　　　　　　　图 3-14

钩镰枪既能拦拿扎，又能钩挂。特别是对付骑兵，十分奏效。所以钩镰枪在冷兵器时代是军队中一种常见的、重要的兵器，后流传到民间。现在闽南的许多拳派、传统武馆都传承钩镰枪，并保留着传统套路和技法，说明了闽南武术和古代军队武术有很大联系，甚至直接来自军队武术。

通元达尊拳钩镰枪的主要技法有：劈、扎、圈、拨、钩、挂、挑、扫、点等。

双合刀 双合刀的刀身较短，长度大约 50 厘米，或者与一个成年人反握时刀尖露出肘尖一至二寸为准。刀身后半段较厚，刀尖锋利，护手设成带钩的形状。双合刀属于短兵器，其器形短小，携带方便，易于随身隐藏携带（图 3-13）。

双合刀刀身有宽窄两种。从材料选择、刀身长度、刀身宽窄到护手形状，均可依据不同技法的需求进行改进，甚至按照使用者个人的喜好量身打造。因此，传统的双合刀并不是批量生产的兵器，在存世的藏品中会发现几乎没有两组完全相同的双合刀。

通元达尊拳双合刀擅长近身攻击，运用时可正握也可反握，快速灵活，招法独特。其主要技法有劈、戳、刺、砍、扫、撩、挂、架、拨、绞、压、撞、切、格、顶、挑、崩等。

铁尺 铁尺类似铜或短棍加个护手手柄，铁尺身有方形也有圆形，长约 50 厘米，手柄上方有 U 或 S 形护手（图 3-16）。铁尺一般以双铁尺为主要形式在福建民间武术中广为流传。

铁尺属于短兵器，其器形短小，携带方便，可暗藏于腰间。铁尺擅长近身攻击，运用时可正握，也可反握，快速灵活，招法独特。其技法特点与双合刀相同。

通元达尊拳铁尺的主要技法有劈、戳、扫、撩、挂、架、拨、绞、压、撞、切、格、顶、挑等。

剑 剑是一种古老的短兵器，人称"百兵之君"，至尊至贵，文武皆崇。剑身中有脊，两侧有刃，前有剑尖，中有剑首，后有基，茎端设环处称镡，此外还有剑鞘、剑穗等附属饰物（图 3-17）。

剑是近博之器，由于携带轻便，佩之神采，用之迅捷，道艺精深，故历朝王公帝侯文士侠客，商贾庶民，莫不以持之为荣。

通元达尊拳剑法主要以劈、刺、崩、撩、挂、格、洗、截、绞、压、拦、挑、点、穿、扫、云等为主。它的特点是剑似游龙、刚柔相济、吞吐自如、飘洒轻快、矫健优美。

图 3-15　　　　　　　　图 3-16　　　　　　　　图 3-17

藤牌　藤牌是一种用藤条编织的盾牌，是采集山上老粗藤制作的，一般编制成圆盘状，中心凸出，周檐高起，圆径约三尺，重不过九斤，牌内用藤条编成上下两环以容手臂执持（图 3-18）。

图 3-18

通元达尊拳藤牌技法主要有拍牌、挡牌、掀牌、扇牌、罩牌、拦牌、盖牌、滚牌、举牌、甩牌等。

通元达尊拳的主要功法有桩功、铁臂功、铁腿功、鹰爪手、铁盘手、排打功等，讲究意、气、力与手、眼、身、步、法的内外融合。

通元达尊拳的实战技击讲究"远打拳、掌、腿，近打肘、膝、靠"。实战中，可以用拳打、手抓、掌劈，可以推、插、刁、摔，可以用足踏、腿踢、脚绊，可以蹬、踹、勾、踩，可以用头撞、肩扛、肘顶、背靠、肩撞、膝顶、臀撞、胯靠，用身体的各个部位压制人，挨着哪里打哪里，可谓全身皆手，浑身是拳，处处都可打人，还有擒拿、摔跤、飞镖暗器等。

拳谚云，千拳归一路。中国武术流派虽然众多，套路、功法等技术形式各具特色，但最后都殊途同归，练到最高层次，则大同小异。所以，应先练好某一门拳派功夫，有余力再博采众长，兼练其他门派拳种。

练好达尊拳，首要的是要打好基础、循序渐进，不能贪多求快，不能好高骛远，一般要经历六个阶段的训练。当然，这六个阶段的训练内容从时间上安排，并不是截然分开，而是可以做穿插训练。

一是单招练法。要掌握基本姿势和基本动作，如手型、步型、手法、身步法、腿法，要力求功架正，也就是外形上的动作规范，同时练习站跨、运气、发劲、硬功等。

二是组合练法。在正确掌握基本动作的基础上，力求将动作的各个环节有机贯穿起来，多做上下肢搭配的定步练习、手眼身步法的组合练习，并具有力度、速度和节奏。

三是套路练法。全面练习并熟练掌握技术性动作的连贯性和动作转换，掌握动静、快慢、虚实、刚柔、开合等等阴阳变化。

四是功法练法。"内练一口气，外练筋骨皮"，要特别注意劲力的培育、体能素质的提高。

五是较技和散手练法。做定步攻防练习，习练双人或者多人参与的较技，练习初步的攻防应变能力，初步掌握劲道的变化和判断反应能力。然后，就可以直接进行散手对抗训练，提高实战应用能力和水平。

六是器械的训练。

二、通元达尊拳的演练风格

通元达尊拳的演练风格不同于北派长拳类武术的大开大合，而是具有战派南拳的风格。

1. 套路短小精悍

通元达尊拳套路短小精悍，整个套路动作不太多，多重复一些常用的动作，或者由常用的动作组成的段落组合，各动作之间的衔接严密紧凑，"步步有势，势势相连"，变化合理。练习套路线路一般多走直趟，也常有转两侧、打四方的"打角"（方言称打角、打四门）的结构形式。对练习的场地要求不高，所占用场地不大，甚至一两块砖大的地方都可以，真正是拳打卧牛之地。

2. 动作简洁小巧

通元达尊拳动作朴实无华，一招一式，简洁大方。打拳出掌，枝手严密。有直来直去，也有横挡侧击；有弧线走化，也有防中带打。讲究滚进滚出、走圆柔化，以弧线、螺旋分力化解，运柔成刚，刚柔相济，弹抖脆快，孔武有力。身体移动时，步走弧线，贴地而行，步稳力沉。身步法灵活多变，时正时侧，进退快捷。整体动作小巧灵活，没有大开大合。如上肢活动范围向外与肩宽，向内过中线，下不过裆。步伐的进退幅度多不大，少跳跃翻身、无空翻旋子等动作。

3. 身正步窄马高

练习时，要求上体中正安舒，"身正、头正、枝手正"，这就是战派的"墓牌身"。同时，相对其他北方拳，通元达尊拳拳势重心较高，漳州地区俗称"脚马"较高。比如常用的双弓步（三角步），前后步距略比肩宽，左右间距约一手掌长（15～20厘米），大约在一块50厘米见方的方砖对角位置。屈膝坐胯，重心前四后六或前三后七，前脚尖微内扣，后脚尖与正前方成45°角，两膝关节正对各自的脚尖方向，形成三角支撑。

4. 拳风刚猛雄浑

通元达尊拳动作刚猛、凌厉、雄浑。练习时，拳掌生风，发劲威猛脆快。强调弹抖之劲，突出"摇身震胯"，结合发力动作和象形动作，往往伴以发声和吐气，使气与力合，意与形合，内外合一，全身拧成一股劲。有时，发一猛劲，因势呐喊，以声助气，以气催力，更加突出了南拳特有的刚烈风格，极富阳刚之美。

三、通元达尊拳的技术特点

通元达尊拳具有战派南拳的共同特点，也有自己的技术特色。

1. 以三战为拳母

三战是战派南拳的拳母。南拳界有一句至理名言"三战起，练到死"，非常形象，概括、精辟地点出了三战的重要性。讲究心定体松，气沉丹田，静固如山。注重运发劲的训练，运劲发劲均以心意为先导，意念所注，刚强无比，无坚不摧。柔运刚发，缓运急发，无运骤发，意透劲透，意沉劲沉，意整劲整，意刚劲刚，意柔劲柔，刚柔无痕，劲由心发，意到气到力到，浑圆融整，阴阳一体。强调"柔运刚发"，切忌僵硬之力。

2. 步法稳固

通元达尊拳非常强调步法的稳固，进退得宜。因此要求身体中正安舒，透体松沉自然，重心下沉。步站四六，收臀圆裆，五趾抓地。前后步距略比肩宽，左右间距约一手掌长（15～20厘米），大约在一块50厘米见方的方砖对角位置。屈膝坐胯，重心前四后六或前三后七，前脚尖微内扣，后脚尖与正前方成45°角，两膝关节正对各自的脚尖方向，形成三角支撑，南拳称之为三脚马（双弓步）。要求上肢不论如何运动，下肢一定要稳，要脚踩入地。脚落地生根，像根部深深扎进地里的大树一样稳固，目视前方，这就是战派的墓牌身。步法移动时，进步如拨草，退步似耙犁。无论直走侧闪，要求步走弧线，贴地而行。进退正横交叉走，疾走恰如鹿猿奔，进铲退踩树盘根，扣摆辗转随身动，中门侧门任我行。

3. 手法严密

通元达尊拳的动作刚健朴实，腿法、跳跃较少，身体活动范围较小，但是上肢动作较多，手法严密细腻，动作紧凑。手法丰富多变，出手脆快有力。出手皆从身前出。出手如箭奔，收势不见形。发劲要松，力到必紧。"拳打人不知，是迅雷不及掩耳。"手法以拳、掌为主。拳如锤，有实握拳、空握拳，拳法有扣拳、弹拳、椿（冲）拳、撬（勾）拳、砸拳；掌如刀，有切掌、削掌、扑掌、甩掌、摇掌、托掌、啄掌及父子掌（原名"仙人撒网"）及连环挑打掌（原名"佛手掌"），插掌如剑穿；还有凤眼手、单指、双指点插等。爪擒如雕扣，爪法多由掌法变，有采梅花手、云爪、擒枝过胛等，可擒拿、可错骨、可锁筋。防守外不过肩、高不过头。双枝攻防必同步，单枝攻防紧相随。架也打，按也打，格也打，封还打，双手圈滚缠着打。各种手法交替运用，出手迅猛凌厉，指东打西，攻上击下，势势讲用，招招说打，变化无常。俗云："不招不架，只是一下；犯了招架，就有十下。"

4. 腿法刁钻

虽然通元达尊拳的腿法以中、下盘的低腿腿法为主，有踢、蹬、踩、铲、挫、踹、勾、扫、靠、拨等，要求高不过胸，没有高盘腿。发腿短促有力，快起快落。时常用踩、挫、勾、靠、拨等暗腿腿法，动作幅度小，速度快，出其不意，所谓"低腿神不觉"是也。如"梅花罗汉颠"拳套中"颠步左勾右切"这一动作，"左脚往前上步停右脚的右侧前面左盖步"就包含踩脚和低扫腿的动作；再如："右罗汉踢"中"上左脚踩于右脚前，成左盖步。上动不停，提右腿向前踢腿"。这里"上左脚"是踩脚，属于暗腿。踩脚一般要和手法一起结合运用，同时进行。"提右腿向前踢腿"是低腿法。

5. 拳势猛烈

通元达尊拳拳势猛烈。练习时，拳掌生风，发劲脆快。虽然也讲究柔运刚发，刚柔相济，虚实互换，但动作简洁利索，气势威猛磅礴，发劲沉遒，时而圆走运化，偏攻侧击；时而硬断强砍，以攻制攻，抢进中门，生擒活拿。如技法"鹰爪擒技"，动作中防中寓攻，扣筋切脉，迅疾凶猛。另一技法是"摇身抖胛"，劲发根底，腰拧胛抖，以肘前顶后撞。鹰爪擒技和摇身抖胛充分体现了通元达尊拳的威猛气势。

6. 发声催力

"发声"助势在武术练习中是常见的，在许多拳种中都有一定方式的表现，如蛇拳、虎拳、鹤拳、太极拳、八卦掌、形意拳，以及"六字诀"等气功都有。"发声"的功用主要有"以声吐气""以声助威""以声助势""以声助力"等。通元达尊拳出拳发劲时，也经常发声助势、吐气催力，使气与力合、意与形合、内外合一，全身拧成一股劲。有不少动作在发力时，讲究用丹田力短促发声，常发有"嘀""嗯""嗨"等声，如"剪枝擂鼓"动作，采用"嘀"的发声。这种发声，往往要求"声随手发、手随声落、声心手足、贯穿一气"，可催劲力、增拳势。还有原地震脚、小步踏脚、大步踩脚的动作，这种震、踏、踩的动作，可以对地面进行重击，地面对人体反作用力时会发出"砰"的响声，即可加大上肢的发力，配合"发声"，可助拳势，有"脚动如雷"的说法。这种以声助气、以气催力的方式，更加突出了南拳特有的刚烈风格，极富阳刚之美。

四、身体部位的基本要领

通元达尊拳要求身正如碑，练习时须塌腰叠肋、沉肩坠肘、虚胸实腹、束臀夹股，意走劲前、柔运刚发，滚进滚出、直中带圆。

1. 身正如碑

站桩、坐胯、打拳行步时，整个身体正面朝前，身体各部位姿势、动作都要中正不偏，如对至尊，如立石碑，讲究正面相对。上体中正安舒，透体松沉自然。头部要正。行功练拳时，头部要保持平正不偏，不要俯仰、歪斜或左右随意晃动。头要上顶，主要在于头顶的百会要上顶，有上顶，头就有顶劲、有精神。这就是战派的墓牌身。

2. 颈立如蛇

站桩、坐胯、打拳行步时，颈项竖立时如蛇之昂首时的状态，闽南语称之为"黑荒（蝮蛇）颈"，就是颈部要撑张起成扁形状，喉结要内收，像蝮蛇吐信时的姿态，保持颈部有紧张度又有灵活性的状态。微收下颌是保持颈部竖立的关键。下颌收得起，颈项能挺直不僵硬。同时，保持二目平视，才能做到形到、意到、眼神到，内外合一。

3. 塌腰叠肋

站桩、坐胯、打拳行步时，腰塌如轴。塌，就是要有坐力，是要有弹性的坐力。而且腰塌要像"轴"，如立轴立在那里，既要起到"立轴"的作用，又要松沉有力、伸缩自如、灵活有弹性，成为主宰左右上下动作的枢纽，起到主宰的作用。脊椎的要求和腰部是同步的。肋骨似叠，是说肋骨一根一根往下叠，这样会形成一股向下松沉的坐力，使拳打得扎实、有力。

4. 沉肩坠肘

站桩、坐胯、打拳行步时，两肩要有意识地向下松沉，肩胛骨向前微合微扣，手臂才会灵活，出手速度才会快。肩沉，颈才能竖直，头才能上顶，气才能下沉，下肢就会更加稳固。肩微扣，要求肩窝微向后收、双肩微向前合，这一般是和含胸一起要求。肩要松沉、微扣，能使后背紧张，力量才能由脊背发出，有利于动作做到圆活、利索又有力。肘要坠、要沉、要垂，力量才能送到手梢。练习中，要随时注意肘关节松坠。肘要沉，手臂伸出才能做到是直非直、是曲非曲，才能做到钻转拧争、滚出滚进，力量才能送到手梢。

5. 虚胸实腹

站桩、坐胯、打拳行步时，胸要含、要虚。含胸和圆背是同时要求的，是一体的。两肩微微向前合抱，做到含胸，后背也就圆了。含胸和圆背的幅度以自然为度，微含、微圆，保持胸部、背部自然放松，倘若幅度过大，就容易使胸部、背部紧张和僵硬。含胸有助于沉气实腹。腹部实，则内气充盈，好像可以抵挡千斤之力。讲究沉气实腹，使腹肌加以紧缩，气沉丹田。沉气实腹，促使臀部必须收敛。它与塌腰叠肋、沉肩坠肘以及五趾抓地等乃是一个整体，能够做到上下完整一体，周身劲力就会凝结到一处。

6. 束臀夹股

站桩、坐胯、打拳行步时，臀部要收、肛门要提、胯部夹紧。要求臀部有意识地往里、往上裹收和夹紧。臀部收的同时，肛门要提，肛门的括约肌上提收缩。胯要松沉、下坐，微向里缩，使重心降低，加强脚马（即下盘）的稳定度。胯要与臀部的裹收、夹紧相结合，全身有拧劲，保持上体的正直，避免上体俯仰歪斜。

7. 上拧下插

站桩、坐胯、打拳行步时，腿要上拧下插，臀部的裹收、夹紧要配合腿部动作。要求双脚分开站中线两侧，两膝盖要适度弯曲，膝关节前端要和脚尖同向，裆要圆，臀部往里、往上裹收以及胯部和大腿往后往里裹、往上收，有往上拧拔之意，同时小腿往外拧旋，有下插之意，共同使得全身有八面支撑之意，各节有撑拔拧旋之劲。既要保持松活自然有力，又要富有弹性。

8. 落脚生根

站桩、坐胯、打拳行步时，身体要松沉下来，重心往下，保持平稳。两脚脚掌和地面好像粘在一起，又好像是树桩扎根于地。五个脚指头用意念踩住劲，而不是用五趾去抓地，更不是用力抓地。踩住劲，就能做到步法稳固，落地生根；不抓地，才能步法轻便，利于进退闪转。

第四节　通元达尊拳基本拳论

一、论枝手法

枝手法包括拳法、掌法、指法、腕法、肘法、臂法（以上臂尺骨侧或桡骨侧为力点的上肢运动，称为"枝法"）。

出手皆从身前出。出手外不过肩、高不过头。出掌如刀，出拳如锤，擒如雕扣，插如剑穿，腕打巧劲，肘击短劲。

谚云"出手不见形，拳打人不知"，又云"拳如流星"，就是包括出拳、击掌、插指、腕打、肘击、臂打要敏捷，做到干净利落。出手要快，收手也要快。所谓吐要尽，如箭奔；吞如蛇，不见形。《纪效新书·拳经捷要篇》载："俗云，拳打人不知，是迅雷不及掩耳。"要做到快，就必须要做到松肩活臂，包括肩、肘、腕关节要放松不僵硬、灵活不呆滞。发劲要松，力到必紧。即先松后紧，打击到点位时骤然收紧，重寸劲。如冲拳时，肩、肘、腕是松的，握拳也是松的，只有在打击到对方的部位的一瞬间骤然紧握并把力量送达。

拳谚云，"所谓不招不架，只是一下。犯了招架，就有十下。"应用时常有单臂连消带打，可以双手攻防同步，或者单纯防守，或者连击抢攻。假设对方出拳或掌攻击，无论走直线走横向，我一手勾拨或擒扣格挡之，另一手同步以拳或掌回击对方头部或躯干部位。

出手还要以意为先、以气催动，意、气、力合一，内外相随、上下齐动、周身一体。

二、论身步法

步法和身法是一体的，步随身转、身随步走、步到身到、协调一致。所以没有单纯的步法，也没有单纯的身法，步法和身法是不能割裂的，统称为"身步法"。

配合身法的步法主要由基本步型和走步法共同组成，应用双弓步（三战步）、马步、弓步、虚步、丁步、独立步等步型进行左右、进退的移动和起伏的变化，来完成各种步法，有盖步、插步、进步、退步、撤步、跟步、垫步、交叉步、侧移步、跃步、磨步等。步法要求灵活、轻固，既要灵活快速，又要求落地生根、落步如粘，不掀脚、不拔根，稳如泰山。所以说，"步不稳则拳乱，步不快则拳慢"。

配合步法的身法主要有以基本身形为基础所做的闪转、沉浮、吞吐等身法变化，有外侧闪、内侧闪、外俯闪、内俯闪、后侧倾、前冲、下潜、收腹等。基本身形要求头领颈竖、松肩活胯、含胸收腹、提臀束腿等。拳谚说"有步无身不为精"，所以身法要活。身法活，手、脚、肩、胯、肘、膝才能发挥出最大的打击作用。身法的变化，主要依赖步法的变化、腰身的变化来完成。比如对方以直线动作攻击我胸头部，我迅速以前脚向外侧斜前方进步，并微向内侧转体，以前手攻击对方。所以要求中正为根，该转要转，该侧要侧，该仰要仰，该俯要俯。要灵活多变、前后伸缩、左右摇转、上下起伏，才能完成各种身法的转换、变化，不要有多余的乱动。

《纪效新书·拳经捷要篇》载："学拳要身法活便，手法便利，脚法轻固，进退得宜，腿可飞腾。"其中"身法活便，脚法轻固，进退得宜"就是对步法和身法的要求。进退要顺，转动要活，吞吐要敏，起伏要快。

三、论腿法

在实战中，腿击有许多优点，腿比手长，力比手大，隐蔽性也强。腿法有低腿、中高腿之分；有踩、挫、勾、戳、绊、靠、弹、踹、铲、蹬、鞭、扫拨、后撩、后勾、落地金钩剪、勾蹬等技术之妙。

腿和手各有长短处，要有机配合才能取长补短。腿法的运用，无论是在中、远距离内，还是在高、中、低腿法的运用，要求手脚并用、上下配合，要注意与各种枝手法、身步法的协调配合。

通元达尊拳以中低腿为主，稳定性也较好，少用高腿。低腿属于暗腿，在视线以下，腿法动作幅度小，出腿距离短，隐蔽性强，所谓"低腿神不觉"是也。比如踩腿，踩腿有内踩腿和外踩腿两种。这是以脚掌的朝向来区分的，脚掌外侧朝前的是外踩腿，脚掌内侧朝前的叫内踩腿。踩腿攻击对方膝盖以下部位，包括对方的小腿、脚掌。所以踩腿时不但不能，也不必抬高，并且要有向下方铲击、踩踏之脆劲。所以，低腿要求出腿要刁、巧、奸，要短促有力、出其不意、快起快落，使之防不胜防。中低腿主要攻击对方的脚掌、小腿、膝盖、阴部、下腹部。高腿务求快、冷、狠。所谓低腿神不觉、高腿冷不知也。高腿有横踢腿、直蹬腿，须知横踢先直起、直蹬莫迟疑。各种腿击的方法要做到"随机应变"，讲究"远打拳掌脚，近打肘膝靠"。谚云"起脚半边空""起腿三分险"，所以要以快取胜，出腿收腿务必快，如狂风扫落叶。

腿法的运用，要注意做好防守反击。击腿时要注意护头，击腿被捞要及时补拳击。须知进也击腿，退也击腿，闪也击腿，格挡还击腿。

四、论眼法

所谓"眼法"，即行拳走架时眼神的运用，要求眼神与各种有形的动作和无形的精、气、神、意相配合，要活而有神威。有谚云"目为心之先锋""意为元帅、眼为先锋"。心虽为一身之主宰，但心有所思，意有所念，眼神随即有所流露。心念一起，眼神要到，然后身、手、步同时跟上。所以说，眼神的运用是习武练拳首先要掌握的功夫，"目之所至，心亦至焉，心之所至，气亦至焉"。

"眼似电""蛇鹰眼"就是要求眼神像闪电般快速、如蛇鹰一般敏锐。做到定势时，目随势注；走势时，眼随手动、手到眼到。"眼观六路"要求做到眼随手动、手动眼随，要左顾右盼、上瞻下视、前后环视，不能只注一拳和一腿。要达到"眼看神自到""其目一闪，灵机万变"。闽南拳谚有云"眼精手快，手路诡怪"（闽南语"手路"就是"手法"的意思）。

眼法还是表现武术动作的攻防意识和拳法意境的关键。武术动作的或攻或防，或进或退，要通过眼神来传神达意。所以说，眼法不是独立存在的，而是和运动的状态、速度、意向等密切相关。比如"拳似流星眼似电"说的就是武术动作的"流星"般速度和眼法的"闪电"般速度的密切关系。要以眼传神、眼随手动、手动眼随，这是武术眼法与拳势配合的技法。即使是静止时，也要"目随势注"，以眼表达出攻防变化、静中欲动、伺机待动的神态和意向。通元达尊拳在练习基本功法或者运发劲时，还要求扣齿瞪目。瞪目就是要求双目圆瞪，注视前方，使得动作变化显得更有神采、更为阳刚，一般在功法练习时使用。

眼法的合理运用，能使各个动作之间有机地联系起来，做到势势相连如长江大海滔滔不绝，做到形断气不断、势停意不停，虽静却犹动，做到以目传神、形神兼备。所以，在武术运动中，眼法的作用相当重要。

五、论擒拿法

擒拿法就是利用擒、拿、锁、扣、刁、缠、摇、托、提、带、压、剪、勾、拧等技法，拿对手的一点控制对手的全身，使得被擒拿的人肢体疼痛，或者被控制不得动弹而失去反抗能力。擒拿法可以针对掌、腕、肘、臂、肩、颈、头、腿等各个部位实施。

擒拿讲究或擒或拿、擒拿结合、抓筋错骨、掐脉扣穴、旋拧缠折、提托压锁、手拿腿锁；或讲究反向绞剪滚折，并配合以身体靠压。通元达尊拳的许多枝手法即是打法，也是擒拿法，如铙钹手、采梅花手等。这些动作，就有推搡等击打技法以及上下格挡等防守技法，同时也是擒拿法，采用了反向折拿缠绕旋滚的拿法，即当对方出手击打时，我一手控制其腕部，另一手控制其肘部，反向用力推拉，形成圆弧旋滚折叠推压，并结合身体的靠压，用指爪掐扣对方穴位或筋脉而后控制对方。

要懂得顺人之势、借人之力，又须知逆来顺受、巧破妙取。要出其不意、攻其无备、快速果断，又要避实就虚、以静制动、乘势借力、近身擒拿、后发制人。擒拿时要注意，能打就打不要拿，逢拿便打；拿住就要打，肘膝拳掌一齐上。

擒拿须练劲、练力。力量是基础，技法要精纯。所谓一力降十会。要力量与技术相互配合，相辅相成。还须练意，练时注意擒拿意识的养成。

六、论技击法

技击法包括攻击法以及相应的防守法，内容涵盖身步法、拳法、掌法、腿法、节法、拿法、摔法、靠法等，讲究上下一体，全身皆手，浑身是拳。兵无常势，水无定形，临阵无常招。

技击战术的常用形式有抢攻和防守反击。所以技击时，要审时度势、得机不让。要根据对方的变化而变化。"敌变我变，我变敌前。"进攻是最好的防守，没有进攻便没有防守。有直取快攻、巧取闪攻。直取快攻，贵在抢攻。拳谚云，"彼不动，己不动；彼欲动，己已动"，即所谓"后发先至"也。"打必连，连必变。"所谓"不招不架，只是一下，犯了招架，就有十下"是也。防守反击包括先防后攻、攻防同步，以攻制攻（包括迎击）。双枝攻防必同步，单枝攻防紧相随。架也打，按也打，格也打，封也打，双手圈滚缠着打。你打你的，我打我的，"知拍任君斗"。闪即进，进即闪；防即攻，攻即防；圆中直，直中圆，处处阴阳。

攻防是对立的，又是统一的。攻为阳，防为阴，攻防对立，攻防互根，攻防消长，攻防转换，攻防一体，攻防与阴阳同理，"攻防者，阴阳也"，一切都在动态的变化中。防得好，才能攻得好；攻得好，才是最有效的防守。攻防一体，转换无痕，吞吐浮沉闪转。圆中直，直中圆，滚滚奔向前。远打拳掌腿，近打肘膝靠。大力打小力，快手打慢手，刚柔相融是妙手。借力打力，借势打势。攻防的阴阳道理就是指攻防的整体性，自身是一个整体，而对搏双方合起来形成一个大整体。要注意顾及对方的攻防意图和行为而顺应化解再攻击之，这是典型的借力打力、借势打势的战术。

技击的核心是时间差与空间差的合理巧妙的运用。"两差"运用的关键在于相对速度和绝对速度以及身步法运用的水平和能力。故拳谚有云，"百法百解，快字无解"。

《纪效新书·拳经捷要篇》云："怯敌还是艺浅，善战必定艺精。古云，艺高人胆大。信不诬也。"此段话说明了"胆量"在技击中的作用。"一胆二力三功夫"，"狭路相逢勇者胜"。所以，还要有胆量、有勇往直前的精神，才能审时夺势、勇猛进攻、无往不胜。

七、论劲

劲有"整劲"、"寸劲"、"弹抖劲"和"意劲"。

整劲，就是全身形成一个整体圆融之劲。无论行拳或者站桩，均强调头顶脚踩、前后伸拔、身备五弓、八面支撑。意感下盘的脚马钻地生根，两大腿有向后上方旋拔之意劲，肋叠腰拧胯沉，头悬体松，虚胸实腹，肩肘垂坠，绞枝坐节，节节撑拔，意劲无穷，跃跃欲发。一切进退移动均步走内弧线，进如铲地，退如耙沟，落步震地生根。同时须心定体松，气沉丹田，静固如山，意感全身如充气之球，内气鼓荡，四面八方均有浑圆的弹性张力，暗运吞吐节力。运劲发劲时，均以心意为先导，劲由心发，劲从根起，脚有蹬意，腿有拔意，但重心不起，腰拧、背裹、肩吐，节节摧劲至击点，击点刚紧，力不出尖有吞吐，中正不丢，浑圆融整，阴阳一体。

寸劲，强调以意念为先导，以内外气为动力，在放松的状态下全身协调，在接触点的一刹那，将发劲部位骤然收紧，就在一松一紧之间，将全身协调发出的劲传到身体某一局部并作用到对方的身上，这种在方寸之间的短距离内发劲就是"寸劲"。所谓"寸"，谓其短也，即在距离目标不足一寸的极短距离内，或者刚一沾上，或者在贴着目标的一瞬间突然发劲。劲路非常短，而且速度非常快，一到击点则骤然刚紧如铁，一发即收，无预兆，防不胜防，隐蔽性强，讲究"冷、快、脆、沉"，挨到哪里打哪里。发好寸劲的前提是"松"，僵紧的状态下是发不出寸劲的。越"松"，则击打力的渗透性越强。

弹抖劲，发劲前通体放松，注意松紧节奏，气定神恬，意念催导，瞬间激发，集中于击点，弹抖而出，排山倒海，摧枯拉朽，形成收放弹抖、冷脆硬快的"弹抖劲"，也叫"弹簧力"。如通元达尊拳中有一个常见的发劲动作叫作"摇身抖胛"，劲发根底，腰甩胛抖，肩肘发力，充分发挥躯干弹抖劲，有时配以两肘前顶后撞，使击打力倍增，威力凶猛彪悍。这种发劲动作在鹤拳、五兽拳、五祖拳、地术犬法等福建南拳中也经常可以看到。

意劲是指心意、意念在运发劲中的运用所产生的劲力，也称暗劲、内劲。拳术意念就是发挥练功者主观意识，通过神经传导对拳术动作、劲力的调节、催动、指挥，以期达到最佳效能、超常状态，也就是说充分发挥潜能的精神力量，拳由心发，意走劲前，力有尽、意无穷。意劲在实际应用之时，须根据临场需要，在部位、范围、大小、方向、快慢、虚实、松紧、刚柔等方面，及时灵活变化，以应无穷，此谓太极阴阳。发劲时，柔运刚发，刚柔相济。运劲如拉弓，发劲如放箭。以定式三战练习为例，练习时，站好三角马，心定体松，气沉丹田，静固如山。运劲时，两枝手螺旋前推，到位时屈肘竖掌，沉腕坐节，两掌间距与肩同宽，指尖对肩尖。脚马讲究插脚拔腿，沉胯叠肋。拧腰，沉肩坠肘，虚胸实腹，含胸拔背，身正头直，八面撑拧，意气鼓荡。

"整劲"、"寸劲"、"弹抖劲"和"意劲"在训练和实操中是融合、不可分割的，也无法分割。

八、论刚柔练法

中国传统武术练法讲究"运刚至柔""运柔成刚"。

何为"刚"？"刚"为力度、硬度。武术里的"刚"，是力度、硬度、柔韧性、弹性、速度的综合体现，是一种阳刚气质的体现。何为"柔"？柔与刚相对，是柔软、柔弱。武术里的"柔"，外表柔和内却暗藏劲力，是柔软与力度、弹性的综合体现，是一种绵里藏针的气质体现。力而有柔为"阳刚"，力而无柔则为"硬"；柔而有力为"阴刚"，柔而无力则为"软"。《易经·系辞上》："刚柔相推，而生变化。"《少林拳术秘诀》云："上乘者运柔而成刚，及其至也不刚不柔，亦柔亦刚。"又云："力以柔而刚，气以运而实，力从气出，气隐力显无气则力从何来。"这是对武术运用"刚""柔"练法原则的精妙阐述。

一般认为，战派南拳以"刚"著称，"刚"主要体现在劲道上。"以刚入手"是战派南拳劲道的传统训练方式，"以刚入手，运刚至柔"，"拳打千遍，其理自现"。实际上，战派南拳也非常重视"柔"的训练，也讲究

"运柔成刚"直至刚柔相济。比如，通元达尊拳的运发劲力就是要以"意"为导引、以"气"来催动，采用"运柔至刚""先慢后快"的方法，直至"一触即发"的境界，方能在技击中发挥作用。

九、论行气法

练武习拳常讲"意、气、力"。气有内气、外气。内气是指人体的先天元气，分布于体内各经络脏腑、四肢百骸中之气机，是人体生命本源。外气是后天之气，是呼吸吐纳之气和水谷运化之精微化生之气，是人体生命之能源。内外气交相融合成为人体生命活动的动力能量。

习拳练武，要配合气的吐纳导引贯注。根据动作的开合、运劲的刚柔、力量的收放等，把气的运行贯注其中，随之或呼出或吸入，以意领气，以气催力。"以心行气，务令沉着；以气运身，务令顺遂。"因此，习拳练武既要有动作的外在要求，也要有呼吸、行气的内在要求，"外练筋骨皮，内练一口气"，达到内外合一。

行气应该讲究自然、和顺、流畅，要和动作保持柔和协调，不能憋气。所谓"使气则竭，屏气则伤"。初学武术时，当用力过于猛烈，气息必然会急促喘息或者不当憋气，久而久之，肺部一定会慢慢受到损害，因此，在习武练拳时，一定要注意调息至顺，应配合动作节奏自然呼吸。做到身体放松自然，呼吸与动作达到自然协调。《少林拳术秘诀》中云："古语所谓气静则神恬，神恬则气足，技击臻此境界，而后可称上乘，可称绝技，否则仍不过野道旁门，终难入于名家巨子之林也。"又云："力以柔而刚，气以运而实，力从气出，气隐力显，无气则力自何来？俗家之力其来也猛，而其著实也多浮而鲜沉；名手之力其来也若在有意无意之间，而其抵隙沾实而后，全力一吐，沉重若山，可以气透肤理，此其故。"

做到行气的自然和顺，就要善于"蓄气"和"用气"，使气能下沉不上浮，做到虚胸实腹、气息自然、呼吸和顺。气顺则气长，气长则力足。行拳走架要注意和行气的配合，当呼则呼、当吸则吸，蓄劲时吸气、发劲时呼气，以气助力，使气与力合一，呼吸和动作的开合相协调。

十、论阴阳变化

何为"阴阳"?《易经·系辞上》曰:"一阴一阳之谓道。""一阴一阳"是事物发展变化的规律,这个规律就是道。阴阳之道,阳中有阴,阴中有阳,阳中有阳,阴中有阴,阴阳相生,是为阴阳。阴阳交替变化、互动不断,事物才能向前发展。

"阴阳"理论深深影响着中国传统武术理论和武术实践活动。传统武术中的阴阳,包含武术技术动作的动静、虚实、刚柔、快慢、沉浮、进退、伸缩、上下、左右等一系列矛盾统一体。如动为阳、静为阴,刚为阳、柔为阴,疾为阳、缓为阴,起为阳、落为阴等。传统武术对身体部位也用"阴阳"来区分表述,如背为阳、腹为阴,左为阳、右为阴,上为阳、下为阴,外为阳、内为阴,等等。

传统武术既讲究"阴阳合一",也讲究"阴阳变化"。"阴阳合一"说的是动作的正侧、开合、虚实、刚柔、圆直、吞吐、沉浮、闪转要协调配合,形成有机整体,所以说"阴阳是一不是二"。"阴阳变化"讲究的是阴阳、长短的互补,如注重以正为基、以侧为巧,讲究正侧转换;注重动作的开合、虚实的配合,讲究开合虚实的变化;注重发力的刚用和柔化,讲究刚柔相济;注重圆走与直进,讲究动作的圆直运化。还有身步法的吞吐、沉浮、闪转间的配合和转化。通元达尊拳的"阴阳"理论总结为"十四字",即"刚柔、开合、虚实、吞吐、沉浮、正侧、急缓"。

关于刚柔,刚柔入手,刚中带柔,刚显柔藏,柔运刚发。柔为刚之本,刚为柔之用。刚则生擒活抓、横冲直撞,柔则柔化运化、四两拨千斤。或刚或柔,因人而异,因势而变。及其至也,不刚不柔,亦刚亦柔,刚柔得中,刚柔相济。

关于开合,所谓开,是指肢体和内劲向外伸展扩大;所谓合,则是指肢体和内劲向内收敛缩小。动作要求有开有合、开合有致、开合并用、收放自如。

关于虚实,要明虚实,拳艺方能精进。讲究虚实变化,要虚中有实、实中有虚、虚虚实实、虚实互换,令人莫测。要避实就虚,出其不意,攻其无备。

关于吞吐沉浮，指身法要讲究吞如蛇缩首、吐如箭离弦、浮如水托球、沉似石投江。

关于正侧，指身法要讲究先闪后发、先化后打、偏攻侧击、侧身消闪、引进落空。

关于急缓，急缓即快慢。急快如流星闪电，缓慢如织女抽丝。"不动如山，动如闪电。"

十一、论内外一体

中国传统武术讲究内外兼修、内外一体，注重"内练一口气，外练筋骨皮"，追求"六合一体"。

"内练一口气"讲究的是意、气、力。要求意念贯注，注重内气筑基，强调气沉丹田，以意领气，以气运力，气遍周身，达到十方鼓荡、浑圆自然。战派南拳，内练主要以三战为拳母，以站马跨和坐禅为主要练功手段。"外练筋骨皮"追求的是拳架的正确到位，拳架动作工整正确，俗称"枝手对子午"，中规中矩，先规矩后方圆。基本的要求是手、眼、身、法、步要劲整、势圆，要在意念的支配下达到八面支撑、内外圆融；还要兼有外练的功夫，如铁臂功、铁腿功、铁布衫、铁砂掌等硬功夫。

"六合一体"要的是内外配合协调一致。所谓"六合"，即"意与气合、气与力合、力与意合"的"内三合"和"手与足合、肘与膝合、肩与胯合"的"外三合"。"内三合"是在意念的主导下，以意领气、以气运力，意到、气到、力到；"外三合"是以腰为轴，联动全身，使手与足合、肘与膝合、肩与胯合，达到动作上下协调一致、手脚齐到、全身一体。"内外配合协调一致"要求，"内三合"与"外三合"要修炼到内外配合、内外一体，即达到"六合一体"，达到"破之则不开，撞之则不散"的效果。

十二、论拳禅同修

拳禅同修指的是武术与禅修的关系，包含了练武和修禅两部分。拳禅同修主要体现为"修禅以练武、练武以修禅"，实现修身、修心合一的效果。在这里，拳和禅的关系，是"动"和"静"的关系，是"外"和"内"的关系，是"修"和"悟"的关系。

禅是禅那的简称，汉译为静虑，是静中思虑的意思。佛教禅宗修禅的入门功是参禅打坐，包括参禅、坐禅和禅定三个主要环节。参禅包括了坐禅和禅定。坐禅是指参禅时所采用的静坐方式，禅定则是指在修禅过程中内心所获得的静、安的状态。它是一种入静法门，要求外止诸缘、安神静思、内心无喘、心无杂念。通过参禅打坐，可以实现一个人内心境界"脱胎换骨"的超越，并开悟得慧。

通元达尊拳深受佛家禅宗文化影响，尊达摩禅师为祖师，秉承"厚武厚德通元风，修身修性罗汉魂"的文化传承，讲究"一门深入"，注重"悟道拳禅"。因此，修禅是通元达尊拳内练功法的主要方法之一。古人有云，法在人，故必学；巧在己，故必悟。通元达尊拳继承了禅宗要义，重视心性的修炼。《少林拳术秘诀》称："上乘技击术，总以有几分禅机，方能活泼镇静，所谓超乎寰中，得其象外之法。"

通元达尊拳修禅之法，以"松""静""定""悟""慧"为要，注重内心安静思考，强调调和气息、凝寂其心的入静境界，用心和悟性来体悟其拳理、拳法以及武者的思想、武德的培育，是悟拳理、得拳道的实修过程，追求达到"拳禅合一"的高境界。这是通元达尊拳习练者的一种修身、修心的行为。所谓松，即全身松空，身心俱松；静，即排除杂念，静如止水；定，即专心致志、锲而不舍；悟，即明理通窍，知纲会领；慧，即化神妙境，拳达妙手，道法自然。

通元达尊拳习练者继承了禅宗要义，重视修身，形成重视人品修行、武德修养的文化传统。练武以练身，修身以修德。坚持勤学苦练、强身健体，坚守爱国为民、遵纪守法，坚守尊师重道、扶弱护幼，注重遁形敛迹、谦逊忍让，信奉艺无止境、苦学技艺，做到知行合一、诚实守信。

十三、论内功心法

内功之法，动静结合。有静功练法，有动功练法。

　　静功，乃功中之功，百功之母。静功必须彻身放松，如如不动静如山，保持松静自然。松，全身肌肉和精神放松，形体、呼吸、意念轻松舒适。无紧张感，是松而不懈、松而不散的自然舒展状态。静，就是排除杂念，使大脑处于相对安静状态，心绪平静，有助于身体和精神放松。身体放松，精神内敛，意识集中，自然而然。功法中任一动作均可单独定势不动进行静功练习。

　　练动功时，必须心静体松，动作柔和缓慢，呼吸吐纳自然深长，意念全身内气充盈，有如圆球充气、十方鼓胀、八面支撑，沉如磐石沉江，稳如钻地盘根。周身气血流畅，意劲暗运，如推山搰海，举鼎拔钟，按狮拒虎。劲发如雷滚电闪，弹飞箭奔，虎扑蛇冲。劲未发，意先行，意到、气到、力到，劲整透为妙。动作须圆中直、直中圆，滚滚奔向前。要有动静、虚实、刚柔、快慢、吞吐、浮沉、闪转，万法有阴阳。讲究重意不重力，以意领气，以气催力，柔运刚发。

　　（本章图3-3至图3-18演练者依次为：张志勇、朱龙义、叶燕杰、张艺平、胡春元、陈志宏、李跃明、胡国华、朱文辉、杨鑫森、陈清忠、陈伟强、郑宇明、颜隆晖、洪奋强、林亚通）

第四章　通元达尊拳基本动作

第一节　手型、步型

一、手型

（一）拳型

1. 拳（称实拳）

五指卷紧，拳面要斜，拇指压于食指、中指的第二指节上，小指紧扣（图 4-1）。

要点：卷紧、握实，有"握拳如卷饼"之说。

用法：该拳型多用于直接击打，包括冲、砸、撬、勾等。

图 4-1

2. 空拳（也称空握拳、虚拳）

四指并拢，第一、二指节弯屈，拇指屈靠食指、中指的第一指节，拳心空，成空握拳（图 4-2）。

要点：空握，但拇指需扣紧。

用法：该拳型多用于弹拳。

图 4-2

3. 凤眼拳

（1）单凤眼拳

拇指弯屈，第一指节紧靠食指的第一指节上，使食指第二指骨关节凸出拳面，其余三指卷紧弯屈（图 4-3）。

要点：运劲达食指第二指节端。

用法：该拳型多用在前点和扣击。

图 4-3

（2）双凤眼拳

拇指弯屈，第一指节紧靠食指和中指的第一指节上，使食指和中指的第二指骨关节凸出拳面，其余两指卷紧弯屈（图 4-4）。

要点：运劲达食指和中指的第二指节端。

用法：同单凤眼拳。

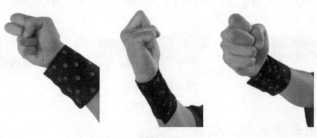

图 4-4

（二）掌型

1. 佛手掌

五指伸直，并稍微张开（图 4-5）。

要点：五指自然张开，运劲达五指节端和小指侧掌沿（掌刀）。

用法：可以用于拍、甩、砍、削、切等多种技法。

图 4-5

2. 柳叶掌

拇指弯屈，其余四指伸直并稍张开（图 4-6）。

要点：运劲达四指指节端。

用法：该掌型多用在插、啄，也可用于格挡防守。

图 4-6

（三）爪型

1. 鹰爪

五指张开，各节指骨用力弯屈，但不屈拢。食指和中指略开，无名指和小指略曲，稍屈腕（图 4-7）。

要点：各指紧张，力贯指端。

用法：一般由掌变鹰爪，擒抓对方手腕、肘或大臂；也可用于扣抓对方腮部。

图 4-7

2. 五指印

屈腕，五指微张开略屈，各指端靠近，如盖印状（图 4-8）。

要点：各指紧张，力贯指端。

用法：勾拨或擒技配用，侧击对方之耳部或太阳穴。

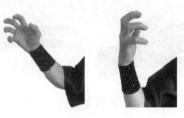

图 4-8

3. 虎爪

五指张开，各节指骨用力弯屈，但不屈拢，稍屈腕（图 4-9）。

要点：各指紧张，力贯指端。

用法：一般由掌变虎爪，既可以用于擒拿，也可用于抓扣、用掌根击打等。

图 4-9

4. 钳扣爪

拇指和中指各指节弯屈，指端接近，成环钳状；其余三指卷屈握紧（图 4-10）。

要点：力贯拇指、中指指端。

用法：靠拇指和中指的第一节指抓扣对方颈部两侧，食指第二指骨尖卡顶对方之喉结。

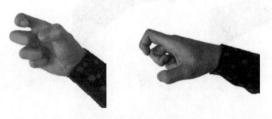

图 4-10

（四）肘型

小臂贴靠大臂，两者连接处的关节即是肘（图 4-11）。

要点：小臂与大臂要夹紧。

用法：前顶、后撞或者平冲，也可用于由上往下砸击或格挡。

图 4-11

二、步型

1.马步

（1）高马步

两脚左右开立，距离约为三脚长，脚尖正对前方，屈膝半蹲，姿势略高，大小腿夹角大于 90°，上体正直，收胯敛臀（图 4-12）。

要点：自然含胸，松腰胯，膝盖不过脚尖。

图 4-12

（2）低马步

两脚左右开立，距离约为三脚长或略宽，脚尖正对前方，屈膝半蹲，姿势偏低，大腿处于水平状态，上体正直，收胯敛臀（图 4-13）。

要点：自然含胸，松腰胯，膝盖不过脚尖。

图 4-13

2. 半马步

两脚左右开立，距离约为三脚长，屈膝半蹲，左脚尖正对左前方，右脚尖朝前，姿势略低，重心六成在右腿，上体正直，收胯敛臀，为左半马步。相反为右半马步（图 4-14）。

要点：自然含胸，松腰胯，膝盖不过脚尖，身体重心略靠后脚。

图 4-14

3. 双弓步（三角马）

两腿屈膝半蹲，前后拉开。前脚脚尖里扣斜向前方，小腿与地面略小于 90°；后脚尖外展 45°，两脚跟均不得离地，重心前脚四、后脚六。左脚在前为左双弓步；右脚在前为右双弓步（图 4-15）。双弓步是达尊拳中常用的步型。

要点：自然含胸，松腰胯，收臀，膝盖与脚尖同向。两脚掌左右间距大约 20 厘米。

图 4-15

4.弓步

（1）弓步

前脚尖微内扣，斜向前方，屈膝半蹲；后脚脚尖里扣 45° 斜向前方，屈膝后伸，两脚均全脚着地。重心在前脚，可以略高，前后脚距为一大步。左脚在前为左弓步；右脚在前为右弓步（图 4-16）。

要点：前腿屈膝，小腿微后收与地面略小于 90°，膝盖与脚尖同向；后腿蹬地、微曲。两脚掌左右间距大约 20 厘米，重心在前、略高。自然含胸、松腰、沉髋。

图 4-16

（2）低弓步

前脚尖微内扣，斜向前方，小腿垂直，屈膝半蹲；后脚脚尖里扣斜向前方，屈膝后伸，两脚均全脚着地。前后脚距为一大步，重心坐低，为低弓步。左脚在前为左低弓步；右脚在前为右低弓步（图 4-17）。

要点：前腿弓，膝盖与脚尖同向；后腿蹬地、微曲，两脚掌左右间距大约 20 厘米，重心略低。自然含胸、松腰、沉髋。

图 4-17

5. 侧弓步

两脚左右开立，间隔一大步，身体侧转并前俯、半蹲，为侧弓步。重心可高可低。左脚弓右脚蹬为左侧弓步；右脚弓左脚蹬为右侧弓步（图4-18）。

要点：自然含胸、松腰，前俯侧身，小腿垂直。

图 4-18

6. 虚步

后脚尖斜向前，屈膝半蹲，全脚着地；前腿微屈，脚面绷紧，脚尖虚点地面，重心落在后腿上。重心可高可低。左脚尖点地，称左虚步；右脚尖点地，称右虚步（图4-19）。

要点：自然含胸、松腰，身体重心落在支撑腿。

图 4-19

7. 丁步

两腿屈膝半蹲，一脚踏地支撑身体重心，另一脚脚尖虚点于支撑腿旁侧地面，脚面绷直、下垂。左脚尖点地，称左丁步；右脚尖点地，称右丁步（图4-20）。

要点：自然含胸、松腰，身体重心落在支撑腿。丁立脚脚面绷直，脚尖点地、贴近支撑腿。

8. 跪步

一腿屈膝下蹲；另一腿下蹲，膝部与小腿内侧横向贴地。重心在下蹲的腿。左膝部贴地的，为左跪步；相反的，为右跪步。（图4-21）。

要点：小腿内侧横向轻贴地，自然含胸、松腰、松胯。

图 4-20   图 4-21

9. 交叉步

两脚前后开立，前脚尖外撇同时身体同向侧转成交叉状。左脚在前为左叉步，相反为右叉步（图4-22）。

要点：自然含胸、松腰，交叉步幅不宜过大，后脚的膝盖要贴住前脚的膝盖窝。

10. 观音跌坐（步）

两脚成交叉步后下坐，双手可按地于两侧。左腿在前，称左跌坐；右腿在前，称右跌坐（图4-23）。

要点：自然含胸、松腰，身体略前俯，交叉步幅不宜过大，重心在后腿。

图 4-22   图 4-23

11. 独立步

（1）金鸡独立步

一脚站立支撑，另一脚在身前提膝收脚，脚尖在里侧勾起。左腿独立，为左独立步；相反，为右独立步（图 4-24）。

要点：自然含胸、松腰，膝盖尽量往上提，脚尖横扣。

图 4-24

（2）罗汉独立步

一脚站立支撑，另一脚在身前提膝收脚，搁于支撑腿膝盖上。左腿独立，为左罗汉独立步；相反，为右罗汉独立步（图 4-25）。

要点：自然含胸、松腰、坐胯。

（3）倒扣罗汉独立步

一脚站立支撑，另一脚提膝收脚，勾扣于支撑腿的膝盖后腘窝。左腿独立，为左倒扣罗汉独立步；相反，为右倒扣罗汉独立步（图 4-26）。

要点：自然含胸、松腰、坐胯。勾扣要紧贴腘窝。

图 4-25 图 4-26

第二节 拳法、掌法、爪法

一、拳法

1. 冲拳

拳从腰间旋臂向前快速冲出，直臂或微屈臂，力达拳面，拳心朝下，为平冲拳（图 4-27、图 4-28），拳眼朝上，力达拳面，为竖冲拳（图 4-27、图 4-29）。

要点：快速有力，急旋臂，重寸劲。

用法：攻击对方任何部位。

图 4-27 图 4-28 图 4-29

2. 撞拳

（1）双撞拳

双拳从腰间外旋臂向前快速撞出，屈肘，拳心向上，后拳在前手肘部，力达双手的拳面（图 4-30、图 4-31 ）。

要点：短促用力，发弹抖之劲。

用法：多用于击打对方上半身的部位。

图 4-30 　　　　　　　　　　　　　图 4-31

（2）单撞拳

一拳从腰间外旋臂向前快速撞出，屈肘，拳心向上，力达拳面（图 4-32、图 4-33 ）。

要点：同上。

用法：同双撞拳。

图 4-32 　　　　　　　　　　　　　图 4-33

3. 砸拳

屈臂上举至胸，而后猛力下砸，拳心向上，力达拳背的掌指关节（图 4-34、图 4-35 ）。

要点：脆快有力，发弹抖之劲。

用法：主要击打、防守对方的中路。

图 4-34   图 4-35

4．弹拳

分正弹、横弹、斜弹三种。常与爪法中的擒技配用。多先擒后弹，如左爪擒，同时右拳弹击。弹拳击打触点在掌指关节处。

（1）正弹拳

屈臂将拳提于肩前，随即由屈到伸向前猛力弹击，力达拳背的掌指关节（图4-36、图4-37）。

要点：发劲时，臂、腕收缩，发弹抖之劲。

用法：主击打对方的中、上路。

图 4-36   图 4-37

（2）横弹拳

屈臂将拳置于体侧，随即由屈到伸向前横向猛力弹击，力达拳背的掌指关节（图4-38、图4-39）。

要点：发劲时，臂、腕收缩，发弹抖之劲。

用法：用于击打对方中、上路。

图 4-38　　　　　　　　　　图 4-39

（3）斜弹拳

屈臂将拳置于体侧下方，随即由屈到伸向前上方斜向猛力弹击，力达拳背的掌指关节（图 4-40、图 4-41）。

要点：发劲时，臂、腕收缩，发弹抖之劲。

用法：用于击打对方中、上路。

图 4-40　　　　　　　　　　图 4-41

5. 扣拳（丹凤朝阳）

主要用于凤眼拳扣拳。一手以单凤眼拳或者双凤眼拳从侧下方向斜上方弧形横向扣击，臂微屈（图 4-42、图 4-43）。扣拳也可以用四指扣。

要点：快速有力，腕部也需弹抖。

用法：扣拳主击对方太阳穴，常与勾拨、擒拿等手法配用。还有前点用法，主攻击对方头面部或心窝。

图 4-42   图 4-43

6. 撬拳（勾拳）

拳从腰间旋臂向前向上快速正面击打出，也可以从侧面往中线由下往上击打出，屈肘，力达拳面（图 4-44、图 4-45）。

图 4-44   图 4-45

要点：击出时，手臂不可后拉，用腰带动。要短促用力，发弹抖之劲。

用法：多用于近身短打，攻击对方胸腹部、下颌。

7. 摆拳

左拳从左向右，或者右拳从右向左曲臂横摆，弧线打出，拳眼可朝上，也可朝下（图 4-46、图 4-47）。

要点：出拳先走直线后变弧线，拧腰松胯，不能抬肘。

用法：侧面进攻对方的头脸部的两侧和上身。

图 4-46　　　　　　　　　　图 4-47

二、掌法

1. 削掌

两掌交叉合抱于胸前（图 4-48）。臂由屈至伸，俯掌，以掌小指侧削击，力达掌侧。削击对方喉部为上削掌；削击对方肋部为中削掌；在腰部以下削截对方臂或脚为下削掌（图 4-49）。

要点：用力短促，力点在掌侧。

用法：削击对方的喉、肋部，或者削截、格挡对方的臂或脚。

图 4-48　　　　　　　　　　图 4-49

2. 切掌

一手臂由屈至伸，仰掌以掌小指侧切击，力达掌侧（图 4-50、图 4-51）。

要点：切击要用寸劲，力点在掌侧。

用法：切掌通常攻击对方的上体，常与另一只手的封掌、勾爪或擒爪配用，如左爪擒右掌切。

图 4-50　　　　　　　　　图 4-51

3.摇托（木兰挑灯）

左手变爪向左侧下方擒抓，右手从下向前上方仰掌托出，力达掌根，高与肩平（图 4-52、图 4-53）。左擒右托为右摇托；右擒左托为左摇托。

要点：短促用力，配合摇身弹抖，并加以旋扭。

用法：擒腕托肘或擒踝托小腿。擒托时两手可拧旋翻转。

图 4-52　　　　　　　　　图 4-53

4.啄掌（公鸡啄米）

前手屈臂向外拨的同时，前掌向前快速啄击，力达指尖（图 4-54、图 4-55）。

要点：前手臂要向外拨，啄击要短促发力。

用法：手臂向外拨的同时，用掌啄击对方的眼部、喉、心窝。

图 4-54　　　　　　　　　　　　图 4-55

5. 父子掌（仙人撒网）

前掌往前插戳击，后手横掌护于前肘内侧。或右掌在前，左掌在后；或左掌在前，右掌在后（图 4-56、图 4-57）。

要点：插戳是由擒和插同时完成，一气呵成，幅度不过肩。

用法：前掌主攻，后掌主防，起掩护作用。常与扫拨腿配用。

图 4-56　　　　　　　　　　　　图 4-57

6. 连环挑掌（佛手掌）

两臂微屈，掌心朝内，先后轮番连续由腰前向内向上向外过中线挑格。挑格时小臂必须同时内旋，挑格至肩宽（图 4-58 至图 4-60）。

要点：挑掌力点在腕部桡骨侧，击掌力点在小指侧掌刀或掌根。连环挑、推兼有由内向外挑格之劲，需与身步法配合协调。

用法：可在连续挑开对方击来之掌或拳时，随即以掌击打。

| 图 4-58 | 图 4-59 | 图 4-60 |

7. 双削掌（虾蛄弹）

双掌一上一下分别横抱在胸前、腹前，然后同时向前方削掌。

要点：用力短促，力点在双手的小指外侧（图 4-61、图 4-62）。

用法：削击对方的喉部、胸腹部、肋部。

| 图 4-61 | 图 4-62 |

三、爪法

1. 单擒拿手（鹰爪擒枝）

当对方以拳或掌向我攻击时，我以掌顺势迎格之：随之由内向外侧小弧，速变鹰爪，擒搭其腕部，或擒抓其肘部或大、小臂（见图 4-63、图 4-64）。

图 4-63   图 4-64

要点：出爪擒枝要迅速、准确，力达指端。

用法：擒搭对方的腕部、肘部或手臂。

2. 双扣爪（扣爪抓腮）

两臂微屈，由外向内横击，一上一下，上扣击对方的腮、颈部，下扣击对方的肋腹部（图 4-65、图 4-66）。

要点：快速、有力，扣腕发寸劲。

用法：上爪扣击对方的脸颊、太阳穴、耳部、颈部，下爪可以扣击对方的肋部。

图 4-65   图 4-66

3. 扣爪掐喉

一臂前伸，以扣爪扣卡对方之喉部（图 4-67、图 4-68）。

要点：快速、准确，力达拇指、中指指端。

用法：常与另一手的擒扣、拨勾等手法相配用。

图 4-67　　　　　　　　　　　　　图 4-68

4. 采梅花手

两爪均成鹰爪，右爪从左侧向上、向前、向右运转至右肩前，爪心朝下，高与眉齐；同时左爪爪心朝上，向右向下向左运转至左腰腹部，高与小腹平（图 4-69、图 4-70）。可以左右式互换，多次、连环运转。

要点：运转时，以上爪为主，下爪配合之，腰部要配合随之转动，上下要协调完整一气。上臂与躯干夹角 45°，小臂前伸。

用法：用于连环格挡或者擒拿。

图 4-69　　　　　　　　　　　　　图 4-70

5. 采花手（云爪）

两爪均成鹰爪，右爪由下往左、往上，再往右运转至右肩部前，爪心朝外，同时左爪停于右爪下方、右腰腹部前，爪心朝下（图 4-71、图4-72）。

上动不停。左爪从右下往上、往左运转至左肩部前，爪心朝外，同时右爪往外、往下、往左运转停于左爪下方、左腰腹部前，爪心朝上（图

4-73、图 4-74）。可以如此循环往复，多次运转。

要点：云爪时，以上爪为主，随时可变擒拿手；下爪配合之，随时向下按压、捋带。云爪要形成圆形轨迹，腰部要配合随之转动，上下要协调完整一气。

用法：用于连环格挡或者擒拿。

图 4-71　　　　图 4-72　　　　图 4-73　　　　图 4-74

第三节　枝法与肘法

一、枝法

以上臂尺骨侧或桡骨侧为力点的上肢运动，在闽南称为"枝法"。可用于防守，也可以用于进攻。

1.断枝

一手握拳屈臂上举至头侧或胸部，随即猛力向前下方挫切（图 4-75、图 4-76）。

要点：力达小臂尺骨侧。

用法：用于截断对方之臂或脚。

图 4-75　　　　　　　　　图 4-76

2. 剪枝（剪枝擂鼓）

两手屈臂垂肘，随之握拳上举至肩，随即两手臂外旋并由外向内猛力相交剪切。剪切后两手成交叉形，如剪刀剪物状，双拳同肩平，两手心朝内与脸相对（图 4-77、图 4-78）。右臂在外为右式，相反为左式。

要点：两手交叉相剪时要发弹抖劲，力达小臂尺骨侧。

用法：常用于截击对方前臂或肘部。剪击对方手臂内侧或外侧都可以。

图 4-77　　　　　　　　　图 4-78

3. 格挑

一手屈臂握拳或掌，然后以小臂由下向上、向外格挑，拳或掌的高度在同侧的肩部与头顶之间（图 4-79、图 4-80），手心朝上。也可在格挑时小臂内旋以尺骨侧拨格。左右依次连环格挑为云手。

要点：力达小臂桡骨侧。

用法：用于格挑开对方之手。

图 4-79　　　　　　　　　　　图 4-80

4. 抢磕

一手屈臂握拳或掌，高与脸部平。然后由上、向内、向下磕击，拳心朝上。另一手护于同侧脸旁，拳心朝内。两手依次连环里磕为抢磕（图 4-81、图 4-82）。

要点：力达小臂尺骨侧。

用法：常用于截击对方攻击的手或者腿。

图 4-81　　　　　　　　　　　图 4-82

二、肘法

1. 横扫肘

一手握拳屈臂后，以肘尖向前横扫（图 4-83、图 4-84）。

要点：用弹抖劲，力达肘尖。

用法：多用于击打对方头部、胸腹部。

图 4-83　　　　　　　　　　图 4-84

2. 侧撞肘

一手握拳屈臂后，肘臂部贴肋，向身侧短促撞击（图 4-85、图 4-86 ）。

要点：用弹抖劲，力达肘尖。

用法：多用于撞击侧方对方之胸腹部。

图 4-85　　　　　　　　　　图 4-86

3. 挑肘

一手握拳屈臂后，抬肘经胸前划小弧向上猛力抬击（图 4-87、图 4-88 ）。

要点：用弹抖劲，力达肘尖，常与进步配合。

用法：多用于正面挑击对方头部或上身。

图 4-87   图 4-88

4. 压肘

一手握拳屈臂后，抬肘经胸前划小弧猛力下压（图 4-89、图 4-90）。

要点：用弹抖劲，力达肘尖，常与跪步或者侧弓步配合。

用法：多与擒拿配合使用。

图 4-89   图 4-90

5. 后撞肘

一手握拳屈臂后，上身后转，抬臂以肘尖向身后方撞击（图 4-91、图 4-92）。

要点：用弹抖劲，力达肘尖。

用法：多用于击打身后对方胸肋部或头部。

6. 后翻肘

一手握拳屈臂上抬，高于肩，后转体向后撞击（图 4-91、图 4-93）。

要点：转体和撞击要同时完成，力达肘尖。

用法：多用于击打身后对方的头部。

图 4-91

图 4-92

图 4-93

第四节　腿法与膝法

一、腿法

常用腿法多为中、低盘的腿法。

1. 勾踢腿

两手交叉环抱于身前，一腿支撑稍屈，另一腿向后摆动小腿，随即膝部挺直脚尖勾起，向斜前方勾踢，高不过膝。同时，与前踢腿同侧的手臂向后摆扫，与踢腿同时完成。目视前踢脚（图 4-94、图 4-95）。

要点：上体保持正直。勾踢用力要干脆，同时上体可微向前倾。

用法：主要勾踢对方的小腿后侧。

图 4-94

图 4-95

2. 后摆扫腿

一腿支撑稍屈，另一腿直腿向后摆扫。同时，与摆扫腿同侧的手握

拳向身前勾拳或摆掌。目视摆腿方向（图4-96、图4-97）

图 4-96　　　　　　　　　图 4-97

要点：上体保持正直。摆扫腿用力要干脆，同时上体微后仰。

用法：主要摆扫对方的小腿。

3. 弹踢腿

一腿支撑稍屈；另一脚提膝后，由屈到伸，向正前方踢出，高不过腰。腿要绷直，脚面绷直，力达脚尖（图4-98、图4-99）。

要点：上体正直，可微向前倾。

用法：主要踢击对方裆部、腹部。应用中也可以提击对方的胸部、头部。

图 4-98　　　　　　　　　图 4-99

4. 蹬腿

一腿支撑稍屈；另一腿提膝后由屈到伸，脚尖勾起，用脚跟猛力蹬出，力达脚跟（图4-100、图4-101）。

要点：前蹬时，上体保持正直，可微向前倾。

用法：主要蹬击对方胫骨、膝部或胸腹部、下颌。

图 4-100   图 4-101

5. 铲腿

一腿支撑稍屈；另一腿脚尖里扣、脚掌朝下，以脚外侧用力由屈到伸，猛力铲出，高不过膝。铲出后，支撑腿要挺膝（图 4-102、图 4-103）

要点：身体先含后挺，铲腿和挺膝要同时。身体微侧，有伸拔之劲。

用法：主要铲击对方胫骨或膝窝。

图 4-102   图 4-103

6. 踩脚（内、外踩腿）

一腿支撑稍屈；另一腿脚尖略外撇上勾，在身前提起（距地面不超过5厘米），随即由屈到伸以脚底部向地面猛力踩踏，力达脚底，为内踩腿（图 4-104、图 4-105）；踩腿的脚尖略内扣上勾，在身前提起（距地面不超过5厘米），随即由屈到伸以脚底部向地面猛力踩踏，力达脚底，为外踩腿（图 4-106、图 4-107）。

要点：踩腿的脚尖要略上勾。出腿时，抬腿的动作幅度要尽量小。下踩时要有向前铲的动作，身体有上拔之劲。身体重心在支撑腿。

用法：主要踩击对方脚面。

| 图 4-104 | 图 4-105 | 图 4-106 | 图 4-107 |

7. 扫拨腿

一腿支撑稍屈；另一腿伸直向同侧斜前方伸出，脚尖点地。随即以脚前掌擦地猛力向内侧横扫，幅度约为 45°（图 4-108、图 4-109）。

要点：扫拨脚擦地不能用力压地，要轻快。

用法：主要扫拨对方小腿后侧，常与父子掌配用，起绊摔作用。

| 图 4-108 | 图 4-109 |

二、膝法

1. 撞膝

一腿支撑；另一腿提膝往上、往前冲，以膝部撞击对方身体。此为前撞膝（图 4-110、图 4-111）。一腿支撑；另一腿的小腿外展，大腿横抬，膝部由下向内上方横向猛力撞击对方身体，此为横撞膝（图 4-112）。左膝撞为左式；相反的，为右式。

要点：先含后挺，送胯挺膝。

用法：撞膝常与手法中的双擒手配用，击打对方阴部或胸腹部。

图 4-110 　　　　　 图 4-111 　　　　　　 图 4-112

2. 跪膝

一腿支撑，全脚着地。身体向支撑腿扭转，另一腿脚尖碾地，大腿内旋，以膝部下方为力点，往下压撞击打对方（图 4-113、图 4-114）。左膝下压的为左式；相反的，为右式。

要点：拧腰和膝盖向下用力要同时。

用法：对方被打倒后，用膝部向下压猛力撞击对方身体要害部位。

图 4-113 　　　　　　　 图 4-114

第五节　步　法

1. 进步

一脚沿弧线向前经另一腿内侧，再划小弧向前方偏左侧迈进一步（图 4-115、图 4-116）。左右脚可以互换，交替练习。

要点：迈步走弧线、要贴地。

图 4-115

图 4-116

2. 跟步

一脚向前进半步，另一脚随即跟进半步，前脚仍在前（图 4-117、118）。左右脚可以互换，交替练习。

要点：跟步要贴地。

图 4-117

图 4-118

3. 退步

前脚沿弧线向后经后腿内侧，再划小弧向后方偏外侧退一步，前脚后退成后脚（图 4-119、图 4-120）。左右脚可以互换，交替练习。

要点：退步走弧线，要贴地。

图 4-119

图 4-120

4. 双撤步

后脚向后撤半步，前脚随即向后撤半步，前脚仍在前（图 4-121、图 4-122）。左右脚可以互换，交替练习。

要点：撤步要贴地，前脚尖不能上翘。

图 4-121   图 4-122

5. 盖步

一脚经另一脚前向另一侧横迈一步，成两腿交叉（图 4-123、图 4-124）。左右脚可以互换，交替练习。可以横向盖步，也可以向前盖步。

要点：迈步要贴地。两大腿根部要适度夹紧。

图 4-123   图 4-124

6. 插步

一脚经另一脚后向另一侧横迈一步，成两腿交叉（图 4-125、图 4-126）。左右脚可以互换，交替练习。

要点：插步要贴地。两大腿根部要适度夹紧。

图 4-125　　　　　　　　图 4-126

7. 连环进步

两脚前后开立，成双弓步。后脚经前脚内侧划小弧向前进一步，两脚依此连续进步，为连环进步（图 4-127 至图 4-130）。

要点：进步时，脚要贴地，落步时前脚的脚前掌要先着地。

图 4-127　　　　图 4-128　　　　图 4-129　　　　图 4-130

8. 连环退步

两脚前后开立，成双弓步。前脚经后脚内侧划小弧向后退一步，两脚依此连续退步，为连环退步（图 4-131 至图 4-134）。

要点：退步时，脚贴地，落步时可以以脚跟震地。

图 4-131　　　　图 4-132　　　　图 4-133　　　　图 4-134

8. 颠步

（1）单颠步

一脚经另一脚前向另一侧横迈一步（盖步），另一脚随即也同向横迈一步，仍成双弓步，称为单颠步（图4-135至图4-137）。

要点：颠步时，需身法协调配合，似醉拳中的醉步。

图4-135　　　　　图4-136　　　　　图4-137

（2）双颠步

一脚经另一脚前向另一侧横迈一步（盖步），接着，另一脚也经先横迈脚的脚前向先横迈脚的这侧横迈一步（盖步），先横迈脚随即也向同侧横迈一步，成双弓步，称双颠步（图4-138至图4-141）。

要点：颠步时，需身法协调配合，似醉拳中的醉步。

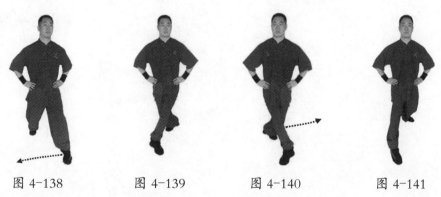

图4-138　　　图4-139　　　图4-140　　　图4-141

9. 三角换步（又名踏偏步）

两脚马步站立（等腰三角形底边两角的位置）。一脚向内向前向外划弧线进步，成双弓步后，随即再沿原进步的弧线原路撤回到原位（底角）。另一脚紧接着照此走步。左右脚轮流反复在此三角形的位置上走步、换步（图 4-142 至图 4-148）。由于两脚换步时，脚的落点在一个三角位置，成 "△" 形，故称 "三角换步"。三角换步是达尊拳常用的步法。

要点：迈步、撤步要紧贴地面，要走弧线。

图 4-142　　　　　　　图 4-143　　　　　　　图 4-144

图 4-145　　　图 4-146　　　图 4-147　　　图 4-148

（张艺平演练）

第五章　通元达尊拳练功法

通元达尊拳讲究意、气、力与拳架的内外融合，注重内、外功法的练习，通过"外练筋骨皮，内练一口气"，使人在内在的精气神和外在的身体各个部位都得到全面、充分的锻炼，从而提高身体健康水平和武术功力水平。

第一节　外练功法

外练功法，这里是硬功的训练，就是指对身体各个部位抗击打能力的训练，从而增强骨骼、筋腱、肌肉、皮肤等部位的机能，并形成强大的抗击打能力和击打能力。武术谚语有"唯硬无解"之说。

大多数武术门派的外练功法大同小异。比如铁臂功、铁腿功的练习，多是用木棒等硬物敲打手臂、腿或者直接用手臂、腿去打击树干、木桩、沙袋等。鹰爪手多是用手指抓扔沙袋、抓铁珠子、抓酒坛、抓石球，用五指做俯卧撑，用手掌抓拧成束的筷子或者木棒。铁盘手则是用掌拍打、摔打铁球、石板等。排打功多是先用手掌拍击身体的各个部位，有一定基础后，再用木棒敲打或撞打铁沙袋等。

通元达尊拳外练功法是一种内柔外刚的硬功夫。内柔，是指练内气至柔，达到内练一口气；外刚，是指身体的某部分外练到硬如钢铁。

如铁臂功，可挥臂断柱、分筋挫骨。一旦与人搏击交手，双臂坚硬如铁。

练习通元达尊拳外练功法，开始时不能用力过大过猛，以免造成损伤。要注意由轻到重、循序渐进，不能急于求成。而且，所有外练功法的练习，都必须结合内功心法要旨，最好配合练习一些静功，如与禅坐、站跨（站桩）相结合，内外兼修，效果会更好。

这里，简单介绍部分常见的功法：铁臂功、铁腿功、鹰爪手、铁盘手、排打功等。

一、铁臂功

铁臂功的练法一般是用木棒、沙袋条等硬物敲打手臂或者直接用手臂击打木桩、树桩、石柱、沙袋等。练习时，左右手交替轮换靠打小臂。

每天坚持，次数不定，根据自己的实际掌握。初练时，身体练习的部位会有疼痛反应。所以，要以微痛、轻痛为度，视自己可承受的程度掌握力度，循序渐进，日久自然功成。每次打练后，有条件的可以用活络药水涂抹或者浸泡，以解除手臂的红肿疼痛。

二、铁腿功

铁腿功的练习方法，仍然要由轻到重、由易到难。

拍打法。练习时，采用坐的姿势。先用两手掌心把两小腿和胫骨部分上下摩擦至热，然后用手拍打两腿的内外侧。一段时间后，可以用木棍或者缠上布的钢管进行敲打。

搓揉法。用一根短木棍、铁棍或钢管，两边用两手压住，在小腿迎面骨上来回滚动。滚动用力要恰当，以微痛、能够忍受为度。开始之初，亦可用布把木棍、铁棍或钢管缠上几层再搓揉。

击打法。练习时，用木棒等硬物敲打腿，或者直接用腿去踢击树干、木桩、沙袋（沙袋起初内装锯末，逐渐换以河沙至铁砂）。踢击时，以单腿独立支撑身体，另一腿用鞭腿、蹬腿、踹腿、扫腿等各种腿法进行击打。

练习时，左右脚交替进行。拍打、击打的时间和次数根据自己的实际进行。力量要由轻到重循序渐进。训练结束后，做放松练习，可以配合活络药水揉搓双腿进行活血放松。

三、鹰爪手

鹰爪手，也称擒拿手，是指专练手指抓劲的功夫。鹰爪手练习至精纯之时，作用于人，被抓之人如着钢爪。

鹰爪手多是用手指抓扔沙袋、抓铁珠子、抓酒坛、抓石球，用手掌拧绞成束的筷子或者木棒，配合用五指做俯卧撑练习。做俯卧撑练习时，可以先用手掌完成，后过渡到用十根手指来完成，并且可以逐步采用负重练习。

鹰爪手最常见练法是扔沙袋和抓坛法。如抓坛法，练习时，用两口陶制酒坛，装河沙、铁砂或水，用五指抓住坛口。先装五斤或十斤，以后逐渐加重。可以做静止动作，也可以做提抓动作。提，要提至同肩高，双手两边分开成水平线伸直，同时兼练弓步、马步等步法的转换。也可以做上下、左右的提抓动作。随功力的增强，重量和时间可以增加。

注意要循序渐进，每天坚持，次数因人而异。训练结束后，做放松练习，可以配合活络药水揉搓双手进行活血放松。

四、铁盘手

铁盘手则是用掌拍打、摔打铁砂袋、铁球、石板、树干等物予以练习。

用掌拍打、摔打铁砂袋。准备一张家常日用的凳子。用两层厚布制成方形布袋，大小与凳子面板相近，装入绿豆大小的铁沙或绿豆。袋子应稍留空隙，不可过满。将沙袋置于凳子上面，手掌放松，用掌心、掌背、掌刀、掌侧、掌根反复拍打沙袋，切忌用力过猛。坚持每天早晚各练习一次。时间长短自由掌握，但应随功力的增进，阶段性加大力度。

也可以用掌拍打、摔打铁球、石球、石板、树干，拍打的方法相同。

铁球、石球的大小约为练习者一掌的长度。石板也不宜过大，与凳子面大小差不多就好。也可以用拳击打。握拳，以拳面和掌指关节击打。

练习要注意循序渐进，每天坚持，次数和强度根据不同情况做科学安排。训练结束后，要做放松练习，用活络药水揉搓双手进行活血放松。

五、排打功

排打功是用自己的拳、手掌拍打自己的身体各个部位，使自己的身体各个部位能耐外力、抗击打的练习功法。有一定基础后，再用木棒敲打或摔打铁砂袋等方式训练。

拍打时，外物外力的落点部位要有一股对抗力挺出迎击，配合呼气，同时完成。初练时不可用力过猛，应逐渐加大，否则容易受伤。拍打部位一般是依胸部、左右肋、腹部、肩臂部、后背、头颈部、腿部，逐渐过渡到全身拍打。

练习时，注意与呼吸配合，主要是顺乎自然，不憋气。拍击、撞击的次数及力量大小可根据自己承受能力、体质情况而定。拍打物可以先用拳、掌拍打，有一定基础后，再使用外物拍打。

练习要注意循序渐进，每天坚持，次数和强度根据不同情况做科学安排。训练结束后，做放松练习，可以配合活络药水进行活血放松。

第二节　内练功法

内练功法主要通过三战功、站桩（闽南称之为站跨）、拔骨伸筋、坐禅等方式进行练习。站桩功法在拳法训练中占有相当重要的位置，是中国武术重要的基本功法之一，也是通元达尊拳的基本功法之一。"未习打，先站桩。"桩功不仅在拳术中以稳固、扎实、实用等特点体现在套路之中，而且在强身、健体、治病等方面也有其特殊的意义。本门桩功有定步桩功和活步桩功两种。坐禅，也是通元达尊拳内练功法的主要方式，就是静养功。通过坐禅静思、吐纳导引达到调心、调息等功用。这也是静功修炼的法门。

一、三战功法

三战功法，简称三战，它既是福建传统战派南拳一种最基本的练功法，也是战派南拳的入门基础拳架套路、基础功力拳，是南拳之根之源，有其不可替代的作用和地位，号称战派南拳的"拳母"。在福建南拳中很多拳种流派的基础练习都会有三战套路，一个拳种流派少则一套，多则好几套。这也说明了三战的重要性。因此，福建战派南拳界有这样的说法，"南拳功夫看三战""三战起，练到死"，非常形象、概括、精辟地说明了三战的重要性。

为何称三战，现在已难考证。有说三战套路常有进三步、退三步的步法结构，应是"三进"之意；也有说三战身形是"墓牌身"，是"身正、头正、枝手正"，应是"三正"之意；也有说三战常有进三步、退三步、插三掌的动作结构，插掌如放箭，是"三箭"之意。这些说法都有一定道理，因为"三战""三进""三正""三箭"在闽南语发音是极相似的。由于闽南语没有文字记载，多口口相传，今天已很难辨别"三战"最初的表述是什么了。

三战功法的作用：

一是训练基本脚马（步法）进退的灵活性、稳固性。站好三战马，脚马钻地生根，两大腿有向后上方旋拔之意劲，肋迭腰拧胯沉，头悬体松，虚胸实腹，肩肘垂坠，绞枝坐节，节节撑拔，意劲无穷，跃跃欲发。进退移动，步走内弧，进如铲地，退如耙沟，落步如生根。

二是训练意劲的运发。意劲是指心意、意念在运发劲中的运用所产生的劲力，也称暗劲、内劲。用意，就是发挥练功者主观想象力，通过神经传导对拳术动作、劲力的调节、催动、指挥，以期达到最佳效能、超常状态，也就是说充分发挥潜能的精神力量，力有尽，意无穷。运劲发劲均以心意为先导，意念所注，刚强无比，无坚不摧。柔运刚发，缓运急发，无运骤发。意透劲透，意沉劲沉，意整劲整，意刚劲刚，意柔劲柔，刚柔无痕。劲由心发，意到气到力到，浑圆融整，阴阳一体，有如金钟罩，又似铁布衫。因此，必须柔运刚发、刚柔相济。意劲在实际应用之时，须根据临场需要，在部位、范围、大小、方向、快慢、虚实、松紧、刚柔等方面，及时灵活变化，以应无穷。

三是训练内外合一。三战讲究呼吸吐纳，运劲动作缓慢，有一句描述得非常形象贴切的老话叫"运劲如抽丝"是也。练拳要讲"意、气、力"，气有内气、外气。内气是指人体先天元气，分布于体内各经络脏腑，四肢百骸中之气机，是人体生命本源。外气是呼吸吐纳之气和水谷运化之精微化生之气，是人体生命之能源。要以内引外、以外带内，内外结合，达到内外兼修。

三战功法本身也是一套拳法，是寓练功于练拳之中。通过三战功法的练习，可以为以后练习达尊拳甚至其他战派南拳打好基础。练习三战功法，可以有练形、练劲、练气、练用等几个层次的不同要求和表现。刚开始主要是练形，到一定程度就讲究练劲、练功、练用。练形阶段，要把动作练准确，达到身正、步正、枝手正。练劲阶段，主要是在身正、步正、枝手正的基础上，通过脚、腿、胯、腰、身、手节节贯通的练习，使力从腰身出，顺达四方。练气阶段，主要是呼吸吐纳和动作开合的配合方法，形气合一、内外一体。练意阶段，通过意念的导引，化有形于无形，随心所欲，自然而然，意到、气到、力到。练用阶段，就是通过全身各部位动作的协调以及吞吐、浮沉、闪转的运用，为竞技实战服务。

通元达尊拳三战功法有定步练习法和活步练习法两种。

（一）定步三战法

1.身体自然站立后，向前迈一步成前后脚双弓步站立。前后步距略比肩宽，左右间距约一手掌长（15～20厘米），大约在一块50厘米见方的方砖对角位置。屈膝坐胯，重心前四后六或前三后七，前脚尖微内扣，后脚尖与正前方成45°角，两膝关节正对各自的脚尖方向，形成三角支撑。上体中正安舒，透体松沉自然，目视前方，这就是战派的"墓碑身"。重心可高可低，因人而异。

2.两手前伸至胸前，坐腕竖指，掌指高与肩平，掌心相向，手掌的小指一侧朝前，两掌间距同肩宽。上臂与上体夹角为45°、大臂与小臂的夹角为135°，小臂水平前伸。

3. 双掌翻转成掌心朝向身体，同时两手向后拉，在肘部触碰到身体时，又翻转两掌，使两掌掌心相向，手掌的小指一侧朝前，两掌间距同肩宽。同时两手前伸至胸前，坐腕竖指，掌指高与肩平，还原回上一个动作（图5-1至图5-3）。

图5-1　　　　　　　　图5-2　　　　　　　　图5-3

连续做前伸后拉的运发劲练习。左腿在前为左式，右腿在前为右式，可以左右式互换。

要点：全身要保持四平八稳，心定体松，意守丹田，静固如山，呼吸自然。拳谚说："体宜松，气宜固，神宜凝。"

要做到头微上顶（百会穴），下颌微内收，嘴唇微合，牙齿微扣，舌抵上颚。拧腰，沉肩坠肘，虚胸实腹，含胸拔背。两枝手螺旋前推，到位时屈肘竖掌，沉腕坐节，两掌间距与肩同宽，指尖对肩尖。脚马讲究插脚拔腿，沉胯叠肋。要求膝关节不超出小腿的垂直线。裆部要撑圆，会阴穴要上提。

要做到意感全身如充气之球，内气鼓荡，四面八方均有浑圆的弹性张力，八面支撑，十方鼓胀，身备五弓，暗运吞吐节力。劲从地起，脚踩如落地生根，腿有往上拧拔之意，但重心不起，腰拧肩送，节节摧劲。击点刚紧，力不出尖，劲有吞吐，中正不丢，快如闪电，击如炮穿。发劲刚烈如山崩、疾快似箭飞。

关于头部的动作要求，还可以做到瞪目扣齿、嘴开如狮、颈直如蛇。瞪目扣齿，就是双目要圆瞪，上下牙齿要紧扣，注视前方。嘴开如狮，就是牙齿紧扣的同时，上下嘴唇微开，两边嘴角向两侧拉张，像狮子嘴巴。颈直如蛇，就是颈要竖直如蛇之昂首时的状态，闽南语称之为"黑荒（蝮蛇）颈"，就是颈部要撑张起成扁形状，喉结要内收，像蝮蛇吐信时的姿态，保持颈部有紧张度又有灵活性的状态。当然，由于动作外形比较不好看，现在已少有人这样做。

（二）活步三战法

起势

身体自然站立，双手分别贴放于大腿两侧。身体保持自然。目视前方（图5-4）。

动作要点：自然站立，头微顶，下颌微收，全身放松，精神集中。

1.左进步两腿前后开立，两脚斜对角站立成左三战步型（方言称脚马），也叫左双弓步、左三角马。两手前伸至胸前，坐腕竖指，掌指高与肩平，掌心相向，手掌的小指一侧朝前，两掌间距同肩宽。

图 5-4

要点：前后步距略比肩宽，左右间距约一手掌长（15～20厘米），大约在一块50厘米见方的方砖对角位置。屈膝坐胯，重心前四后六或前三后七，前脚尖微内扣，后脚尖与正前方成45°角，两膝关节正对各自的脚尖方向，形成三角支撑。上体中正安舒，透体松沉自然，目视前方，重心可高可低，因人而异。

2.左双弓步不变。双手以竖掌前伸，手曲臂不可伸直，沉肩垂肘，小指一侧的掌沿（掌刀）朝前。随即，双掌翻转成掌心朝向身体，同时两手向后拉，在拉靠近身体时，又翻转两掌，使两掌掌心相向，手掌的小指一侧朝前，两掌间距同肩宽。同时两手前伸至胸前，坐腕竖指，掌指高与肩平。

可以连续做前伸后拉的运发劲练习（图5-5至图5-10）。

左腿在前为左式，右腿在前为右式。可以在原地进行左右式互换的练习。

要点：进步、退步要走弧线，先往里走，靠近另一支撑腿后，再往外走。步走弧线，磨地而出，落步要生根。其余的要点与定步练习法相同。

图 5-5　　　　　　　　　图 5-6　　　　　　　　　图 5-7

图 5-8　　　　　　　　　图 5-9　　　　　　　　　图 5-10

二、马步桩法

马步桩（闽南称为"站跨"）法在中国武术训练中占有相当重要的位置，是训练基本步法进退的灵活性、稳固性和意劲运发的重要方法。通过马步桩功的训练，可以强化腰力、腿力，也提高身体耐力、平衡力和控制力。所以有"练拳先桩步，房屋先立柱""未习打，先站桩"的说法。

马步桩法要求姿势中正，功架开展。练功时两腿开立，两脚平行站立，略比肩宽。两腿屈膝半蹲，两脚尖稍内扣，十趾抓地，身体重心落于两脚之间。保持头顶、身正。两手前伸，坐腕撑掌，手指上顶。手小臂在水平线（图 5-11）。

马步桩功可以分高、中、低的姿势，重心可高可低，难度可大可小，因人而异。身体较好的人，两脚开步可以更大些，重心也更低，技术要求更高，难度也就更大。相反，难度小些，入门快。如果以练气为主，则应站高马步。

要点：

（1）站桩时，头部要正，下颌微收，嘴唇微合，牙关微扣，舌顶上颚，呼吸自然均匀。

（2）保持上体端正、含胸叠肋、沉肩坠肘，两臂屈肘伸于胸前，两掌成往前推掌的态势，小指侧朝前，两掌心相对，掌指朝上，五指自然微微张开，八面支撑，两手指与肩同高，手小臂基本保持水平。两眼微视前方或两手中间。

（3）两腿开立，两脚平行站立，略比肩宽。收肛提臀，裆部要撑圆，会阴穴要上提。两腿屈膝半蹲，大腿往上拧、小腿往下插；两脚尖稍内扣，两脚掌平行，十趾抓地，膝盖垂直线不超过脚尖，身体重心落于两脚之间。两脚掌踩住地面，如树生根，如胶粘地。

（4）思想要放松守静，全身的肌肉、关节，也要充分放松。要保持自然舒适，神情安静，心平气和。此时要心无所思，目无所视，耳无所闻。

（5）呼吸方法开始可用自然呼吸，也可以用腹式呼吸（即吸气时腹部内收，呼气时腹部充实），但要注意轻缓、柔和、深长、均匀、自然。呼吸过程中，身体保持松静、端正。

（6）可以加上拍打动作的配合。可以用双掌小指一侧的掌沿（掌刀）拍打小腹、胸腹部，由轻到重，循序渐进。当手掌碰到身体时，要吐气发声。

图 5-11

三、拔骨伸筋法

拔骨伸筋法是通元达尊拳的基础练功法。这套功法虽然只有七个动作，但比较全面和实用。经常练习，能使全身肌肉、关节、韧带、经络得到拉伸，配合呼吸吐纳以内外兼修，"内练精气神，外练手眼身"，使身体内外都能得到锻炼，从而可以强筋壮骨、舒通经络、调和气血、延年益寿。所以武术界有"宁练筋长一寸，不练肉厚三分""筋长一寸，力巧三分""外练筋骨皮，内练一口气"的说法。

本功法中的每一动作，都要求有较充分的屈伸、外展、内收、扭转、撑拔，其目的就是要通过"拔骨"达到"伸筋"，提高练习者的肌肉、肌腱、韧带等软组织的柔韧性、灵活性。

本功法每个动作均左右对称，非常适合作为健身、养身的手段。由于锻炼时架势的高低、幅度的大小、运动量的掌控、动作的次数等，都可以因人而异，所以适合各个不同年龄层的人锻炼。

通元达尊拳拔骨伸筋法的练习要求：

（1）肢体要放松。全身各关节部位、韧带、肌肉及皮肤都有意识地放松，头要微顶，脚要下踩，重心要下沉。

（2）运动速度要舒缓。本功法动作要求身体的四肢与躯干的上下、左右都要协调整体，所以动作速度要求匀速、缓慢、连贯、协调，使每个动势节节贯穿、连绵不断。每一势动作的转换都必须走圆。

（3）动作要舒展。每一势动作，都要求让身体及相关部位有较充分的屈伸、外展、内收、扭转、撑拔，尽量用意劲把锻炼的部位抻拉到一个适度的极限，从而使人体的骨骼及大小关节尽可能地呈现多方位和广角度的活动，目的就是要通过"拔骨""伸筋"实现强身健体。

（4）动作要柔中有刚。强调动作要以意识导引，重意而不重力，要求圆柔而轻盈。动作力量上，要求意念运劲、以柔为主、适度用力、刚柔相济。因为动作过"柔"，则会出现疲软、松懈，起不到良好的健身作用；用力过"刚"，则会出现拙力、僵力，影响"拔骨""伸经"的效果。

（5）练习要内外兼修。把注重精、气、神、意的内修和注重"拔骨""伸筋"的外练有机结合起来，使气血、津液循行于十二经络和奇经八脉，并能很好地调理五脏六腑的功能，起到保精、固气、完神、内壮外强的作用。

动作名称

预备势

基本姿势

1.弥勒托天

2.力士排山

3.回头望花

4.哪吒揉海

5.懒虎伸腰

6.神龙潜地

7.归海守田

收势

预备势

两脚开立，与肩同宽。双手分别贴放于大腿两侧。全身自然放松（图5-12）。

基本姿势

身体微蹲。同时双手分别往身体两侧分开，手指朝前，手心向下，微微下按。目视前方（图5-13）。

图 5-12   图 5-13

1. 弥勒托天

两手从两侧平伸上抬，掌心朝上，过头顶后转腕两手四指相对上托，提踵，微停，落踵后上体微后仰，直体后两手从体前下落。随后，双手下按，成基本姿势（图 5-14 至图 5-21）

要点：头微顶，气沉丹田。两手要充分伸展内收，呼吸自然、柔和。要求意在上托之两手，有无限向上托之意。

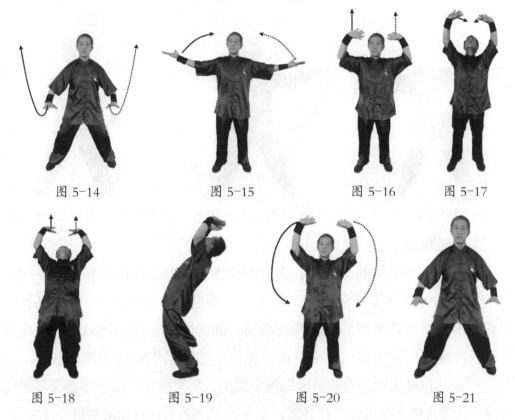

图 5-14　　　　　图 5-15　　　　　图 5-16　　　　　图 5-17

图 5-18　　　　　图 5-19　　　　　图 5-20　　　　　图 5-21

2. 力士排山

两手从体前交叉上捧，向两侧推出，接着，用手指向两侧平插。头先后向左右转视。反复做三次。随后，双手下按，成基本姿势（图 5-22 至图 5-27）。

要点：两手尽量向两侧推出、插出。要求肌肉相对放松，意念运动，适度用力但要柔和，呼吸自然。要求意在全身。要求意在推出之两手，有无限对拔、向两侧撑伸之意。

图 5-22   图 5-23   图 5-24

图 5-25   图 5-26   图 5-27

3. 回头望花

脚不动，两手体前交叉后，向右侧撑摆，随即上体向左转体至左侧后前俯，两手也随身体转至左侧。随之，右手前撑，拇指朝下；左手后撑，拇指朝内，头后转眼睛后视，两臂微屈。此为左式。接下做右式、动作相反。反复做三次。随后，双手下按，成基本姿势（图 5-28 至图 5-37）。

要点：以腰为轴的脊柱旋转屈伸要柔缓，后手前撑、前手后撑要尽量往外撑，呼吸自然。要求全身拧转时，意在推出之两手，有无限对拔撑伸之意。

图 5-28   图 5-29   图 5-30

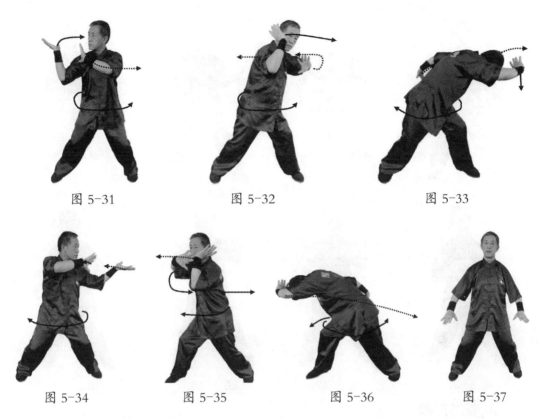

图 5-31   图 5-32   图 5-33

图 5-34   图 5-35   图 5-36   图 5-37

4.哪吒揉海

两手上抬胸前封合交叉，然后向外分开至肩宽掌心朝上，再封合交叉，下落分开，向后摆撩再前撩，上抬至肩高，内旋翻腕双勾手，向前平推，指前伸。反复做三次。随后，双手下按，成基本姿势（图 5-38 至图 5-49 ）。

要点：后摆撩、前撩要充分，坐腕。前伸指要撑住劲。伸肩、撑掌时，背有后顶之意，两掌有推山揉海之意劲，呼吸自然。

图 5-38   图 5-39   图 5-40   图 5-41

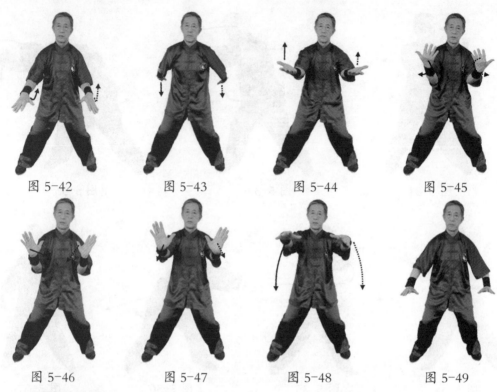

图 5-42　　　　　　　图 5-43　　　　　　　图 5-44　　　　　　　图 5-45

图 5-46　　　　　　　图 5-47　　　　　　　图 5-48　　　　　　　图 5-49

5. 懒虎伸腰

　　两脚靠拢直立，两手上举过头顶，然后分别顺着左右脸颊两侧，经面部、胸腹部。此时，弯腰前俯，同时两掌经两大腿前往下按至地面，然后腰部前伸，双臂上抬，直体后仰，反复做三次。随后，双手下按，成基本姿势（图 5-50 至图 5-58）。

　　要点：直腰带动双臂，呼吸自然。直腿下按，膝盖不能弯曲，两手尽量触地。

图 5-50　　　　　　　　图 5-51　　　　　　　　图 5-52

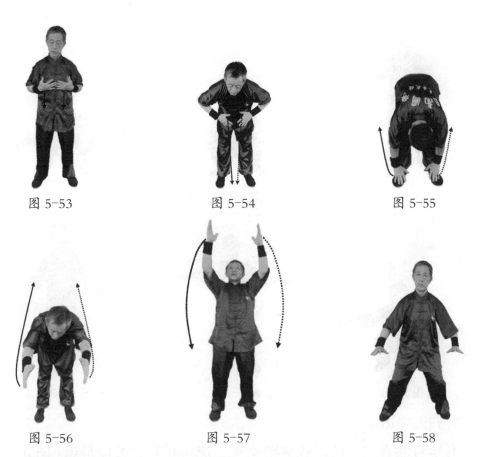

图 5-53   图 5-54   图 5-55

图 5-56   图 5-57   图 5-58

6. 神龙潜地

两手由两侧向经头顶、至胸前合掌，深蹲。随身子下蹲后，两手下落向两侧穿出，掌心朝下，五指撑开成龙爪。随后，起身站立，同时两爪随之提起，掌心如吸重物。反复做三次。随后，双手下按，成基本姿势（图 5-59 至图 5-67）。

要点：两手尽量两侧穿出，深蹲应缓慢、循序渐进、量力而行，呼吸自然。要求意在两爪，两手心有往上吸附之意。

图 5-59   图 5-60   图 5-61

165

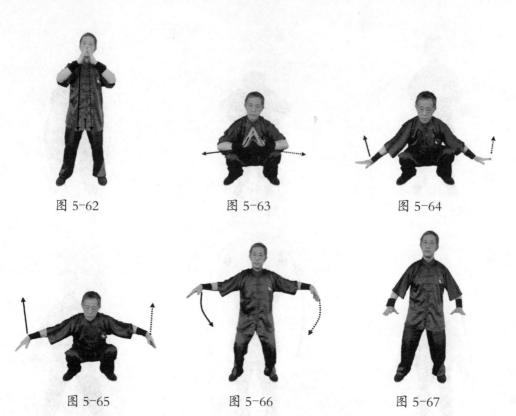

图 5-62　　　　　　　图 5-63　　　　　　　图 5-64

图 5-65　　　　　　　图 5-66　　　　　　　图 5-67

7. 归海守田

开步自然直立，两手收腹前交握，虎口相对，微按丹田（图 5-68 至图 5-69 ）。

要点：全身放松，心平气静。要求意在丹田，三元归一。

图 5-68　　　　　　　图 5-69　　　　　　　图 5-70

收势

双手收放至大腿两侧，全身放松，意守丹田（图 5-70 ）。

四、摇身抖胛法

摇身抖胛是战派南拳一种常见的发劲动作，也是一种内外兼修的内功功法。其劲发于脚跟，通过胯引、腰甩、胛抖，由肩、肘快速发力，发出弹抖之力，或者两肘前顶后撞，或者两臂左击右夹，练起来就如猛犬出水，威力凶猛彪悍。

摇身抖胛步法采用三角换步，就是在一个三角形的三个角位置上反复进退左右换步，也称磨步、玲珑步。进退时，脚底磨地而起，落步时踩地震脚。上体中正安舒，体松节放，突然拧身转体，又瞬间刹止，产生抖弹之爆劲。步法从马步开始，马步两脚位置即是三角形的两底角，另一脚进步时落脚位置正是顶角，退回时又还原成马步，进退脚走的是同一条内弧线路，每个动作在马步位进步位各一遍。

摇身抖胛功法的练习，一是通过意念的导引，以腰带动，可以使胯、腰、肩、肘、臂、手、腿、膝、脚等节节贯通，形成全身一体、上下协调一致，整体力和点力（寸劲）的有机统一；二是通过以形导气、以气发声、以声催力，可以使形、气、声（势）、力内外配合，实现内外统一；三是通过练习动作的一松一紧、一柔一刚快速转换的训练，能够更好地训练出身体的爆炸力。

1. 基本动作

两脚开立，进右脚成右双弓步。双掌提起至胸前。右掌变拳曲肘往前横撞。同时，左掌变拳往后撞肘，收拳在左腰间。

接着，退右脚至身体右侧成马步，进左脚成左双弓步。同时，左手曲肘往前横撞，右手曲肘往身体右侧后撞、收拳于右腰间。如此反复（图5-71至图5-78）。

也可站马步或者双弓步练习同一撞肘动作。

图 5-71   图 5-72   图 5-73   图 5-74

图 5-75   图 5-76   图 5-77   图 5-78

2. 动作要点：

（1）上体中正安舒，全身放松。

（2）摇身抖胛的步法从马步开立开始。马步两脚位置即是三角形的两底角，另一脚进步时落脚位置正是顶角，退回时从原路还回又还原成马步，进退脚走的是同一条内弧线路，每个动作在马步位进步位各一遍。进退时脚底磨地而出，落步时踩地震脚。

（3）拧身转体要突然，急发骤止。

（4）肘的横击后撞要用弹抖力，劲力要从胯腰胛的快速弹抖发出。

（5）要配合吐气发声。身子发出弹抖之劲时，要吐气，可以配合发声。以气催声、以声催力，收发自如。

摇身抖胛功法的练习也可以用封筛手、竖肘节、横摆、挑崩等，方法、要点相同。

1. 封筛手：两手连续向内封按，然后以削掌摇身抖胛。

2. 竖肘节：曲肘，肘尖朝下，前手小臂竖举、肘节向内横向挑击，后手以小臂向胸前夹抱。

3.横摆：两臂向两侧展伸，微屈肘，虚握拳，拳心朝下，前手向内，后手向外，同时甩摆横击。

4.挑崩：一手虚握拳从另一手的下方由腰际向外上方挑崩，另一手屈肘后撞。

五、罗汉金钟法

这套功法是通元达尊拳练习意劲、运劲的内功功法，主要是意劲的训练。全套功法短小精悍，只有五组动作。

金钟只是一个意念的象征。通过落地金钟、捧转金钟、金钟浮沉、拔转金钟、静守金钟等五个动作，进行撑、按、捧、转、开、合、拔、拧等意劲的锻炼。

虽然动作不多，但坚持经常练习，可以强筋骨、通经络、活气血。其整套功法的基本要领：

（一）意念引导。"意"就是意念，要求意念要集中，然后用意念引导动作，并贯穿整个练习。古代认为"意"是属于由"心"而发，所以有心意、心思等说法。《黄帝内经》："心为五脏六腑之大主。心动，五脏六腑皆摇。"根据现代医学理论，这里的"心"是指人的大脑以及大脑的思维活动。

练习时要做到精神专注，"专注于内"，专注于每一动作，不受外界的任何干扰。要用意念引导动作的下按上捧、左拧右转。要意念全身内气在道，有如圆球充气，十方鼓胀，八面支撑，沉如磐石沉江，稳如钻地盘根、周身气血流畅。意劲暗运，如推山揉海、举鼎拔钟、按狮拒虎，要做到劲未发、意先行，意到、气到、力到，劲整透为妙。动作的松与紧、动与静的掌控，呼吸的配合，劲力的撑、按、捧、转、开、合、拔、拧的完成，都要在意念的引导下完成。

（二）适度松紧。行功时首先要"松"，要心静体松，精神放松、身体放松、动作运行放松、全身的关节放松。但"松"不是软，不是软绵绵，更不是浑身无力，而是保持一定的紧张度，用意念把内在的劲力贯穿到每一个动作里。整套动作做起来很松柔又精神饱满、劲力十足。动作如果只强调"松"，则会出现疲软、松懈、无力，就不是武术练法。要注意刚柔相济，虽然整体动作"松"，但要在意识指挥下做到以柔为外形、柔中有刚，也就是"形松意紧"。

（三）缓慢有节。全套动作练习的整体要求是要柔和缓慢。一个动作一个动作的松紧、角度、劲力的运行要用意念灌注，每个细节都要做到位，所以速度不能快、要"慢"，"慢"是为了让意劲更好地贯注。但也不是说只要"慢"就好、越慢越好，还是要注重节奏，要"慢中有停""慢中有快"。在下按上捧、左拧右转中，使整套、整组动作缓慢有节、有机相连、节节贯穿、连绵不断、松紧有度。

（四）八面支撑。全套动作练习要整齐一体。动作以腰脊为轴，运动路线带有圆弧形，无论在站立下蹲、上举下按、左右扭转中，都要求头、身、胯、手、腿、脚整体配合，形成由上到下或者由下到上或者由内而外的整体划一，做到动作齐、劲力整，八面支撑。

动作名称

起势

1. 落地金钟

2. 捧转金钟

3. 金钟浮沉

4. 拔转金钟

5. 静守金钟

起势

自然开立，双手分别贴放于大腿两侧。目视前方（图 5-79）。

动作要点：自然站立，头微顶，下颌微收，全身放松，精神集中。

1. 落地金钟

身体下蹲，右脚向右跨半步，成马步姿势。两手在两侧胯旁向下按撑，五指撑开，四指朝前，拇指朝胯，微屈肘。可不动，也可转体（图5-80）。

动作要点：身体下蹲幅度因人而异，以舒适为度；也可以在舒适度的基础上再往下蹲，增加一点难度。肩、腰、胯要放松。两手下按时，要意念引导，稍微用上一些劲力。

图 5-79

图 5-80

2. 捧转金钟

（1）左式

接上动，马步姿势不变。两手前伸上捧至胸前与肩宽，转体至身体左侧后，成左双弓步。两臂随之向两侧展开扩胸，掌心朝外。接着，两掌外旋翻腕至掌心朝上，随即向身体前方、向内合拢至肩宽。两侧展开扩胸、向内合拢可以反复练习。最后，两掌停于身前，掌心朝上，与肩同宽，两小臂成水平线（图 5-81 至图 5-86）。

图 5-81

图 5-82

图 5-83

图 5-84　　　　　　　图 5-85　　　　　　　图 5-86

（2）右式

　　然后，左脚向内扣脚尖，重心移至左脚，向右转身，成右双弓步。接着，两臂随之向两侧展开扩胸，掌心朝外。接着，两掌外旋翻腕至掌心朝上，随即向身体前方、向内合拢至肩宽。两侧展开扩胸、向内合拢可以反复练习（图 5-87 至图 5-92）。

　　左、右两侧可以循环转换、重复练习。动作一样，只是左右相反。

图 5-87　　　　　　　图 5-88　　　　　　　图 5-89

图 5-90　　　　　　　图 5-91　　　　　　　图 5-92

（3）收势

接着，身体向中间转，回到正中位置，面向正前方。两掌停于身前，掌心朝上，与肩同宽，两小臂成水平线。随即，两掌下按于身体两侧（图5-93至图5-94）。

动作要点：两手前伸上捧时，两手大臂要有相向合住的意识。转体、扩胸、外旋翻腕等动作要由腿而腰、以腰带动。注意开合和呼吸的配合。

图 5-93

图 5-94

3. 金钟浮沉

接上动，马步姿势不变。两掌胸前合捧，掌心相对，深蹲。两掌下按，再合捧；起立上举，头随手向上看，提踵。下落，再下按，如此循环重复（图5-95至图5-102）。

最后，两手在两侧胯旁向下按撑，成马步姿势（图图5-103）。

动作要点：两手合捧要"如有物"。由于动作起伏较大，要注意保持速度的节奏和身体的平衡。

图 5-95

图 5-96

图 5-97

图 5-98

图 5-99

图 5-100

图 5-101

图 5-102

图 5-103

4. 拔转金钟

（1）起势

接上动，马步姿势不变。随后，两掌在身前上举，至两小臂成水平线。随后两掌变拳握紧，拳心朝上（图 5-104、图 5-105）。

（2）左拔转

随后，身体向左转，成左双弓步。接着，两拳由外向内翻转成拳心朝下，然后两拳一齐向前、向下推按。随即，上身后仰，有上拔之劲。同时两拳外旋翻转，拳心朝上，双臂曲臂合拢内收。可以反复练习。最后，两拳停于身前，两小臂成水平线，拳心朝上。同时，身体向左转，成马步。（图 5-106 至图 5-112）。

图 5-104

图 5-105

图 5-106

图 5-107

图 5-108

图 5-109

图 5-110

图 5-111

图 5-112

（3）右拨转

然后，重心移至右腿，左脚向内扣脚尖，重心移至左脚，向右转身，成右双弓步。接着，两拳由外向内翻转成拳心朝下，然后两拳一齐向前、向下推按。随即，身体后仰，有上拔之劲。同时两拳外旋翻转，拳心朝上，双臂曲臂合拢内收。可以反复练习。最后，两拳停于身前，两小臂成水平线，拳心朝上。同时，身体向右转，成马步。（图 5-113 至图 5-118）。

左右两侧可以循环转换、重复练习。

（4）收势

接着，身体左转归中，成马步，面向正前方。两拳变掌，掌心朝上。

随即，两掌按于身体两侧（图5-119至图5-120）。

图5-113　　　　图5-114　　　　图5-115　　　　图5-116

图5-117　　　　图5-118　　　　图5-119　　　　图5-120

动作要点：握拳、翻转、推按、上拔等动作，要注意以腰的带动以及意念引导运劲。

5.静守金钟

接上动，右腿往中间收一小步，两手（或虚握拳）放置小腹两侧前，拳心朝下，肘微屈。目视前方（图5-121至图5-122）。

动作要点：全身放松，意守丹田。

图5-121　　　　　　　　图5-122

六、坐禅

坐禅，是通元达尊拳的静养功夫。通元达尊拳内功心法认为，静功是功中之功，百功之母，也就是筑基之功。坐禅是一门静养静修功夫，通过静思、吐纳导引予以调心、调息，既可养身延寿，又可开智增慧。坐禅一般采用闭目盘膝而坐，调整气息出入，手放在一定位置上，不想任何事情。因此也叫"打坐"，又叫"盘坐""静坐"。在佛教中叫"禅坐"或"禅定"，是佛教禅宗必修之功课。坐禅一般采用自然盘和双盘、单盘。坐禅时要"静"。坐禅结束后，要适当活动筋骨，如打拳、做操、自我按摩等，做到"动静结合"。

通元达尊拳坐禅的姿势，多采用自然盘坐势（图 5-123）。即将左小腿压右脚前掌内侧，右小腿压左脚后跟内侧；右手握左手四指，虎口相叉，自然放在小腹前、两小腿交叉处，轻触于脐下，手心向内。此姿势比较常用并便于普及。

（图 5-123）

练习者还可以根据自身实际，选择单盘坐势、双盘坐势两种进行练习。

单盘坐势。即将一只脚架到另一只脚上，双脚都应尽量向内侧拉，尽量贴近大腿根部，为"单盘坐势"。右脚背置左大腿上，小腿压左小腿；右手握左手四指，虎口相叉，自然放在小腹前、两小腿交叉处，轻触于脐下，手心向内。

双盘坐势。即右脚脚心朝上、将脚背放于左大腿上，左小腿压右小腿、脚心朝上脚背贴在右大腿上；右手握左手四指，虎口相叉，自然放在小腹前、两小腿交叉处，轻触于脐下，手心向内。

坐禅时，要保持上体自然正直，不要前俯后仰，脊柱垂直，重心下沉。头正微上顶，下巴微收，舌头前半部轻微舔抵上腭，全身有意识地自上而下放松。腰身、脊背自然挺拔、下坐，髋关节松开。右手轻握左手四指，虎口相叉，自然放在小腹前、两小腿交叉处，轻触于脐下，手心向内。在保持身正、头正、目视前方状态下的同时，眼睛似开似闭，将视线投放至身前地面三四米处。同时，将意念分散到视线所及之处，似有似无，视若无睹，意在丹田，呼吸自然。

（林其塔演练）

第六章　通元达尊拳实战基本技法

实战技法是武术的核心部分。古人云："既得艺，必试敌。"又云，拳法"为初学入艺之门也"，"其拳也，为武艺之源。"所以，如果说拳法为入艺之门，则空手（徒手）实战就是武术实战之基。空手实战，也叫徒手实战，古代称"手搏"，闽南一带称散步、散枝（闽南语有时"枝""技"通用），也就是现代所称的散打、空手实战、徒手格斗、搏击等。本书只介绍通元达尊拳空手实战的基本技法（下文统称实战技法）。

第一节　实战技法简介

通元达尊拳的实战技法，内容丰富，技术完整。

通元达尊拳传承过程中，很注重练和用的结合。一般在学会了一些武术基本动作和套路以后，就会结合练习实战。一方面是学以致用，把学到的东西合理地发挥到应用中去；另一方面，可以通过实战练习，检验套路练习中的动作是否合理正确，能更具体、更实际、更深刻地体会和理解套路中动作的用意和目的，练起套路就能更加形神兼备、活化自如、形象生动。这样，才不会死练拳、练死拳，才会更好地理解武术和武学。

通元达尊拳的实战基本技术包括身步法、拳法、掌法、腿法、节（肘）法、拿法、摔法（包括靠法）以及相应的防守技术。

通元达尊拳的实战训练必须从基本动作开始，由单招开始练习，再练组合动作，再练较技（推手），最后练一对一的对抗练习。

单招训练、组合动作训练必须从身步法开始。常言道："打拳容易走步难。"有好的身步法，才谈得上有好的战术发挥。之后，可进行较技训练。

南拳所称的"较技"，又称搭手、搓手、捉技，由双方采取一定的方式展开攻防的训练方法，类似太极拳的推手。太极推手要求不丢不顶，而较技允许丢、顶。较技训练特别重视强调"圆"的运动特性和吞吐力的巧妙运用，变化无穷，自然而然。较技训练有定步较技和活步较技两种。定步较技训练就是两人相对左右开立站立，距离以伸臂可触及对方为度，不用腿法，只用手法，一方进攻，另一方防守，轮流进行攻防练习。活步较技训练则包括防腿击训练，这就是一方以各式手法、腿法进攻，另一方以各种可能的方法进行活步防守反击训练。

在以上训练有一定基础后可进行运用踢、打、摔、拿各种方法的综合实战训练。在没有护具的情况下，注意采用"点到为止"的用力方式，不体现功力，只体现技巧，这样可避免互相伤害。要能快速击中目标，又能点到为止，并非易事，这种收放自如的劲道功夫是一种劲道修养的体现。如果你是想参加散打搏击比赛的，则应穿上护具，按比赛的要求、规则进行训练，才能适应比赛的需要。

为提高技击实战水平，体能功力训练是不可缺少的。常言道："一胆、二力、三功夫""拳怕少壮""一力降十会"，说的都是这个理——体能是角斗的资本。通元达尊拳的实战体能训练包括速度、柔韧性、灵敏度、爆发力、耐力、排打、静功、动功（包括静桩、动桩）的训练。体能训练的方法、手段是非常多的，可根据自身环境条件因地制宜地选择利用。但其中最具中国武术文化特色的就是内功的修炼，主要形式有静功（禅功）、桩功。中国功夫最注重的就是内功的修炼，主张"内练一口气，外练筋骨皮"的内外兼修法门。

运动理论的学习也是提高实战技法的重要环节，如人体解剖学、运动力学、运动生理学，前人总结的武术理论，观看一些搏击比赛等，都是直接、间接对提高实战技法有帮助。再者就是，如果条件允许，能学点中国古典哲学——阴阳学说，那就更好了。

第二节　实战单练动作

一、定步八捶

定步八捶主要是发劲练习。练习时注意松紧节奏，发劲前通体放松，气定神恬，意念催导。就在一松一紧之间，腿蹬身转，腰松肩催，劲力瞬间激发，排山倒海，摧枯拉朽，随拳倾泻而出。

步法可以采取马步或者双弓步的定步形式，也可结合各种步法的进退、闪侧，以适应技击攻防所需。

1. 双侧下外摆捶

马步或者双弓步起势，双拳以小指侧拳轮向身体两侧外下方撩摆击出。

2. 双冲捶

马步或者双弓步起势，双拳向前冲拳。

3. 双砸捶

马步或者双弓步起势，双拳同侧上抬至胸前，以拳背掌指关节处向前、向下甩砸。

4. 拧身侧分掌竖冲捶

马步起势，向左拧身 90 度，成左双弓步，两掌竖立向两侧分推后，抓握成拳收至腰间，然后竖拳（拳眼朝上）向两侧击出。随后，向右拧身 180 度，成右双弓步，两掌竖立向两侧分推后，抓握成拳收至腰间，然后竖拳向两侧击出。

5. 双甩捶

马步或者双弓步起势，双手腕外旋翻转，以拳背掌指关节处向外侧甩击。

6. 仰撞捶

马步或者双弓步起势，双掌在胸前向下按捋，然后握拳外旋翻转，拳心朝上，双拳向前撞击。

7. 摆掼捶

马步或者双弓步起势，一手向下外绕拨勾手，另一手向上内掼拳横向摆击。

8．勾撬捶

马步或者双弓步起势，一手上架头顶，另一手向前上方勾拳撬击。

二、定步八掌

定步八掌的练法同定步八捶，只是由用拳变成用掌。练习时，可不发劲，也可以发劲。要注意松紧节奏，发劲前注意通体放松，发劲时注意意念催导，腿蹬身转，腰松肩催，瞬间激发。不发劲时，要用慢动作、发暗劲。步法同样可以采取马步或者双弓步的定步形式，平时练习以马步为常见。

1. 擒扑掌

马步起势，一手以掌法向前方擒掀，另一手同时扑掌拍击。

2. 按甩掌

马步起势，一手按压，另一手同时以掌背甩击（甩掌也可改用拍击）。

3. 封切掌

马步起势，一手作封拍，另一手同时切劈。

4. 架削掌

马步起势，一手上架头顶，另一手同时削掌（削掌也可改用推拍击掌）。

5. 按插掌

马步起势，一手按压，一手同时插掌。

6. 前后撩掌

马步起势，一手向后摆撩，另一手同时向前摆撩，掌心朝上。

7.勾搧掌

马步起势，一手向下勾拨或向上擒掀，另一手同时向内横向摆搧击。

8.双震掌

马步起势，双擒立即向前推劈。

以上各式，也可采取活步形式，结合各种步法的进退、闪侧，以适应技击攻防所需。

三、定步十五腿

定步腿法，练习时由单腿站立支撑，于原地处，用另一腿连续进行各种腿法训练：前踢腿、后蹬腿、朝天蹬腿、侧踹腿、上内横踢腿、上外后勾踢腿、反向下挫腿、内转下铲腿、内侧内踩腿、内转外踩腿、内转后撩腿、下内勾踢、下外后勾踢腿、里合腿、外摆腿。

要注意松紧节奏，发劲前注意放松，保持平衡。身体发劲时注意意念催导，放长击远，瞬间激发。

四、定步六肘

马步或者双弓步起势，做各种肘法练习。定步肘法的练法既是技术训练，也是发劲的练习。主要有六种基本肘法：前挑肘、后撞肘、前横肘、外侧肘、下压肘、上后翻肘。应用时要根据交手实际情况，作多角度方向的变化。

要注意松紧节奏、通体放松，尤其是胯、腰和肩肘关节的放松。身体发劲时仍然要注意意念催导和劲力的瞬间激发。

五、定步四膝

马步或者双弓步起势，做各种膝法练习。定步四膝的练法主要有：前冲膝、内横膝、外拐膝、跪压膝。

要注意松紧节奏、通体放松，尤其是胯关节的放松和膝关节的收紧。发劲时仍然要注意意念催导和劲力的瞬间激发。

六、开合手（绸缠手）

开合手闽南话也称绸缠手，主要是利用杠杆原理，运用双手的开合、绕缠、夹压等技术，形成反关节擒拿。练习时，步法以马步（跨步）为主，配合蹬腿、拧腰、转身。

1. 缠压手（兄弟搭肩）

马步起势，一手压按在另一侧肩上，另一手从上向内下绕夹压对方手臂。

2. 剪压手（抱婴上床）

马步起势，两手在胸前剪合交叉，夹住对方手臂，用胸部把其压拖转体，向后下方。

3. 双挑手（状元捧书）

马步起势，两手臂从腰前交叉向上穿举，叉夹对方手臂，至头高处向两侧分拧，同时转体，一手向下拉按，一手上举。

4. 双勾手（孔明抚琴）

马步起势，两手在胸前剪合交叉，下放至腹前叉夹住对方手臂或腿，同时转体，两手向两侧分开，前手下按，后手上举。可继续竖圆缠绕，抱夹等锁夹。

5. 抬压手（小卒行躬）

马步起势，一手在上，一手在下，同时向同侧推拨至肩侧时下手上抬，上手下压。抬对方腿、压对方胯。

6. 抬捌手（举手遮日）

马步起势，一手在上，一手在下，同时向同侧推拨至肩侧时下手上抬，上手下捌压，同时向下压手一侧转体。抬对方的腿，捌压对方的颈部、腰部。

7. 擒勾手（磨转梅花）

马步起势，一手从腰前向上、向前、向外穿翻，掌尖领前，至头高同肩宽，掌心朝前另一手同时经胸前向内向下向外封按绕拨至腹外侧同肩宽，掌心朝下，两手同时动作，向上一手在内，向下一手在外，经上腹前时有一个交叉。主要形成圆形力矩磨转擒别。

8.擒摇手（木兰挑灯）

马步起势，一手穿按擒，掌心朝下，另一手同时斜上托，形成拧转合力向擒手侧后下方转体捯拉压。

9.捞压手（拨土找金）

马步起势，一手经身前向下向后向上捞捧，另一手同时向前向下推按，两手上下交替重复，形成圆球滚动状。然后转体下蹲，当上捞下压动作完成时，在下蹲状态下转向另一侧下压按的手随转体横向捞拨，至另一侧时捞拨翻腕上捧，起立，然后下蹲，换另一手作下按压，横向捞拨，起立上捧动作如此反复循环。

第三节　实战技法基本组合

一、手步结合练习

通元达尊拳的手步结合练习，是在手法、枝法、肘法及步法熟练的基础上，将上、下肢动作有机地配合起来练习，可增强上下协调配合的能力，为组合练习打好基础。同一个动作可以左、右式交替练习。

（一）挑冲勾托

预备式

并步直立，挺胸立腰，两手握拳抱于腰间；眼向前平视（图6-1、图6-2）。

1.左挑格右冲拳

左脚向前上一步，成左双弓步；同时左拳屈臂由内向外挑格，高与肩平；右拳从腰间急旋臂向前冲出，力达拳面（图6-3）。

用法：挑冲属一防一攻，左挑格为防对方攻击我胸、面部；而冲拳则为攻对方之上部（图6-4）。

2.右勾手左托掌

右脚经内侧向前上一大步，成右双弓步；同时右拳变爪，扣腕向右下勾拨，停于右胯前，高与胯平；左拳变掌经外下划弧，由下向前上仰掌托出，力达掌根；高与胸平（图6-5）。

用法：勾托配以摇身弹抖，对方攻击我胸部，我则以一掌勾手拨之，随即另一掌往上托掌。或托击其肋，或托其肘部（如对方冲拳击来），或托其踝部或者裆部（如对方踢、蹬腿击来）（图6-6）。

图6-1　　　　　　　图6-2　　　　　　　图6-3

图6-4　　　　　　　图6-5　　　　　　　图6-6

3. 右挑格左冲拳

右脚前进半步，左脚随即跟进半步，仍保持右双弓步；同时右爪变拳由内向外划弧挑格，高与肩平；左掌变拳经腰间急旋臂向前冲出，力达拳面（图6-7）。

用法：同"左挑格右冲拳"，唯动作左右相反。

4. 左勾右托掌

右脚向右前进半步，随即左脚经内侧向前上一大步，成左双弓步。同时，左拳变爪，扣腕向右下勾拨，高与腰平；右拳变掌经外下划弧，向前上方仰掌托击，力达掌根，高与胸平（图6-8）。

用法：同"右勾左托掌"，唯动作左右相反。

图 6-7   图 6-8

5. 收式

右脚向前上步，停于左脚侧，成并步。两拳收于腰间。紧接着，两拳变掌内旋翻腕向下按掌，随即停于两胯侧。目视前方（图 6-9、图 6-10）。

图 6-9   图 6-10

（二）擒切压弹

预备式

并步直立，挺胸立腰，两手握拳抱于腰间；眼向前平视（图 6-11、图 6-12）。

图 6-11   图 6-12

1. 左擒右切掌

（1）右脚向右前方进一大步，屈膝半蹲，左腿微屈；同时双拳变掌，分别提于右侧方（图6-13）。

（2）上动不停。右脚后跟向外转，左脚后跟向内转；同时左掌变爪，由右上向左上划弧擒抓，高与肩平；右掌外旋，由屈到伸，从右上至前下以小指一侧的掌沿（掌刀）仰掌切击，力达掌刀，高与腰平；配合含胸，并左拧腰闪成侧身（图6-14）。

用法：对方左掌（或拳、爪）击我上部，我即左闪身；同时，顺势左爪擒搭其腕部，或肘、臂部，右掌切击对方肋部或颈部（图6-15）。

图6-13 图6-14 图6-15

2. 右压左弹拳

左脚向左前上半步，全脚掌着地，随即右脚经内侧向前上一步，成右双弓步。同时，右掌变拳内旋并下压，左爪变拳屈臂向前猛力弹击，力达拳面指掌关节，高与头平（图6-16）。

用法：对方用拳、掌或爪攻我上部，我即以右小臂或右掌下压防开，力点在尺骨侧或右掌；随即左弹拳击打对方头面部（图6-17）。

图6-16 图6-17

3.右擒左切掌

（1）左脚向左前方进一大步，屈膝半蹲，右腿微屈；同时双拳变掌，分别提于左侧方（图6-18）。

（2）上动不停，左脚后跟向外碾转，右脚跟顺势向内碾转；同时，右掌变爪由内向外划小弧向右上擒抓，高与肩平；左掌外旋，由屈到伸，从左上至前下以掌刀仰掌切击，力达掌刀，高与腰平。上体配合含胸，并拧腰右闪成侧身（图6-19）。

用法：同"左擒右切掌"，唯动作左右相反（图6-20）。

图6-18　　　　　　　图6-19　　　　　　　图6-20

4.左压右弹拳

右脚向右前上半步，全脚掌着地；随即左脚经内侧向前上一步，成左双弓步；同时左掌内旋并下压，右爪变拳屈臂向前猛力弹击，力达拳面指掌关节，高与眼平（图6-21）。如此可连续练习。

用法：同"右压左弹拳"，唯动作左右相反（图6-22）。

5.收式

右脚向前上步，停于左脚侧，成并步。两拳收于腰间。紧接着，两拳变掌内旋翻腕向下按掌，随即停于两胯侧。目视前方（图6-23、图6-24）。

图 6-21　　　　图 6-22　　　　图 6-23　　　　图 6-24

（三）擒撞剪枝

预备式

并步直立，挺胸立腰。随即，两手握拳抱于腰间。眼向前平视（图6-25、图6-26）。

图 6-25　　　　　　　　　图 6-26

1. 双擒右撞膝

右脚前进一步成右双弓步，随即左脚跟进半步，同时双拳变掌，经体侧划弧至体前成俯掌，高与肩平；随即变爪向后猛力擒抓，爪置肩前，两肘后撑，同时右膝猛力前撞，挺胸立腰（图6-27、图6-28）。

用法：当对方贴身靠打时，我则擒抓其两臂或擒搭其肩背部；同时，用膝撞击其下部（图6-29）。

图 6-27　　　　　　　　　图 6-28　　　　　　　　图 6-29

2. 右进步剪枝

右脚向前落进一步，左脚随之跟进半步，成右双弓步；同时，双爪变拳由外向内外旋并猛力相剪，成交叉形，右臂在外，左臂在里，拳与肩平（图 6-30）。

用法：对方攻我上部时，我则用剪枝截击其臂部或肘部。另一用法是在里的小臂以剪截为主，右外的小臂后即变弹拳进攻（图 6-31）。

图 6-30　　　　　　　　　　　图 6-31

3. 双擒左撞膝

右脚向前进半步，双拳变掌外分，比肩略宽，掌心朝上，随即内旋翻腕变爪成俯爪向后猛力擒抓，爪置肩前，两肘后撑；同时左膝猛力前撞，挺胸立腰（图 6-32）。

用法：同"双擒右撞膝"，唯左右相反（参考图 6-29）。

4. 左进步剪枝

左脚向前落进一步，右脚随之跟进半步，成左双弓步；同时，双爪变拳由外向内外旋并猛力相剪，成交叉形，左在外，右管在内，拳与肩平（图6-33）。如此可连续练习。

用法：同"右进步剪枝"，唯左右相反（参考图6-31）。

5. 收式

右脚向前上步，停于左脚侧，成并步。两拳收于腰间。紧接着，两拳变掌内旋翻腕向下按掌，随即停于两胯侧。目视前方（图6-34、图6-35）。

图 6-32　　　　　图 6-33　　　　　图 6-34　　　　　图 6-35

二、小套路组合练习

达尊拳的小套路组合练习是将该拳中较为典型的若干动作（一般不超过10个），根据攻防合理、劲力顺达的原则衔接串编起来练习。经常习练，可培养手、眼、身、步的协调能力，既可以为套路练习作准备，对实战来说，也都是建梁立柱的基本技法。

以下介绍的三组组合，由易到难、由简到繁，分别与手步结合的三个练习相对应。

第一组合

预备式

并步直立，挺胸立腰。随即，两手握拳抱于腰间。眼向前平视（图6-36、图6-37）。

1. 捧拳沉枝（五指点香）

（1）捧拳。左脚向左开立一大步，成马步。同时，左拳变掌转至右腰间贴于右拳背下，配合以稍向右转体，随即向前伸出，左掌在外，右拳在里，高与胸齐，臂微屈，成捧拳式；两眼平视（图6-38）。

"捧拳"是佛门达尊拳的开式，左掌五指前伸，意指"五指点香"，也可作为该拳的一种礼节。

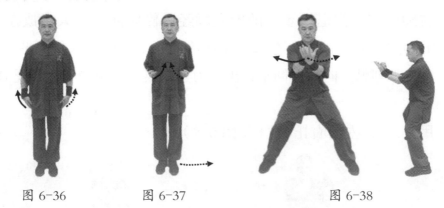

图 6-36　　　　　图 6-37　　　　　　　　图 6-38

（2）沉枝。马步不变。右拳变掌，双掌向左右挑开，掌心斜向上，与肩同高同宽，垂肘。随即内旋翻腕下沉，成立掌，力点在掌根，小臂水平前伸，眼视前方（图 6-39、图 6-40）。

用法："捧拳"式也称"请手"，主在中门护身，可随对方招式而应变，作为变招的准备式。"沉枝"在攻防上可作为压开对方来拳（图6-41）；或者当对方抓擒我腕肘时，我内旋翻腕下沉成立掌，可以化解对方的擒拿（图 6-42）。

图 6-39　　　　图 6-40　　　　　图 6-41　　　　　图 6-42

2. 上步挑冲

右脚向前进一步，成右双弓步。同时右掌变拳由内向外划小弧挑格，高与肩平；左掌变拳，经腰侧向前平冲，高与肩平，力达拳面，眼视前方（图 6-43）。

用法：同"右挑格左冲拳"（见图 6-7）。

3. 三角换步勾托

右脚向右后侧退一步，随即左脚经内侧向前上一大步成左双弓步（此为三角换步）。同时，左拳变爪扣腕向右下勾拨，爪与胯平。右拳变掌，经外下划弧，向前上仰掌托出，力达掌根，高与胸平，眼视前方（图6-44）。

用法：同"左勾右托掌"（见图 6-8）。

图 6-43 　　　　　　　　　　图 6-44

4. 回身啄掌

左脚向右盖步，前脚掌着地，向右后转身，重心落于左腿，随即右脚略抬起向左扫拨，且两掌均成俯掌经左腰侧向右前上方边向外拨。同时两掌均成俯掌经左腰侧向右前上方边向外拨，边向前猛力击，力达指尖；左掌横护于右肘内侧，成父子掌。眼与手相随，定势，目视指尖（图6-45 至图 6-46）。

用法：前掌主攻，后掌主防，起掩护作用。常与扫拨腿配合（图 6-47）。

图 6-45 　　　　　　图 6-46 　　　　　　　　图 6-47

5. 踩脚扣爪

左脚尖略外撇上勾，提起向前由屈到伸向地面猛力踩踏，右脚跟半步，双腿夹紧略屈成叉步。同时左掌变爪，由内向外划小弧前下擒搭，随即右掌略收回再前伸成扣爪，高同喉部平，眼视扣爪（图6-48）。

用法：当对方用右拳攻击时，用左脚踩住对方的脚盘，左手擒拿对方攻击的手臂，右爪扣击对方的咽喉部（图6-49）。

图 6-48

图 6-49

6. 退步削掌

左脚后退一步，成右双弓步。重心略偏后，随即左爪变拳外旋收于左腰际。同时，右爪边内旋边收回左肩前变俯掌，随即贴近左小臂向前下方削去，成中路削掌，力达掌小指侧，眼视前下方（图6-50、图6-51）。

用法：当对方用脚踢或用掌、拳击我腹部时，我主动退步防守，并以中路削掌截击之（图6-52）。

图 6-50

图 6-51

图 6-52

收式

（1）左脚上步，与右脚并行成开立步。同时，右掌边外旋边收回右腰际，掌心朝上，双掌内旋翻腕向下按掌，置两胯侧，两眼随掌（图6-53）。

（2）左脚收回成并立步，两掌贴于腿侧；两眼平视（图6-54）。

图 6-53　　　　　　　　　　图 6-54

第二组合

预备式

并步直立，挺胸立腰。随即，两手握拳抱于腰间。眼睛平视（图6-55、图6-56）。

图 6-55　　　　　　　　　　图 6-56

1. 侧身擒切

身体向左拧转的同时，右脚向右跨出一步，成侧左双弓步。同时左拳变爪擒扣于左肩前，右拳变掌向前切掌，身体右侧朝前，脸朝前方。（图6-57）。

2. 右压左弹

同"手、步结合练习"中的"右压左弹拳"（图6-58）。

图 6-57   图 6-58

3. 左侧勾铲腿

右脚外撇，上体右转，随即左脚提起，由屈到伸向前下方向内低横踢腿后，随即铲出。同时，左拳变掌，内旋向前下方削掌，落于左胯侧。右拳变掌从左臂内侧上空，停于头部右侧上方，上体顺势向右侧倾斜。眼视前下方（图 6-59、图 6-60）。

用法：同"勾踢腿"（图 4-94、图 4-95）"铲腿"（图 4-102、图 4-103）。

图 6-59   图 6-60

4. 双采梅花

左脚向前落步，脚尖微内扣，右脚跟进半步，成左双弓步。随即右掌经由前向左自内向外划弧变爪向右下勾拨，爪与胯平；左掌外旋由内向外经右胸前划弧，贴近右小臂穿出变鹰爪向左前擒抓，爪与肩平，沉肩垂肘，两上臂内夹。眼视左爪（图 6-61）。

用法：对方向我右下、左上同时进攻时，我用"采梅花"，可同时防左上和右下擒抓旋滚以控制其两手（图 6-62、图 6-63）。

图 6-61　　　　　　图 6-62　　　　　　图 6-63

5. 连环退步抢磕

（1）左脚经内侧划小弧向后退一步，同时左爪变拳外旋由外向内向左下磕击，拳与胯平。右爪变拳外旋由外向内磕击，拳与肩平，拳心向内，垂肘。眼随两手运行（图 6-64）。

（2）上动不停。右脚经内侧划小弧向后退一步；同时右拳由上向内向下外磕击，拳与胯平。左拳外旋由外向内磕击，拳与肩平，拳心向内，垂肘。眼随两手运行（图 6-65）。

（3）上动不停。重复（1）的动作，成右双弓步（图 6-66）。

用法：当对方连续向前进攻时，我用"连退抢磕"防守之（图 6-67、图 6-68）。

图 6-64　　　　　　图 6-65　　　　　　图 6-66

图 6-67   图 6-68

6. 勾打凤眼

右脚跟向外碾转，上体向左拧转，成侧身。同时，右拳上抬，变单凤眼拳经头部右前方前伸向内扣腕横向扣击，力达食指第二指节端。左拳由外向内划弧变鹰爪向左下勾拨，或向上擒扣。眼随右凤眼拳（图6-69、图6-70）。

用法：左爪防开对方攻我中路正面的拳、掌、腿，右凤眼拳还击对方太阳穴（图6-71）。

图 6-69   图 6-70   图 6-71

7. 跪步压肘

上体猛右转，右腿屈膝下蹲，左腿膝部和小腿内侧贴地，成跪步。同时，右凤眼变实掌收至左胸前，左手用肘向右下方猛力下压，左手变掌自然收于右肩前。眼视右下方（图6-72）。

用法：可用于对方倒地时，小腿、膝压其腹部、以肘部压击其胸腹部；另可结合擒拿以肘关节压击对方肘部（图6-73、图6-74）。

图 6-72　　　　　　　图 6-73　　　　　　　图 6-74

收式

起身站立，左脚收于右脚侧，并步。双拳收于腰间。紧接着，两拳变掌内旋翻腕向下按掌，随即，下收于两胯侧。目视前方（图6-75、图6-76）。

图 6-75　　　　　　　　　图 6-76

第三组合

预备式

并步直立，挺胸立腰，两手自然垂放于大腿两侧。眼睛向前平视（图6-77）。

1. 退步双擒右撞膝

左腿后退半步，双掌经体侧划弧至体前成俯掌，高与肩平；随即变爪向后猛力擒抓，或抱对方颈部，两肘后撑，同时右膝猛力前顶，挺胸立腰（图6-78、图6-79）。

用法：同前"双擒右撞膝"（见图6-29）。

图 6-77　　　　　　　　图 6-78　　　　　　　　图 6-79

2. 右进步剪枝

右脚向前落进一步，左脚随之跟进半步，成右双弓步；同时，双爪变拳由外向内外旋并猛力相剪，成交叉形，右臂在外，左臂在里，拳与肩平（图 6-80）。

用法：同前"右进步剪枝"（见图 6-31）。

图 6-80

3. 上步撞肘

（1）右脚进半步，左脚随之跟进，屈膝半蹲，上体右转，同时两肘外展（图 6-81）。

（2）上动不停。双脚蹬地，重心由低到高，右肘内横击后前顶，左肘后撞，配以摇震上身，眼视前方（图 6-82）。

用法：同"横扫肘"（见图 4-84、图 4-85）和"后撞肘"（见图 4-92、图 4-93）。

图 6-81

图 6-82

4. 颠步云手

（1）左脚经右脚前盖步，同时左拳变掌由内向外挑格，右拳变爪，落至右腰侧（图6-83、图6-84）。

（2）上动不停。右脚经左脚后向右侧后迈一步，右腿微屈成左双弓步。右爪由内向上、向外挑格，停于头右侧方。同时，左掌经外向下向内向上划弧挑格，成云手动作，眼视前方（图6-85）。

用法：防开对方连击我上部（图6-86、图6-87）。

图 6-83   图 6-84   图 6-85

图 6-86   图 6-87

5. 侧身五指印

上动不停。左掌变鹰爪向前下擒抓，右爪变五指印，直臂由外向内划弧，侧向扣击，高与耳平，力达指端。上体随之转，眼视指端（图 6-88）。

用法：左鹰爪擒抓防守对方，以右爪侧击对方耳部、太阳穴、脸颊（图 6-89）。

图 6-88　　　　　　　　　　　　图 6-89

6. 横撞膝

右脚尖外撇，上体右转。左腿提起向左斜上方做横向撞膝动作，同时右手五指印变鹰爪，经左上方由内向外向右划弧从左臂外侧穿出，至头部右侧上方擒抓，左爪由内向左下方、向外划弧勾拨（图 6-90）。

用法：与双擒手配合，用膝击打对方胸腹部（图 6-91）。

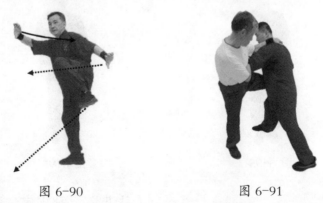

图 6-90　　　　　　　　　　　　图 6-91

7. 转身挑打

（1）左脚经右脚前盖步成交叉步，同时右爪变掌掌心向上，小臂外旋向上向右挑格至右肩前（图 6-92）。

（2）上动不停。右脚向侧横迈半步，左脚跟向外碾转，上体右转，右挑格。同时，左掌向右前方推击（图6-93）。

（3）上动不停。两脚脚跟向右碾转，上体左转。同时右掌猛力向左前方推击、左小臂外旋左掌向上向左挑格至左肩前马上向右拍封至右肩前（图6-94）。

用法：同"连环挑掌"（见图4-59、图4-60、图4-61）。

收式

右脚尖外撇，左脚尖里扣，收于右脚侧成并步。同时双拳收于腰间。随即，两拳变掌内旋翻腕向下按掌，置两胯侧。两眼随掌（图6-95、图6-96）。

图6-92　　　　　图6-93　　　　　图6-94

图6-95　　　　　图6-96

（林其塔　孙少宝　张艺平演练）

第四节 较 技

南拳的较技也叫"咬技""捉技""搭手""搓手",是南拳训练中一个非常重要的环节,是从套路到实战之间的一种过渡训练,也可作为一种独立存在的优秀健身娱乐项目。

南拳的较技,类似太极拳的推手。但太极推手要求不丢不顶,而南拳较技是不但允许"丢、顶",还允许断手、截击。较技训练特别重视强调"圆"的运动特性和吞吐力的巧妙运用,主要是培养拳手在交手实搏时的判断反应能力(时间差、空间差),劲力运用能力(合力、分力、运劲、发劲),攻防技巧(整体圆融),技法变化无穷。较技技法的训练对提高擒拿、摔跤水平很有帮助,对拳法拳理的理解感悟也同样相当重要。

南拳较技中,不可击打眼睛、喉部、裆部,须用"点到为止"的点触打法。其实"快招轻击"也是一种劲道修养水平的体现,叫作收放自如、松紧有度。较技中,可抢攻,可防守反击,可迎击。攻防要整体,攻中有防,防中有攻,攻防无痕。较技双方可以以刚制刚,以柔克刚,以刚制柔,如水无形,如风无影。"吞、吐、浮、沉、闪、转"随机而动,无定式、无常式。圆直纵横,不给对方着力点,力点大小方向随机应变,意劲透贯对方中轴,直逼对方无支撑平面,且愈深远而致其根拔。

较技时要求做到神恬心静,中正安舒得力,无过不及。要求心静、体松、气沉。始终要以心意帅导,意念力饱满,旋滚浑圆、撑力激荡。要内外松灵,刚柔相济,快慢相间。松柔才能贴粘、缠、滚,撑掤才能随从不丢,才能借力借势,迎来送去,引化消打。

较技有定步单手、定步双手、活步双手三种形式。

一、定步单手较技法

定步单手较技,就是对练双方同侧相对,脚步前后开立,两前脚内侧相贴,脚步不可移动,不用腿法,只用前手相搭进行包括推、拉、提、按、靠在内的各种上肢动作的攻防训练(图6-97)。

图 6-97

（1）定步进攻训练。就是对练双方相对，脚步前后开立成同侧的双弓步，双方的前脚内侧相贴，或均左脚在前，或均右脚在前，脚步不可移动，不用腿法。一方用前手与对方前手相搭，运用通元达尊拳的各种技术向对方进攻，采取包括推、拉、提、按、靠、肘、削、切、甩、压等在内的各种上肢动作进行进攻训练，可以配合身法的正侧、吞吐、沉浮、闪转。对方只做防守。

（2）定步防守训练。就是对练双方同侧相对，脚步前后开立同侧的双弓步，双方的前脚内侧相贴，或均左脚在前，或均右脚在前，脚步不可移动，不用腿法。一方用前手与对方前手相搭，无论对方用什么技法进行攻 击，己方可以运用通元达尊拳的各种技术，采取包括吞、闪、化、截、按、压、推、转、横、拍、肘等在内的各种上肢动作，配合身法的正侧、吞吐、沉浮、闪转予以防守。

（3）定步攻防训练。就是对练双方同侧相对，脚步前后开立同侧的双弓步，双方的前脚内侧相贴，两前脚内侧相贴，或均左脚在前，或均右脚在前，脚步不可移动，不用腿法。双方均只用前手相搭，可以运用通元达尊拳的各种技术，进行包括推、拉、提、按、靠、削、切、甩、压、吞、闪、化、截、按、推、转、横、拍在内的各种上肢动作，配合身法的正侧、吞吐、沉浮、闪转进行综合攻防训练。任一方都可以同时进行进攻和防守，攻中带防、防中有攻，可强攻、可柔化，方法随机应变、自然而然、点到为止。

二、定步双手较技法

定步双手较技，就是对练双方侧身以马步相对站立。脚步不可移动，不用腿法。两人双手相搭，进行包括推、拉、提、按、靠在内的各种上肢动作的攻防训练。进行攻防训练，站位不可移动（图6-98）。

图 6-98

（1）定步进攻训练。就是对练双方侧身以马步相对站立。脚步不可移动，不用腿法。一方两手与对方两手相搭，可以运用通元达尊拳的各种技术向对方进攻，即用包括推、拉、提、按、靠、肘、削、切、甩、压等在内的各种上肢动作进行进攻，同时可以配合身法的正侧、吞吐、沉浮、闪转。对方只做防守。

（2）定步防守训练。就是对练双方侧身以马步相对站立。脚步不可移动，不用腿法。一方两手与对方两手相搭，无论对方用什么技法进行攻击，己方可以运用通元达尊拳的各种技术，采取包括吞、闪、化、截、按、压、推、转、横、拍、肘等在内的各种上肢动作，配合身法的正侧、吞吐、沉浮、闪转，予以防守。

（3）定步攻防训练。就是对练双方侧身以马步相对站立。脚步不可移动，不用腿法。双方均用两手相搭，可以运用通元达尊拳的各种技术，进行包括推、拉、提、按、靠、削、切、甩、压、吞、闪、化、截、按、推、转、横、拍、缠等在内的各种上肢动作，配合身法的正侧、吞吐、沉浮、闪转进行综合攻防训练。任一方都可以同时进行进攻和防守，可以攻中带防、防中有攻，方法随机应变、自然而然、点到为止。

三、活步双手较技法

活步双手较技，是对练双方在定步单手、双手较技的基础上，变定步为活步，运用身步法移动占中线、抢上位，进行双手攻防训练。可以用勾、绊、拨等接触性腿法，但不能用击打性腿法。可以用擒拿关节技法，但只能拿住锁定，不可发劲，点到为止。

（1）活步进攻训练。就是对练双方相对自由站立，或马步或双弓步或自然站立，双方变定步为活步，可以搭手、可以断手，并运用身步法移动占中线、抢上位。一方可以运用通元达尊拳的各种技术，包括推、拉、提、按、靠、肘、削、切、甩、压等在内的各种上肢动作，以及勾、绊、拨等接触性腿法、擒拿关节技法，配合身法的正侧、吞吐、沉浮、闪转、进退等进行专门的进攻训练。对方只做防守。

（2）活步防守训练。就是对练双方相对自由站立，或马步或双弓步或自然站立，双方变定步为活步，可以搭手、可以断手，并运用身步法移动占中线、抢上位。无论对方用什么技法进行攻击，己方可以采取包括吞、闪、化、截、按、压、推、转、横、拍、肘等在内的各种上肢动作、身步法的正侧、吞吐、沉浮、闪转、进退等，以及提、勾、绊、拨、顶等接触性腿法，顺、走、随、化等反擒拿技法予以防守。

（3）活步攻防训练。就是对练双方相对自由站立，或马步或双弓步或自然站立，双方变定步为活步，可以搭手、可以断手，并运用身步法移动占中线、抢上位。双方都可以采取包括推、拉、提、按、靠、削、切、甩、压、吞、闪、化、截、按、推、转、横、拍在内的各种上肢动作进行综合攻防训练，可以运用身步法的正侧、吞吐、沉浮、闪转、进退等移动占中线、抢上位，也可以用勾、绊、拨、提、顶等接触性腿法、擒拿反关节与反擒拿技法。任一方都可以同时进行进攻和防守，可以攻中带防、防中有攻，方法随机应变、自然而然、点到为止。

第七章　通元达尊拳部分套路图解

第一节　罗汉梅花三战

罗汉梅花三战是通元达尊拳的基础套路，短小精悍，包含了本门最基础、最重要的枝手组合，也最能体现通元达尊拳的技术特点、风格面貌，内容丰富，是本门优秀的传统套路。

本套拳主要训练脚马步法进退以及动作的运劲发劲，尤其是"摇身抖甲"的弹抖劲，同时枝手法、腿法、身步法一应俱全。动作看似较为简单，且有部分重复性的动作，但一招一式，紧凑、严谨，技术难度较大，需反复练习、体会。

起势
1.并步双腰拳
2.马步前叉掌（落地千斤闸）
3.双鹰爪擒枝
4.请手（五指点香）
5.双分掌
6.内旋沉腕双坐节

第一段

7. 右进步双插掌

8. 双挑掌

9. 外旋小臂后拉掌

10. 内旋小臂沉腕双坐节

11. 左撤步后拉手（擒枝过胛）

12. 右跟步双内封（剪枝擂鼓）

13. 左撤步双勾

14. 右跟步左擒

15. 右横左后肘击（摇身抖胛）

16. 削切连环掌

17. 右虚步左上竖掌右下托掌（铙钹手）

第二段

18. 左后转左勾右屈指扣凤眼

19. 右进步左勾右擒拿（采梅花手）

20. 左进步左勾右切掌（打乾坤桩）

21. 右进步右搬挑

22. 连环三冲拳

23. 右罗汉弹踢

24. 削切连环掌

25. 右虚步左上竖掌右下托掌（铙钹手）

第三段

26. 左后转左勾右凤眼

27. 右进步前双削掌（虾蛄弹）

28. 左撤步右搬挑

29. 连环三冲拳

30. 左撤步右削掌

31. 右虚步左上竖掌右下托掌（铙钹手）

32. 并步收腰拳

33. 双按掌

收势

起势

并步站立，头正微顶，下颚微收，双手分别下放于两大腿外侧，全身放松，呼吸自然（图7-1-1）。

1. 并步双腰拳

接上势，保持站立姿势不变，双手握拳收于腰间（图7-1-2）。

要点：身要正，收拳后要紧贴腰间。

图 7-1-1　　　　　　　　图 7-1-2

2. 马步前叉掌（落地千斤闸）

接上势，左脚向左迈一步，下蹲成马步。同时，双拳变掌在腹部前下切，双掌成交叉状，力在小指侧（图7-1-3）。

要点：下切掌要干脆，双臂不要伸太直，保持似直非直。上臂与躯干为45°。

3. 双鹰爪擒枝

接上势，马步不变。左掌向右、向上、向左前方抓扣，成左鹰爪；右掌向左、向上、向右前方抓扣，成右鹰爪（图7-1-4）。

要点：双手往前穿走弧线到点后，才变鹰爪抓扣。

图 7-1-3　　　　　　　　　　图 7-1-4

4. 请手（五指点香）

接上势，马步不变。左手变掌、右手变拳同时收到右腰间，左掌在下捧着右拳，手心均朝上（图 7-1-5）。

接着，左掌捧着右拳一起往上、往前到胸部前方。左掌斜托右拳，掌在前，掌指朝前上方；右拳在后，拳背贴掌心，拳心朝后（图 7-1-6）。

要点：双手往前走时，肩要沉，胸微含，肘要微合。左托掌的食指要中正。

5. 双分掌

接上势，马步不变。右拳变掌，同时左掌向左、右掌向右分开，掌心向上托掌，与肩同宽（图 7-1-7）。

要点：双掌分开速度可慢可快，注意配合呼吸。

6. 内旋沉腕双坐节

接上势，马步不变。双臂稍收下沉，双掌内旋，坐腕，立掌，小臂水平（图 7-1-8）。

要点：动作可以稍慢，注意劲力的运用。

图 7-1-5　　　　图 7-1-6　　　　图 7-1-7　　　　图 7-1-8

第一段

7. 右进步双插掌

接上势，右进步成右双弓步。两掌分别往后收至左、右胸前，掌心朝上，随即往前插掌，掌心朝内下方（图7-1-9至图7-1-11）。

要点：插掌后，两臂要似直非直。

图7-1-9 图7-1-10 图7-1-11

8. 双挑掌

接上势，右双弓步不变。双掌向上挑，沉肘沉腕，掌心斜朝前（图7-1-12）。

要点：挑掌要突然，要有爆发力。

9. 外旋小臂后拉掌

接上势，右双弓步不变。双掌带动小臂同时外旋，并往后拉，掌心朝后。（图7-1-13至图7-1-14）

要点：腰要带动两臂后拉掌。

10. 内旋小臂沉腕双坐节

接上势，右双弓步不变。双掌带动小臂同时内旋，并往前撑，竖掌坐腕，掌刀（小指侧）朝前（图7-1-15）。

要点：掌要向前顶，沉肩坠肘。

图 7-1-12　　　　　图 7-1-13　　　　　图 7-1-14　　　　　图 7-1-15

接上势，再接右跟步、重复上述动作，重复两次。即，右跟步，接第 7 动"右进步双插"到第 10 动"内旋小臂沉腕双坐节"；再右跟步，接第 7 动"右进步双插掌"到第 10 动"内旋小臂沉腕双坐节"（图略）。

11. 左撤步后拉手（擒枝过胛）

接上势，左脚撤半步，右脚随之后撤半步，脚跟抬起脚尖点地，成右虚步。同时，两手抓握成拳，由中间向两侧拉开，拳心斜向下（图 7-1-16 至图 7-1-17）。

要点：后拉时，两臂不能高过肩，而是朝后下方拉拽。

12. 右跟步双内封（剪枝擂鼓）

接上势，右脚往前进步，左腿跟进小半步，仍然成右双弓步。两小臂外旋，同时往中间夹剪，两臂的交叉点约与胸口同高，拳心朝上，目视双手（图 7-1-18）。

要点：两臂交叉夹剪时，两拳略斜向上，大小臂成弯曲状。

图 7-1-16　　　　　　　图 7-1-17　　　　　　　图 7-1-18

13. 左撤步双勾

接上势，左脚后退半步，右脚跟退半步，成右双弓步。同时，两拳变掌向下勾拔，左手往右、往下、往左，到左胯侧附近时勾抓；右手往左、往下、往右，到右胯侧附近时勾抓（图7-1-19）。

要点：两手分别到胯侧时才变为鹰爪勾抓。

14. 右跟步左擒

接上势，右脚往前进半步，左脚跟进半步，成右双弓步。同时，右鹰爪变拳往上、往中间收至右腰间；左鹰爪先变为掌，往右、往上，从右手小臂下方穿过至左前方时擒抓，与左肩同高。目视左鹰爪（图7-1-20）。

要点：左手到左肩前方时才变为鹰爪。

15. 右横左后肘击（摇身抖胛）

接上势，右双弓步不变。左手握拳往后撞肘后，左拳收至左腰间；与此同时，右肘往上、往前内横击，停在胸前，拳心朝下。目视前方（图7-1-21）。

要点：前横肘、后撞肘时，腰胯要快速内旋并急停，肘击动作完成静止时，前横肘肘尖要对着正前方。前、后肘击要同时。

图 7-1-19　　　　　　　图 7-1-20　　　　　　　图 7-1-21

16. 削切连环掌

接上势，右双弓步不变。右拳变掌，掌心向下，以小指侧的掌刀向正前方削出去，约与颈部同高。紧接着，收右掌封于左肩前，同时左拳变掌，掌心朝上，以掌刀向正前方切出去，约与肋部同高。这时，右掌在左肩前、左大臂上方。紧接着，左掌变拳收至左腰间，右掌掌心向下，以掌刀向正前方削出去，约与胸口同高。（图 7-1-22 至图 7-1-24）

要点：右削掌时，左掌也可以回挑至左耳侧旁。

| 图 7-1-22 | 图 7-1-23 | 图 7-1-24 |

17. 右虚步左上竖掌右下托掌（铙钹手）

接上势，左脚不动，收右脚一小步，提脚跟，脚尖点地，成右虚步。右掌拧转，掌指朝前下，掌心斜朝上，收于右膝盖上方，约与腰同高。同时，左手变掌，上举至胸口处后，顺着右手臂上方往前推出，停于右掌上方，掌心朝右，不低于胸不高于肩。两手腕相对，目视前方（图 7-1-25）。

图 7-1-25

要点：右掌在下翻转时必须要有拧劲。

第二段

18. 左后转左勾右屈指扣凤眼

接上势，右脚向左盖步在左脚侧前方，脚尖点地，随即以两脚尖为轴，身体向左、向后转 180°，成左双弓步。左掌变鹰爪随身体左后转后向下外勾手，停于身体左侧前方，与腰部同高；右掌变单凤眼拳随身体左后转后，向内横向扣击于身体前方，约与太阳穴同高（图 7-1-26、图 7-1-27）。

要点：扣击凤眼时，不能外拉弧线，而是向前直伸到位时，突然内扣腕击打。

图 7-1-26　　　　　　　　　　　图 7-1-27

19. 右进步左勾右擒拿（采梅花手）

接上势，右脚往右前方进一步，成右双弓步。右手变掌，往下、往内、往上、往前、往外绕圈到右肩前擒扣。同时，左手变掌，往上、往内、往下、往外绕圈到左腰前勾拨扣爪。两手在胸口处成十字交叉时，左手在外右手在内。目视前方（图 7-1-28）。

要点：左手向左下方勾拨时不能后拉。

20. 左进步左勾右切掌（打乾坤桩）

接上势，左脚往左前方进一步，成左双弓步。同时，右手变掌收于右肩侧，掌心朝前，手指朝上；左手变掌往右收于右手小臂前，掌心向后，手指朝上。

上动不停，左掌向下、向左下外勾拨至身体左侧前方扣抓，与腰部同高；右掌往正前方切掌，约与肋部同高，掌心斜向上，掌指朝右前方。目视右手（图 7-1-29 至图 7-1-30）。

要点：左勾手、右切掌要同时，腰胯要略左转，右肩要略前送。

图 7-1-28

图 7-1-29　　　　　　　　　图 7-1-30

21. 右进步右搬挑

接上势，右脚往右前方进一步，成右双弓步。两手变拳，左手在上、右手在下，内收至腰前交叉，右小臂经左小臂下方往上外搬挑至身体右侧肩前，拳心斜朝上，与肩同高同宽。左拳收于左腰间（图 7-1-31）。

要点：右小臂搬挑范围不超过右侧身宽。

22. 连环三冲拳

接上势，右双弓步不变。收右拳至右腰间，随即连续往前打出左、右、左冲拳。出拳的落点在于胸口、心窝之间（图 7-1-32 至图 7-1-34）。

要点：冲拳从收拳正上方冲出，两拳的线路在身前有上下重叠，击打胸口、心窝处的同一点位。

图 7-1-31　　　　　　　　　图 7-1-32

图 7-1-33

图 7-1-34

23. 右罗汉弹踢

接上势，进左脚至右脚前方，成交叉步。同时，左手以小臂向左外侧上举格挡，拳心向前；右小臂往下扣压于腰前，拳心向后。紧接着，抬右腿向正前方踢出，高不过腰。目视前方（图 7-1-35、图 7-1-36）。

要点：左臂上抬格挡于左耳侧，左拳高不过头顶。

图 7-1-35

图 7-1-36

24. 削切连环掌

接上势，右腿在右前方落地，成右双弓步。左臂自然下落、收左掌至左腰间，右拳变掌直接往正前方削击，掌心朝下；接着右掌往回封拍，收至左肩前的同时，左拳变掌从腰间往正前方切击，掌心朝上；紧接着左掌往回收至左腰间的同时，右掌往正前方削击，掌心朝下（图 7-1-37 至图 7-1-39）。

要点：右削掌时，左掌也可以回挑至左耳侧旁。

图 7-1-37

图 7-1-38

图 7-1-39

25. 右虚步左上竖掌右下托掌（铙钹手）

接上势，左脚不动，收右脚一小步，提脚跟，脚尖点地，成右虚步。右掌往下拧转，掌指朝前下方，掌心斜朝上，收于右膝盖上方，约于腰同高。同时，左手变掌，上举至胸口处后，往右上臂前方往前推出，停于右掌上方，掌心斜朝右，不低于胸不高于肩。两手腕相对，目视前方（图 7-1-40）。

要点：同动作 17。

图 7-1-40

第三段

26. 左后转左勾右凤眼

接上势，右脚向左横盖步在左脚侧前方，脚尖点地，随即以两脚尖为轴，身体向左、向后转180°，成左双弓步。左掌往右、往下、往左勾拨，抓扣于身体左侧前方，与腰部同高；同时，右掌变单凤眼拳随身体左后转，随即向内横向扣击于身体前方，约与太阳穴同高。目视右手（图7-1-41 至图 7-1-42）。

要点：扣凤眼拳时，手臂不可外拉，要向前直伸到位时再扣腕。

图 7-1-41 图 7-1-42

27. 右进步前双削掌（虾蛄弹）

接上势，右进一步，成左双弓步。右手变掌按压胸前方，左掌也按压于胸前、停于右掌的正下方，两掌相距约20厘米。随即，两掌同时向正前方削击，右掌削击对方咽喉部，左掌削击对方胸腹部。目视前方（图7-1-43 至图 7-1-44）。

要点：削击要有弹抖劲。前削时上面右掌与咽喉同高，下面左掌与胸口同高。

图 7-1-43 图 7-1-44

28. 左撤步右搬挑

接上势，左脚往后撤半步，右脚跟撤半步，成右双弓步。右手变拳回抽至腹前、再往前上搬挑；左手变拳回收至左腰间。目视前方（图7-1-45）。

要点：右小臂搬挑范围不超过右侧身宽。右拳与右肩同高，屈肘，大小臂之间的夹角约100°。

29. 连环三冲拳

接上势，右双弓步不变。收右拳至右腰间，紧接着，连续打出左、右、左冲拳。出拳的击打点在心窝（图7-1-46至图7-1-48）。

要点：同上动作22。

图 7-1-45　　　　图 7-1-46　　　　图 7-1-47　　　　图 7-1-48

30. 左撤步右削掌

接上势，左脚后撤半步，右脚跟撤半步，右双弓步不变。两手变掌，右掌往内封拍至左肩前。紧接着，左拳收至左腰间；右掌掌心向下，以小指侧的掌沿向正前方削出去，约与胸口同高。目视前方（图7-1-49至图7-1-50）。

要点：右掌上内封拍时，左臂要同时外旋翻转成屈肘、拳心朝上，右掌根贴在左肘弯上方。

图 7-1-49   图 7-1-50

31. 右虚步左上竖掌右下托掌（铙钹手）

接上势，左脚不动，收右脚一小步，提脚跟，脚尖点地，成右虚步。右掌往下内拧转，掌指朝前下方，掌心斜朝上，收于右膝盖上方，约与腰同高。同时，左手变掌，上举至胸口处后，往右上臂前方推出，停于右掌上方，掌心斜朝右，不低于胸不高于肩。两手腕相对，目视前方（图 7-1-51）。

要点：同动作 17。

32. 并步收腰拳

接上势，右脚往后收在左脚侧，成并步。同时，两手变拳收于腰间，目视前方（图 7-1-52）。

要点：两拳紧贴腰间。

33. 双按掌

接上势，两手变掌，指尖相对，掌心向下，缓慢放松，下按于小腹前。目视前方（图 7-1-53）。

要点：下按掌要慢。

收势

接上势，收两掌于大腿外侧。目视前方（图 7-1-54）。

要点：头正微顶，下颌微收，全身放松，精神集中。

图 7-1-51　　　　　图 7-1-52　　　　　图 7-1-53　　　　　图 7-1-54

（程惠明演练）

第二节　梅花罗汉颠

　　本套路是在"罗汉梅花三战"的基础上，增加了许多枝法，如"连环进步""连环退步""连环挑格""连环勾封"等连贯性的动作，也增加了侧闪、盖步等身步法，内容更为丰富，身法、手法、步法更为多变，连贯性更强，难度相对也较高。这套拳是通元达尊拳中较为综合的一个套路。练习时，注意动作的连贯性、上下的协调性。

　　起势

　　1. 马步双腰拳

　　2. 前下双叉掌（落地千斤闸）

　　3. 鹰爪双擒枝

　　4. 请手（五指点香）

　　第一段

　　5. 双分掌

　　6. 内旋沉腕双坐节

　　7. 左转勾缠手右插（右老鹰披翅）

　　8. 右转勾缠手左插（左老鹰披翅）

　　9. 转中左沉腕坐节

　　10. 连环擒拿手

11. 进步连环拳

12. 右跟步右按压左正鞭拳

13. 左进步右进步连环挑掌右推掌

14. 左盖步右侧开步左勾右切

15. 右盖步左侧开步云掌（双采花手）

16. 左擒右蛇形插掌（仙人撒网）

17. 右罗汉踢

18. 削切连环掌

19. 右虚步左上竖掌右下托掌（铙钹手）

第二段

20. 左后转左勾右屈指扣凤眼

21. 左侧移右进步右搬挑左冲拳

22. 右侧移左进步左搬挑右冲拳

23. 左踏中右扫腿右横鞭

24. 左盖步右侧开步右转双采花右上左下虎爪扣

25. 右盖步左侧开步双轮勾左侧肘击

26. 右采花手左手向右接右手向左斜推（左右鸳鸯掌）

27. 右进步右断

28. 右横鞭拳

29. 右罗汉踢

30. 削切连环掌

31. 右虚步左上竖掌右下托掌（铙钹手）

第三段

32. 左后转左勾右屈指扣凤眼（丹凤朝阳）

33. 左跟步左擒右勾（采梅花手）

34. 右进步前双削掌（虾蛄弹）

35. 左撤步后拉手（擒枝过胛）

36. 右跟步双内封（剪枝擂鼓）

37. 左撤步双勾

38. 右跟步左擒

39. 右横左后肘击（摇身抖胛）

40. 右削掌

41 右退步左推掌

42. 右竖断

43. 左侧闪左竖节内格

44. 右撤步右内封格挡

45. 右撤步左搬挑

46. 右进步右搬挑

47. 连环三冲拳

48. 连环退步双封手

49. 右侧闪左勾右劈掌

50. 右上步右上外格挡左冲拳

51. 右罗汉踢

52. 右双搬撞拳

53. 连环三冲拳

54. 右削掌

55. 右虚步左上竖掌右下托掌（铙钹手）

收势

起势

并步站立，头正微顶，下颚微收，双手分别下放于两大腿外侧，全身放松，呼吸自然，目视前方（图 7-2-1）。

1. 马步双腰拳

接上势。左脚向左横跨一步，下蹲成马步。同时，双手握拳收于腰间，目视前方（图 7-2-2）。

要点：身要正，握拳要紧，收拳要快速有力。

图 7-2-1

图 7-2-2

2. 前下双叉掌（落地千斤闸）

接上势，双拳变掌在腹部前下切，双掌成交叉状，力在小指侧，目视前方（图 7-2-3）。

要点：下切掌要干脆，双臂不要伸太直，保持似直非直。

3. 鹰爪双擒枝

接上势，马步不变。左掌向右、向上、向左前方抓扣，成左鹰爪；右掌向左、向上、向右前方抓扣，成右鹰爪，目视前方（图 7-2-4 至图 7-2-5）。

要点：双手往前要走弧线，双掌抓扣和变鹰爪要同时进行。

图 7-2-3

图 7-2-4

图 7-2-5

4. 请手（五指点香）

接上势，马步不变。左手变掌、右手变拳同时收到右腰间，左掌在下捧着右拳，手心均朝上（图 7-2-6）。

接着，左掌捧着右拳一起往上、往前到胸部前方。左掌斜托右拳，掌在前，掌指朝前上方；右拳在后，拳背贴掌心，拳心朝后，目视前方

（图 7-2-7）。

要点：双手往前走时，肩要沉，胸微含。

图 7-2-6   图 7-2-7

第一段

5. 双分掌

接上势，马步不变。右拳变掌，同时左掌向左、右掌向右分开，与肩同宽，目视前方（图 7-2-8）。

要点：双掌分开的速度可慢可快，注意配合呼吸。

6. 内旋沉腕双坐节

接上势，马步不变。双臂稍收下沉，双掌内旋，坐腕，立掌，目视前方（图 7-2-9）。

要点：动作可以稍慢，注意劲力的运用。

图 7-2-8   图 7-2-9

7. 左转勾缠手右插（右老鹰披翅）

接上势，右脚微内扣，左脚向外摆45°，成左双弓步。身体向左转，侧身向左。同时，左手向右、向下、向左绕圈，勾手于左胸前方；右手向左、向下、向右收于右胸前，随即向身体左侧插掌，掌心向下。目视前方（图 7-2-10 至图 7-2-14）。

要点：双手绕圈不限一圈，可以配合身体转动和练习的需要，多作绕圈动作。速度可以稍慢，注意劲力的运用。

图 7-2-10　　　　　　　　图 7-2-11　　　　　　　　图 7-2-12

图 7-2-13　　　　　　　　图 7-2-14

8. 右转勾缠手左插（左老鹰披翅）

接上势，左脚内扣，右脚向外摆右侧 45°，成右双弓步。身体向右转，侧身向右。同时，右手向左、向下、向右绕圈，勾手于右胸前方；左手向右、向下、向左收于右胸前，随即向身体右侧插掌，掌心向下。目视前方（图 7-2-15 至图 7-2-17）。

要点：同动作 7。

图 7-2-15　　　　　　　图 7-2-16　　　　　　　图 7-2-17

9. 转中左沉腕坐节

接上势，右脚内扣、左脚外摆，两脚尖均对正前方，成马步。同时，右掌握拳收于右腰间；左掌拉收至胸口前，沉腕竖指，掌心向右。目视前方（图 7-2-18）。

图 7-2-18

要点：沉腕坐节定势时，小臂要处在水平位置。

10. 连环擒拿手

接上势，马步不变。右手变掌从左臂下往前、往右穿，变鹰爪抓扣于右肩前，左掌变拳收于左腰间。紧接着，右手从右往中间、往下、往右收于右腰间；左拳变掌从右臂下往前、往右穿，变鹰爪抓扣于左肩前。目视前方（图 7-2-19 至图 7-2-21）。

要点：手腕与肩同高。肩、肘尖、小碗处于同一垂直纵向平面上。

图 7-2-19　　　　　　　图 7-2-20　　　　　　　图 7-2-21

11. 进步连环拳

接上势，右脚往前上步，成右双弓步不变。左爪变拳收至左腰间的同时，右拳前冲。随即，右拳收至右腰间的同时，左拳前冲。随即，左拳收至左腰间的同时，右拳前冲。目视前方（图7-2-22至图7-2-24）。

要点：冲拳的打击点在心窝处。

图7-2-22　　　　　　　图7-2-23　　　　　　　图7-2-24

12. 右跟步右按压左正鞭拳

接上势，右脚往前上半步，左脚往前跟半步，仍成右双弓步不变。右拳变掌往左压按于正前方；左拳提至左耳侧，随即往正前方甩拳鞭打，停于右掌上方。目视前方（图7-2-25、图7-2-26）。

要点：正鞭拳打击点与头同高，触点在拳指关节。

图7-2-25　　　　　　　图7-2-26

13. 左进步右进步连环挑掌右推掌

接上势，左脚向前进一步，随即右脚向前进一步，仍然成右双弓步。两手变掌，右掌从左臂下往前、往上穿，挑掌于正前方；左掌收于右肘左侧边。随即，左掌从右臂下往前、往上穿，挑掌于正前方；右掌收于左肘右侧边。随即，右掌往正前方推击掌，掌指朝上，掌心朝左；左掌收于右臂的左侧。目视前方（图7-2-27至图7-2-32）。

要点：挑掌向外同肩宽齐，小臂内旋、挑掌可微向后拉。

图 7-2-27　　　　　　　图 7-2-28　　　　　　　图 7-2-29

图 7-2-30　　　　　　　图 7-2-31　　　　　　　图 7-2-32

14. 左盖步右侧开步左勾右切

接上势，左脚往前上步停右脚的右侧前面，成左盖步，随即右脚往右侧后方向退一步，成左双弓步。同时，左掌往下、往左、往上、往右、往下、往左绕一圈后，勾手于左胯前；右掌往下、往右、往上至右肩前，随即往正前方切掌，掌心斜朝上，掌指斜朝右。目视前方（图 7-2-33 至图 7-2-37）。

要点：切掌的着力点在肋部。

图 7-2-33　　　　　　　图 7-2-34

图 7-2-35　　　　　　　图 7-2-36　　　　　　　图 7-2-37

15. 右盖步左侧开步云掌（双采花手）

接上势，右脚往前上步停左脚的左侧前面，成右盖步，随即左脚往左侧后方向退一步，成右双弓步。同时，右手向上、向外、向下、向左穿掌停，至胸口处，掌心朝右；左手往右、往上穿掌至左脸颊处，与耳同高，掌心朝内。目视前方（图 7-2-38、图 7-2-39）。

要点：注意手与脚的动作要配合、协调。

16. 左擒右蛇形插掌（仙人撒网）

接上势，右脚往前上步，成右虚步。左手往右、往中间、往下压掌，停于右肘左侧，右手从胸口穿掌前插，掌心向下。目视前方（图 7-2-40）。

要点：先左擒后右插掌，擒掌、插掌要连贯，一气呵成。

17. 右罗汉踢

接上势，左手握拳提至脸颊左侧，右手变拳收至左肘下方。同时，上左脚踩于右脚前，成左盖步。上动不停，提右腿向前弹踢腿。目视前方（图 7-2-41、图 7-2-42）。

要点：两手握拳提与上左脚要同时，上步和提腿弹踢的衔接要紧凑、快速。

图 7-2-38　　　　　图 7-2-39　　　　　　　　图 7-2-40

图 7-2-41   图 7-2-42

18. 削切连环掌

接上势，右腿在右前落步，成右双弓步。同时两手变掌，左掌仍于左脸颊处，右掌向正前方削掌；随即，左掌向正前方切掌，同时收右掌于左肘部上方；而后，右掌向正前方削掌，同时收左掌仍于左脸颊处。目视前方（图 7-2-43 至 7-2-45）。

要点：一掌前击时另一掌回护，左手、右手一前一后要连贯、协调一致。

图 7-2-43   图 7-2-44   图 7-2-45

19. 右虚步左上竖掌右下托掌（铙钹手）

接上势，右脚收半步，成右虚步。右掌外旋翻掌后，略往回收；左掌从胸口、顺着右臂往前推于右掌上方。目视前方（图 7-2-46 至 7-2-47）。

要点：两掌须体现出像在搓球形物滚动的动作。

图 7-2-46

图 7-2-47

第二段

20. 左后转左勾右屈指扣凤眼

接上势，提右脚脚尖虚点于左脚左侧前方，两手一同上提至右耳侧，右手变单凤眼拳。随即，以两脚掌为轴，从左向后转180°，成左双弓步，同时左手向左下勾手于左胯前，右单凤眼拳从耳边向正前方打出，与头部同高。目视前方（图 7-2-48、图 7-2-49）。

要点：扣凤眼拳时，手臂不可外拉，要向前直伸到位时再扣腕。

图 7-2-48

图 7-2-49

21. 左侧移右进步右搬挑左冲拳

接上势，左脚往后、往左退一步，右脚往中间、往右进一步，成右双弓步。同时，右单凤眼拳变拳，往下、往左、往上、往右前绕一圈，停于右肩前，略高于肩；左手变拳收于左腰间，随即往正前方冲拳。目视前方（图 7-2-50）。

要点：搬挑和冲拳要同时。

图 7-2-50

22. 右侧移左进步左搬挑右冲拳

接上势，右脚往后、往右退一步，左脚往中间、往左进一步，成左双弓步。同时，左拳往下、往右、往上、往左前绕一圈，停于左肩前，略高于肩；右拳收于左腰间，随即往正前方冲拳。目视前方（图 7-2-51、图 7-2-52 ）。

要点：同上动作 21。

图 7-2-51

图 7-2-52

23. 左踏中右扫腿右横鞭

接上势，重心移到左脚，随即提右脚，轻贴地面，由后经左脚前方向左横扫拨腿，停于正前方，成右虚步。同时，两手微向左摆，随即右拳朝右向中间横鞭，停于正前方；左手变掌往中间压掌，停于右肘部下方。目视前方（图 7-2-53 ）。

要点：扫腿、横鞭要同时，用力方向要相反，形成剪力。

图 7-2-53   图 7-2-54

24. 左盖步右侧开步右转双采花右上左下虎爪扣

接上势，重心移至右脚，进左脚至右脚右侧前，成左盖步。同时，右手往右采花、往下停于右胯外侧，左手往上、往左采花停于左肩外侧。

接着，身体右转，右脚进一步，成右双弓步。同时，两手变虎爪，左爪往前、往下、往右扣击，与肋同高；右爪往前、往左扣击，与头同高。目视前方（图 7-2-55 至图 7-2-57）。

要点：右爪扣击头部，左爪叩击腰肋部。

图 7-2-55

图 7-2-56

图 7-2-57

25. 右盖步左侧开步双轮勾左侧肘击

接上势，重心移至左脚，身体随之左转90°，进右脚经左脚前，成右盖步。同时，右手往左、往下、往右勾手停于右胯外侧，左手往右手、往下封手停于右腹部前。

随即，向左迈一步，成马步。同时，右手封掌于左拳上方，左手变拳、以左肘向左侧顶击。目视前方（图7-2-58至图7-2-60）。

要点：手脚配合要协调一致。

图 7-2-58

图 7-2-59

图 7-2-60

26. 右采花手左手向右接右手向左斜推（左右鸳鸯掌）

接上势，左脚尖微内扣，右脚尖微外摆，身体向右转60°，成右双弓步。同时，右掌掌心朝内、往上从胸口穿掌、向右挑格，随身体右转停于右肩前；左拳变掌，随右掌提至胸口处，向右侧前方推击。

紧接着，右脚尖微内扣，左脚尖微外摆，身体向右转120°，成左双弓步。同时，左掌掌心朝内，随身体左转向左挑格，停于左肩前；右掌随身体左转至左侧60°，向左侧前方推击。目视前方（图7-2-61至图

7-2-62）。

要点：推击的方向是斜前方，腰胯要同时转动。

图 7-2-61

图 7-2-62

27. 右进步右断

接上势，右脚往正中前方进一步，成右双弓步。同时，右掌变拳收于额头右上方，左掌向前下方按压并停于腹部右侧前。随即右小臂向前下方锻击，左拳上提、护于胸口处。目视前方（图 7-2-63 至图 7-2-64）。

要点：锻击时，小臂略横、右拳斜向左前方。

28. 右横鞭拳

接上势，双弓步不变。右拳直接向前横向鞭击，拳心朝左，力达拳背，与头同高。左拳仍护于右肘左侧。目视前方（图 7-2-65）。

要点：横鞭时，手臂微曲、似直非直。

图 7-2-63

图 7-2-64

图 7-2-65

29. 右罗汉踢

接上势，身体略微左转，左脚向正前方进一步，脚尖外摆，成左盖步。同时，左拳向上向外格挡于左脸颊外侧，右臂扣压于身体左侧前。

上动不停，重心移至左脚，提右膝向正前方弹踢。目视前方（图 7-2-66 至图 7-2-67）。

要点：踢腿后，要及时收腿，然后才落步。

图 7-2-66

图 7-2-67

30. 削切连环掌

接上势，右腿在右前落步，成右双弓步。同时两手变掌，左掌挑格于左脸颊外侧，右掌向正前方削掌；随即，左掌向正前方切掌，同时右掌封拍左肘部上方；随即，右掌向正前方削掌，同时收左掌仍于左脸颊处。目视前方（图 7-2-68 至图 7-2-70）。

要点：同上动作 18。

图 7-2-68　　　　　　　　　图 7-2-69

图 7-2-70

31. 右虚步左上竖掌右下托掌（铙钹手）

接上势，右脚收半步，成右虚步。右掌外旋翻掌后，拧转回收；左掌从胸口、顺着右臂往前推于右掌上方。目视前方（图 7-2-71）。

要点：同上动作 19。

图 7-2-71

第三段

32. 左后转左勾右屈指扣凤眼（丹凤朝阳）

接上势，提右脚脚尖虚点于左脚左侧前方，两手一同上提至右耳侧，右手变单凤眼拳。随即，以两脚掌为轴，从左向后转 180°，成左双弓步，同时左手变鹰爪，向左下勾手于左胯前，右单凤眼拳从耳边向正前方打出，与头部同高。目视前方（图7-2-72、图7-2-73）。

　　要点：同上动作20。

图7-2-72　　　　　　　　　　图7-2-73

　　33. 左跟步左擒右勾（采梅花手）

　　接上势，左脚上前半步，右脚紧跟半步，仍成左双弓步。同时，右手从上向内、往下、往右绕半圈，变勾手；左手往右、往上、往外、往左绕半圈后，变鹰爪擒扣。右手走外侧、左手走内侧，于胸口前交汇后，左鹰爪停于左肩前，右勾手停于右胯外侧。目视前方（图7-2-74）。

　　要点：右手和左手各走半弧线，在胸口形成交叉点。

　　34. 右进步前双削掌（虾蛄弹）

　　接上势，进右脚，脚尖点地，成右虚步。同时，两手变掌，右掌上提，抱于右胸前，左掌往右下压掌，停于右腹部前，掌心均向下。紧接着，右脚上半步，成右双弓步。同时，两掌向正前方削掌，右掌在上左掌在下。目视前方（图7-2-75、图7-2-76）。

　　要点：前削时上面右掌与咽喉同高，下面左掌与胸口同高。

图7-2-74　　　　　　图7-2-75　　　　　　图7-2-76

35. 左撤步后拉手（擒枝过胛）

接上势，左脚后撤半步，右脚跟着后撤半步，右脚脚尖点地，成右虚步。同时两掌抓握为拳，分别往两侧后拉。身体微后仰。目视前方（图7-2-77、图7-2-78）。

要点：后拉时两臂须略低于肩，拉往后下。后拉时，两肘不能外展。

36. 右跟步双内封（剪枝擂鼓）

接上势，右脚往前进一小步，左脚跟一小步，成右双弓步。同时，两手握拳不变，两手小臂由外往中间扣击，交叉于胸前成剪刀手，右臂在前、左臂在后。目视前方（图7-2-79）。

要点：两手小臂由外往中间扣击时，交叉成剪刀状，上体略左转。

图7-2-77　　　　　图7-2-78　　　　　图7-2-79

37. 左撤步双勾

接上势，右双弓步往后撤步，两手同时变鹰爪，右鹰爪往左、往下、往右勾手，停于右胯前侧；左鹰爪往右、往下、往左勾手，停于左胯前侧。目视前方（图7-2-80、图7-2-81）

要点：勾手时，两手腕高与腰齐、与两肩同宽。

38. 右跟步左擒

接上势，右脚进半步，左脚跟进半步，仍为右双弓步。右手变拳收回右腰间，左鹰爪从里往上、往前、往外、往左绕圈，擒扣于左肩前方。目视前方（图7-2-82）。

要点：手擒到位时才扣爪。

图 7-2-80　　　　　　　图 7-2-81　　　　　　　图 7-2-82

39. 右横左后肘击（摇身抖胛）

接上势，双弓步不变。左鹰爪抓握成拳，拧转使拳心朝上，随即左肘紧贴左肋，往身后撞肘，左拳停于左腰间。同时，抬右肘，右手小臂和大臂夹紧，以右肘部往上、往左横击，肘尖停于正前方。目视前方（图7-2-83 至图 7-2-84 ）。

要点：肘击时须用弹抖劲，头保持目视前方。

图 7-2-83　　　　　　　　　图 7-2-84

40. 右削掌

接上势，右双弓步不变。右拳变掌，从胸口出往正前方削掌。目视前方（图7-2-85 ）。

要点：右掌削出时，手臂要似直非直。

41. 右退步左推掌

接上势，右腿退一步，成马步，身体右转成侧身，目视正前方。左拳变掌上提于左肩前竖掌、前推，右掌变拳后拉，右肘后顶。目视前方（图 7-2-86 ）。

要点：推掌由肩前出掌，不能由胸口发出。

图 7-2-85　　　　　　　　　　图 7-2-86

42. 右竖断

接上势，身体左转正对前方，左脚略左侧移脚尖外摆、右脚脚尖内扣，成左双弓步。同时，左掌变拳、小臂从上往内、往下、往左压挡于腹部前，拳心斜朝下；右臂竖举，以右小臂往左前方砍击，拳心朝左。目视前方（图 7-2-87）。

要点：右竖断须由右向左、小臂砍击过中线，力达尺骨侧。

43. 左侧闪左竖节内格

接上势，左脚往左侧移一步、脚跟外碾，身体右转 90° 侧闪。右小臂往左、往下、往右绕圈，以小指一侧的小臂格挡，停于身体右侧前；左小臂往左、往上、往右绕圈，以小指一侧的小臂格挡于身体左侧。脸朝正前方，目视前方（图 7-2-88）。

要点：竖节时，肘直接由下往上格挡，不要外拉。

44. 右撤步右内封格挡

接上势，右脚往后撤半步，左脚随着撤半步，成左双弓步，身体向左转 90°，面向正前方。同时，左臂继续往右、往下、往左格挡于身体前方左侧，右小臂上抬往左下刮带格挡，停于胸口前，拳上肘下，拳心朝内。目视前方（图 7-2-89）。

要点：内封格挡要有刮、带之劲力，不能用砸、锻。

图 7-2-87　　　　　　图 7-2-88　　　　　　图 7-2-89

45. 右撤步左搬挑

接上势，右脚往后撤半步，左脚跟撤半步，成左双弓步。同时，左拳从右小臂下穿出，往左上外挑格；右臂往后抽回，右拳停于右腰间。目视前方（图 7-2-90）。

要点：搬挑后，左手在左肩的正前方，高与肩齐，左边的拳、肘、肩三点同在一垂直平面。

46. 右进步右搬挑

接上势，右脚上前进一步，成右双弓步。同时，右拳从左小臂下穿出，往右上外挑格；左臂往后抽回，左拳停于左腰间。目视前方（图 7-2-91）。

要点：同上动作 45，唯左右相反。

图 7-2-90　　　　　　图 7-2-91

47. 连环三冲拳

接上势，右双弓步不变。右拳收于右腰间，随即连续往前打出左、右、左冲拳。出拳的落点在于胸口、心窝之间，目视前方（图 7-1-92 至

图 7-2-94)。

要点：冲拳从收拳正上方冲出，两拳的线路在身前有上下重叠，击打胸口、心窝处的同一点位。

图 7-2-92 　　　　　　图 7-2-93 　　　　　　图 7-2-94

48. 连环退步双封手

（1）右退步双封手。接上势，左拳变掌在下、右拳变掌在上，以掌的小指一侧往左封。随即左掌继续往左、往上绕，右掌往左、往下绕，仍然以掌的小指一侧在前。当左掌在上、右掌在下时，退右步，成左双弓步。同时，两掌以掌的小指一侧向右封（图 7-2-95、图 7-2-96）。

（2）左退步双封手。紧接上势，右掌继续往右、往上绕，左掌往右、往下绕，仍然以掌的小指一侧在前。当右掌在上、左掌在下时，退左步，成右双弓步。同时，两掌以掌的小指一侧向左封（图 7-2-97、图 7-2-98）。

（3）右退步双封手。紧接上势，左掌继续往左、往上绕，右掌往左、往下绕，仍然以掌的小指一侧在前。当左掌在上、右掌在下时，退右步，成左双弓步。同时，两掌以掌的小指一侧向右封。眼随掌走（图 7-2-99）。

要点：双拳变掌连续做好上封下勾动作，同时配合左右脚的连续退步。

封、勾手须在同一圆形轨迹上。

图 7-2-95

图 7-2-96

图 7-2-97

图 7-2-98

图 7-2-99

49. 右侧闪左勾右劈掌

接上势，右脚往右侧前上一步，身体随之左转 90°，成左双弓步。同时，左掌变鹰爪，往下、往左勾手；右掌收至右耳侧，随即往正前方劈，掌指斜向前上方。目视正前方（图 7-2-100、图 7-2-101）。

要点：勾劈掌时，身体必须同时侧闪左转。

图 7-2-100

图 7-2-101

50. 右上步右上外格挡左冲拳

接上势，身体左转 90°，右脚往正前方进一步，成右双弓步。同时，两手变拳，左拳收至左腰间，右臂横压在腹部前。随即，右臂斜向右上方穿抬起在头左侧，右拳与头部同高，拳心斜朝前；左竖拳（拳眼朝上）向正前方冲拳。目视前方（图 7-2-102、图 7-2-103）。

要点：右手朝上穿上外格挡时，手臂内旋，拳高与头顶齐。

图 7-2-102

图 7-2-103

51. 右罗汉踢

接上势，上左脚踩于右脚前，成左盖步。同时，左臂上竖格挡于脸颊左侧，拳同头高；右拳下刮压、收至左腹前。随即，提右腿向前弹踢腿。目视前方（图 7-2-104、图 7-2-105）。

要点：同上动作 29。

52. 右双搬撞拳

同时，两手变掌，掌心向下，右掌前、左后掌同时往前方压按至腹前后，握拳。随即，右拳在前、左拳紧跟在右拳后，两拳经腹部从胸口向正前方撞出，右拳在前左拳在后，拳心均朝上。目视前方（图 7-2-106）。

要点：搬撞拳是搬挑和钻撞两个动作同时进行，一气呵成。

图 7-2-104

图 7-2-105

图 7-2-106

53. 连环三冲拳

接上势，右双弓步不变。右拳收于右腰间，随即连续往前打出左、右、左冲拳。出拳的落点在于胸口、心窝之间。目视前方（图 7-2-107 至图 7-2-109）。

要点：冲拳从收拳正上方冲出，两拳的线路在身前有上下重叠，击打胸口、心窝处的同一点位。

图 7-2-107　　　　　图 7-2-108　　　　　图 7-2-109

54. 右削掌

接上势，右双弓步不变。两手同时变掌，左臂外旋使拳心向上，并略收为半曲臂状。同时，右掌向上封拍于左肘上方，随即，右掌向正前方削掌。目视前方（图 7-2-110、图 7-2-111）。

要点：削掌时要由左肩前向右前斜下方向削击。

图 7-2-110　　　　　　　图 7-2-111

55. 右虚步左上竖掌右下托掌（铙钹手）

接上势，右脚收半步，成右虚步。右掌外旋拧转后，略往回收；左掌从胸口、顺着右臂往前推于右掌上方。目视前方（图 7-2-112、图 7-2-113）。

要点：同上动作31。

图 7-2-112

图 7-2-113

收势

接上势，撤右脚于身体右侧，两脚距离略宽于肩，成马步。同时，两手变拳收于腰侧。

紧接着，收左脚于右脚左侧，成并步直立。同时，两拳变掌双按于胯前。随即，两掌收至大腿两侧。目视前方（图 7-2-114 至图 7-2-117）。

要点：头正微顶，下颌微收，全身放松，精神集中。

图 7-2-114

图 7-2-115

图 7-2-116

图 7-2-117

（王文勇演练）

第三节　通元槌

　　槌，闽南称"槌"，北方称"棍"。槌为百兵之祖。通元槌主要的槌
法有：挑、劈、扎、点、摇、撩、托、横打、崩、扫、压、刮、圈、盖、
拦、架、甩、撬、撞。同一槌法可打上、中、下三盘，内、中、外三门。
用槌必须与各种身步法配合，合理灵活应用，做到人槌合一、浑然一体、
简捷实用。

　　动作名称

　　起势（并步左扛槌）

　　1.左扛槌平马右侧削掌

　　2.右侧闪右切掌

　　3.右退左虚步右推掌

　　第一段

　　4.左跟步右前把劈槌

　　5.右撤步举槌

　　6.左斜跟步劈槌

　　7.右转右跟步左后甩撩槌

　　8.右进中右撩槌

　　9.左横盖步右侧开步盘腰右侧横扫槌

　　10.左后转身内横扫槌

　　11.右转右后把横拉扫槌

　　12.左进步右后把低横扫槌

　　13.起身右进步左把高内横扫槌

　　14.左进低双弓步左横扫槌

　　15.右进低双弓步右横扫槌

　　第二段

　　16.左侧斜进换把左上右下竖推拦槌

17. 右侧斜进竖推拦槌

18. 左进右把劈槌

19. 右弹踢右把过肩后劈槌

20. 右后转身低马盘腰右把横扫槌

21. 独立步右把下内拦拨槌

22. 右进中右把上挑下劈槌

23. 右跟步右把中平刺槌

24. 左前盖步右把下内拦拨槌

25. 起跳左后把下撞槌

26. 落步右后转右把中平刺槌

27. 左进左后把盖劈槌

第三段

28. 左后转跳右把劈槌

29. 跟步前刺槌

30. 左撤步右提膝右把下内拦拨槌

31. 右弓步右把滑把前刺槌

32. 左撤步右把上外挑崩槌

33. 右跟步上内横劈槌

34. 右勾脚左独立右后滑把前刺槌（回马枪）

35. 左退步低马右把下点槌

36. 起身左垫步上挑刺槌

第四段

37. 左侧闪上架槌

38. 左外侧闪左后把上内横击槌

39. 右外侧闪右把上内横击槌

40. 左撤步右把下压劈槌

41. 右跟步前刺槌

42. 左前盖步右把圈盖槌

43. 右进步前刺槌

44. 左撇步左后把撞槌

45. 右跟步右上挑下劈前刺槌

46. 左撇步右把下劈打槌

47. 左撇步上外挑崩槌

48. 右扛槌

49. 左立槌

50. 右并步右腰拳

收势

起势（并步左扛槌）

两脚并步站立。两手握住槌的前段扛于左肩，手心朝下，目视前方（图 7-3-1）。

要点：槌在肩上的位置一般为前三后七或者前四后六，依据实际合理分配，以均衡适中为要。

图 7-3-1

第一段

1. 左扛槌平马右侧削掌

接上势。左脚向左前方迈一步，紧接着，右脚向右前方迈一步，下蹲站成马步。同时，右掌向右侧削掌，比肩略低；左手握槌随右削掌的同时，略向左侧自然撑开。目视前方（图 7-3-2 至图 7-3-3）。

要点：削掌高与肋部齐。

图 7-3-2   图 7-3-3

2. 右侧闪右切掌

接上势。身体向左转45°，重心偏于右脚成双弓步，身体右侧斜向前方。同时，右掌回收至右肩前，随即往前切掌，力达掌刀；左手持槌，随身体自然向左摆动。目视前方（图 7-3-4）。

要点：切掌高至肋部；与身体右侧闪须同时。

3. 右退左虚步右推掌

接上势。右脚往中、往后退半步，随即左脚往中、往前上半步，成左虚步。同时，右掌变拳收至右腰间后，又变掌向前推掌，掌指朝上，掌心朝左。目视前方（图 7-3-5、图 7-3-6）。

要点：右推掌须由腰转带动。

图 7-3-4   图 7-3-5   图 7-3-6

4. 左跟步右前把劈槌

接上势。左脚向前进半步，右脚紧跟半步，成左双弓步。同时，右手在左手后握槌，两手相距约一尺。随即，左手向左腰间拉，右手握槌往前、往下劈槌，力达槌的前段，与腰同高。目视前方（图 7-3-7）。

要点：劈槌的槌身要贴着身体，两手握把约与肩同宽。

5.右撤步举槌

接上势。右手持槌，向下、向右后、然后向上穿，左手下、右手上，槌身贴住右小臂，抱槌立于身体右侧；左手持槌随右手穿至右手下端。身体同时向右转，成半马步，目视前方（图7-3-8、图7-3-9）。

要点：举槌时，右小臂要贴着槌身，左小臂曲臂成圈。

图 7-3-7　　　　　　　图 7-3-8　　　　　　　图 7-3-9

6.左斜跟步劈槌

接上势。身体向左转，左脚向左侧前方上一步，右脚紧跟一步，成左双弓步，面向左侧前方。同时，双手持槌，往左侧前方劈。右手在前，与腰同高；左手在后，收于左腰间。目视前方（图7-3-10）。

要点：左臂和槌均要贴着大腿，两手握距约与肩同宽。

图 7-3-10

7. 右转右跟步左后甩撩槌

接上势。身体右转，面朝右侧前方。同时右脚向右侧前方上一步，左脚紧跟一小步，成右双弓步。随身体右转，右手滑把至槌的前端，然后往后拉；左手随右手后拉的同时，槌尾从下往前往上甩、往右侧前上方撩槌。目视右侧前方（图 7-3-11、图 7-3-12）。

要点：滑握时，手环住槌身、松握滑动。

图 7-3-11　　　　　　　　　　图 7-3-12

8. 右进中右撩槌

接上势。右脚稍微回收，随即往前上一步，成右双弓步。同时，左手滑握至槌稍，右手滑握到左手把前附近，两手距离约宽于肩。随即，右手持槌往前、往中间、往上撩击。身体随撩槌而左转成马步，右侧身朝向前方。目视前方（图 7-3-13、图 7-3-14）。

要点：同上动作 7。

图 7-3-13　　　　　　　　　　图 7-3-14

9. 左横盖步右侧开步盘腰右侧横扫槌

接上势。左脚经右脚前盖步，脚尖内扣，身体向右、向后转 180°，右脚向后迈出一步，成马步。同时两手持槌，以右手引领，在头顶向右、向后、向左、向前、向右绕一圈盘槌横扫，左手持槌随右手绕圈后收于右大臂下，目视前方（图7-3-15至图7-3-17）。

要点：盘槌时，一手以滑动的方式，略为缩短两手的握距，便于灵活盘槌。

图7-3-15   图7-3-16

图7-3-17

10. 左后转身内横扫槌

接上势。身体向左、向后转180°，同时随转身右脚经左脚前盖步，随即左脚向前迈一步，成马步。同时，右手持槌往身后拉至右肩下，左手松开握槌快速往右手虎口侧前握槌，两手心均朝下。同时，两手持槌随身体从右向左、向前横扫，停于正前方。目视前方（图7-3-18至图7-3-20）。

要点：横扫槌时，槌身要贴着身体。左手换握要快。

图 7-3-18

图 7-3-19　　　　　　　图 7-3-20

11. 右转右后把横拉扫槌

接上势。右脚向右后方插步，随即身体向右后转 145°，成低马步。同时，右手持槌往右后拉横扫，槌端停于身体右侧后，槌身贴在右大腿上方，左手握槌收于大腿内侧，右手握槌停在大腿外侧，两手心均朝下。目视右槌端方向（图 7-3-21）。

要点：横扫槌时，槌身要贴着大腿。

图 7-3-21

12. 左进步右后把低横扫槌

接上势。身体向左后转 180°，左脚向左侧前上一步，屈膝下蹲，成左低弓步。身体左转下俯，面朝左侧前方。同时，左手持槌往身体左后拉，停于身体左后，右手持槌从右往左前方横扫，停于身体左侧前方。两手心朝下，两手虎口相对。目视右手方向（图7-3-22）。

要点：同上动作11。

13. 起身右进步左把高内横扫槌

接上势。右手滑把握于槌的前段。随即，右脚向右前迈进一步，成右弓步，身体面向右侧前方，同时，右手持槌随身体右转收停于右腰间，左手由阴把变阳把持槌从左身后向前、向右横扫，与头同高，停于右侧前方（图7-3-23 至图7-3-24）。

要点：横扫槌时，槌身要贴着大腿。

图 7-3-22   图 7-3-23

图 7-3-24

14. 左进低双弓步左横扫槌

接上势。左脚向前上一步，屈膝下蹲，成左低弓步。同时，左手持槌从右往体左侧横扫，停于身体左后方，右手持槌随身体左转停于身前。目视前方（图7-3-25）。

要点：横扫槌时，槌身要贴着大腿，重心放低下坐。

图 7-3-25

15. 右进低双弓步右横扫槌

接上势。右脚向右前进一步，成右低弓步。同时，左手持槌从左身后向前、向右横扫，停于右侧前方；右手持槌随身体右转收停于右腰间。目视前方（图 7-3-26）。

要点：同上动作 15。

图 7-3-26

第二段

16. 左侧斜进换把左上右下竖推拦槌

接上势。左脚向左侧前上一小步，右腿微曲，成左弓步。身体左转，左右两手同时相向滑把变换握位，左手上、右手下垂直持槌，随身体左转，推槌挡于身体左侧前，两手心均朝左前。目视左侧前方（图 7-3-27 至图 7-3-28）。

要点：竖拦时，槌在前腿前方。下握槌的手为握槌半圈，即手掌、手指均在槌身的一侧半圈内，掌心贴槌身、不环握。上握的手高与额齐。

17. 右侧斜进竖推拦槌

接上势。右脚向右侧前上一小步，左腿微曲，成右弓步。身体右转面朝右侧前方。同时，两手持槌，仍然左手上、右手下，垂直持槌，随身体右转，推槌停于身体右侧前。两手心均朝右前。目视右侧前方（图7-3-29）。

要点：同上动作16。

图 7-3-27　　　　　图 7-3-28　　　　　图 7-3-29

18. 左进右把劈槌

接上势。左脚向正前方上一步，成左双弓步。同时，左把往下、往左、往后收，左手停于左腰间偏后；右把往上、往前、往下劈，停于正前方。目视前方（图7-3-30至图7-3-31）。

要点：同上动作6。

图 7-3-30　　　　　　　　图 7-3-31

19. 右弹踢右把过肩后劈槌

接上势。身体重心移到左脚，提右膝后向前弹踢。同时，右把由前、经右肩上方往后劈槌，右手停于右肩上方；随着右把后劈，左把由下往前往上提，停于右肩前方。目视前方（图7-3-32至图7-3-33）。

要点：后劈槌时，前手略高于肩，后劈槌的槌端略低于肩。

图 7-3-32   图 7-3-33

20. 右后转身低马盘腰右把横扫槌

接上势。右脚往后落步成低马步，向右转身 180°。同时，两手持槌，以右把领带、以左把为圆心，从头顶往左、往前、往右盘槌，以右把前段横扫 360° 后，停于正前方；左把在右大臂下方，紧贴右腰。目视前方（图 7-3-34 至图 7-3-35）。

要点：盘槌时，两手要滑近握距；重心放低下坐，成低弓步。

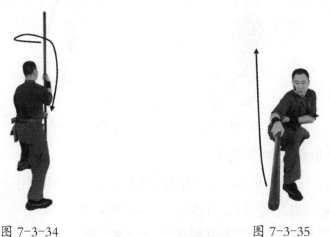

图 7-3-34   图 7-3-35

21. 独立步右把下内拦拔槌

接上势。重心移到左脚，提右脚，成独立步。同时，左把上提，停于左肩前；右把往上、往右、往下、往内绕一圈，拦于身体前下方。目视前下方（图 7-3-36、图 7-3-37）。

要点：勾脚时，右脚掌往左、往上勾。

图 7-3-36　　　　　　　　　图 7-3-37

22. 右进中右把上挑下劈槌

接上势。右脚上前落步，成右双弓步。左把下压，停于左胯旁；右把上挑，略高于头。随即，右把往前下劈，槌端至腰高。目视右把槌前方（图 7-3-38 至图 7-3-39）。

要点：上挑槌接下劈槌要连贯不断。

图 7-3-38　　　　　　　　　图 7-3-39

23. 右跟步右把中平刺槌

接上势。右脚上前半步，仍为右双弓步。同时两手持槌略回收平，与腰同高，随即往前平刺。目视前方（图 7-3-40）。

要点：前刺槌时，前手滑握至与肩同宽的距离。

24. 左前盖步右把下内拦拨槌

接上势。左脚进一步，落步于右脚前，成左盖步。右把往右、往下、往内拦拨槌，停于身前下方；左把上提，停于左肩侧。目视右槌端前方（图 7-3-41）。

要点：右把拦槌端略低于膝盖，后把略低于肩。

图 7-3-40　　　　　　　　　　　图 7-3-41

25. 起跳左后把下撞槌

接上势。向右上跳转 90°。同时，两手把槌上举至右肩上方，随即以左槌端往前下撞。目视左槌端前方（图 7-3-42、图 7-3-43）。

要点：左把下撞要在腾空中完成。

图 7-3-42　　　　　　　　　　　图 7-3-43

26. 落步右后转右把中平刺槌

接上势。两脚落步，身体右后转，成右双弓步。同时，两手持槌，从腰间往正前方刺，高与腰平。目视前方（图 7-3-44、图 7-3-45）。

要点：落地、转身、刺要快，一气呵成。

图 7-3-44　　　　　　　　　　　图 7-3-45

27.左进左后把盖劈槌

接上势。左脚往前进一大步，随即向右转体90°，成马步侧身。同时，左手向内滑把以槌的外端从后往上、往前、往下劈，虎口朝内，手心朝下。右手持槌收于右胯侧。目视前方（图7-3-46、图7-3-47）。

要点：盖劈时，槌要放长些。

图 7-3-46 　　　　　　　　　　　图 7-3-47

第三段

28.左后转跳右把劈槌

身体向左后跳转180°，两脚随身体跳转后，左脚先落地，右脚在左脚前方落地，成右双弓步。与转跳落地的同时，两手持槌变把成右把前下劈槌，与腰同高；左手握槌贴住左胯前。目视前方（图7-3-48至图7-3-50）。

要点：后转跳、劈槌速度要快，两手握的槌的把位在腾空中就要滑把，变成右把前段长。

图 7-3-48 　　　　　　　图 7-3-49 　　　　　　　图 7-3-50

29.跟步前刺槌

接上势。右脚前进一小步，左脚跟进一小步，成右双弓步。随即往前刺，高至胸腹部。目视前方（图 7-3-51）。

要点：前刺时，两手握把距离约与肩宽。

30. 左撤步右提膝右把下内拦拨槌

接上势。左脚后撤一小步，右脚提膝，脚尖侧上勾，成左独立步。同时，右手持槌从上往右、往下、往左拦槌，右握槌端低于膝关节；左手握槌停于左肩前。目视前槌端方向（图 7-3-52）。

要点：提膝后，膝关节要高于腰胯线。

图 7-3-51　　　　　　　　　　图 7-3-52

31. 右弓步右把滑把前刺槌

接上势。右脚往前落步，成右弓步。同时，右手虚握、左手前伸靠近右手，往前滑把刺槌，与胸口同高。目视前方（图 7-3-53）。

要点：前刺时，重心前移成右弓步。

图 7-3-53

32. 左撤步右把上外挑崩槌

接上势。左脚往后撤一小步，右脚跟撤一小步，成右双弓步。同时，右手持槌往右上方挑槌。目视前方（图 7-3-54 至图 7-3-55）。

要点：挑崩时槌身要贴身，使用弹抖力，右槌端与头同高。

33. 右跟步上内横劈槌

接上势。右脚前进一小步，左脚跟进一小步，成右双弓步。同时，右手持槌由外向内横劈槌；左手抬高至左肩侧前。目视前方（图 7-3-56）。

要点：上内横劈，槌高与头齐；发劲弹抖、短促。

图 7-3-54   图 7-3-55   图 7-3-56

34. 右勾脚左独立右后滑把前刺槌（回马枪）

接上势。左脚后撤一步，身体左后转，头和右把槌端仍然朝原方向不变；右脚提膝、勾脚尖。同时，右把前端绕一个逆时针小圈后虚握，左手握槌前伸滑把，槌往原正前方向前刺。刺打。目视前方（图 7-3-57 至图 7-3-58）。

要点：滑把前刺时，上身须往刺的方向略探身。

35. 左退步低马右把下点槌

接上势。身体右转仍然朝原方向，右脚经左脚前做右盖步在左脚后方落步，左脚随即也向后退一步。紧接着，右脚向前（原方向）上一小步，左脚同时跟进一小步，成低右弓步，同时两手握槌往，以右槌端向前下方点击。目视前方（图 7-3-59）。

要点：点槌要尽量坐低，略往前探身；点槌要快，一点即收。

图 7-3-57   图 7-3-58   图 7-3-59

36. 起身左垫步上挑刺槌

接上势。身体稍起，左脚往前垫一步，随即右脚往前进一步，成右弓步。同时，两手持槌，方向不变，向前、向上冲挑。目视前方（图 7-3-60 至图 7-3-61）。

要点：刺槌时，保持低弓步姿势。

图 7-3-60   图 7-3-61

第四段

37. 左侧闪上架槌

接上势。左脚向左侧横跨一步，成左侧弓步，身体稍微向左倾斜。两手同时向上托举架槌，成右手槌端低、左手槌端高的倾斜状态；左手握满把、略高，右手握半把、略低，掌心均朝上。目视前方（图 7-3-62、图 7-3-63）。

要点：上架槌时，头略倾向左把手一侧；右把略低、左把略高；前把手指不握过槌身，只半握槌身向上托举。

38. 左外侧闪左后把上内横击槌

接上势。身体向右转 90° 成外侧闪步，随之右脚略向左脚方向收，成右虚步。同时，左手持槌往前、往上横打，高与头平。目视前方（图 7-3-64）。

要点：横击槌高与头齐。

图 7-3-62   图 7-3-63   图 7-3-64

39. 右外侧闪右把上内横击槌

接上势。以两脚尖为轴，身体向左后转 180°，右脚进一步成外侧闪步，重心移至右腿，左脚脚尖点地，成左虚步。同时，右手持槌由右外向中间、向前、向上横击；左手持槌收至左肩前。目视前方（图 7-3-65、图 7-3-66）。

要点：同上动作 38。

40. 左撤步右把下压劈槌

接上势。左脚向后撤一步，成右双弓步。同时，右手持槌由上往前、往下压劈，左手持槌收于左胯前。目视前方（图 7-3-67）。

要点：下压劈槌时槌身贴着身体。

图 7-3-65   图 7-3-66   图 7-3-67

41. 右跟步前刺槌

接上势。右脚往前进一步，左脚跟进一步，仍成右双弓步。同时，两手持槌以右把前端向前刺。目视前方（图 7-3-68）。

要点：前刺时，两手的握距与肩等宽，槌身要贴身。

42. 左前盖步右把圈盖槌

接上势。左脚向右脚前迈进一步，成左盖步。左手不变，右手持槌，以右槌端往右、往上、往内、往下逆时针绕一小圈，在身体正前方盖槌，与腰同高。目视前方（图 7-3-69）。

要点：槌身要贴身，圈盖的圈要小。

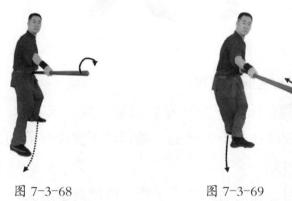

图 7-3-68   图 7-3-69

43. 右进步前刺槌

接上势。右脚往前进一步，成右双弓步。同时，两手持槌马上往前刺槌。左手停于腹部前；右手前伸，似直非直。目视前方（图 7-3-70、图 7-3-71）。

要点：后手上臂要贴身。

图 7-3-70   图 7-3-71

44. 左撤步左后把撞槌

接上势。左脚后撤一小步，右脚跟撤一小步，仍成右双弓步。同时，两手持槌，以左槌端往后撞，头左转往后看。目视身体后方（图7-3-72）。

要点：后撞时，槌身要贴身。

图 7-3-72

45. 右跟步右上挑下劈前刺槌

接上势。右脚往前上一步，左脚跟进一步，成右双弓步。同时，两手持槌，以右槌前段往前上方挑槌、随即往下劈槌接前刺，目视前方（图7-3-73 至图 7-3-75）。

要点：上挑时，槌的后把要低于腰、前端高不过头。

图 7-3-73　　　　图 7-3-74　　　　图 7-3-75

46. 左撤步右把下劈打槌

接上势。左脚往后撤一步，右脚跟撤一步，成右双弓步。同时右手槌端由上往下内劈打。目视前方（图7-3-76）。

要点：下劈时，槌身要贴腰。

47. 左撤步上外挑崩槌

接上势。左脚往后撤一步，右脚跟撤一步，成右双弓步。同时，左手持槌贴腰；右手持槌向上外挑崩，停于身体前方右侧。目视前方（图7-3-77）。

要点：上挑时，槌身要贴腰、前端高不过头。

图 7-3-76   图 7-3-77

48. 右扛槌

接上势。身体右转90°，右脚往后退一大步，重心移至右脚；两手持槌，右手滑把靠近左手，往右、往后水平扫槌枕停于右肩（图7-3-78）。

随即身体左转90°，左脚尖点地，成左虚步。同时，左手变掌往前推，掌指朝上，掌心朝右；右手持槌，仍扛在右肩上，右把槌端朝右前方，左槌端朝左后方。目视前方（图7-3-79）。

要点：扛槌时，两侧的槌身长短要适当、均衡。

图 7-3-78   图 7-3-79

49. 左立槌

接上势。左脚后退一步，身体左转180°，成半马步。同时，右手持槌往上提拉。槌的另一端顺着身体转的同时往下落，以左手接槌，左手下右手上，左手虎口向下。随即，左手持槌随身体左转从下往左、往后、往上穿，举槌停于头部左侧；右手在左手穿槌时，换握槌下端，变左上右下，在左身侧竖举。目视前方（图7-3-80至图7-3-82）。

要点：槌由右向左、由下往上穿的线路是竖圆。

| 图7-3-80 | 图7-3-81 | 图7-3-82 |

50. 右并步右腰拳

接上势。向左脚靠拢收右脚，并立步。两手持槌垂直下落着地，左手小臂水平持槌，右手握拳收于腰间，右侧身朝正前方。目视前方（图7-3-83、图7-3-84）。

要点：目视前方，精神集中。

收势

接上势。并立步不变。左手持槌不变，右拳变掌往前下按于右胯前，随即自然下落，收于右大腿外侧。目视前方（图7-3-85、图7-3-86）。

要点：右手于体前下方轻缓下按，然后自然收放于大腿侧。

| 图7-3-83 | 图7-3-84 | 图7-3-85 | 图7-3-86 |

（张艺平演练）

第四节　藤牌刀

通元达尊拳藤牌刀技法保留了古代战争中最为传统的武术技法，其藤牌的技法有拍牌、挡牌、掀牌、扇牌、罩牌、拦牌、盖牌、滚牌、举牌、甩牌等，配合单刀刀法，形成了一套完整的藤牌刀技法。

起势

1. 并步拍牌正面展牌（叫阵）

2. 退步左前下挡牌右上架刀

第一段

3. 左进左掀牌

4. 右进步连环三劈刀

5. 右跟步上刺刀

6. 左进步连环扇牌

7. 上罩牌右进前刺刀

第二段

8. 左后转过门左前拦牌右上架刀

9. 右进内下劈刀

10. 右跟步外下劈刀

11. 右跟步前刺刀

12. 右转后跳蹲步左前下盖牌

13. 跳进左前下盖牌

14. 起身掀牌

15. 连续跟步前劈刀

16. 团身滚牌过门

17. 右屈步左侧举牌右平削刀

第三段

18. 起身上外挑刀

19. 前平刺

20. 左转左上罩牌横砍

21. 侧举牌起身前刺

22. 左后转掀牌

23. 下内挡牌

24. 左上罩牌横砍

25. 起身侧举牌前刺

第四段

26. 左转左进上甩牌右前上撩刀

27. 右进内下劈刀

28. 外下抡劈刀前刺

29. 右退平马前下挡牌右屈臂竖举刀

30. 右退正面拍牌展牌叫阵

收势

起势

身体朝前，两脚自然并立。左手持牌，右手持刀，分别垂直停于身体两侧。目视前方（图7-4-1）。

要点；左手臂须穿过牌里侧的藤环把，左手紧握住横把。持牌时要放松、自然，刀尖指向前下方。

图 7-4-1

1. 并步拍牌正面展牌（叫阵）

接上势。右手持刀向右侧平举，刀口向下；左手持牌向左侧平举，牌面朝后，与肩同高（本文以藤牌的中心点作为方位高低的参照点进行说明）。随即，两手同时向前、向中间合拢，右手持刀拍击左手的藤牌沿，停于身体正前方。紧接着，两手向两侧展开，右手持刀向右侧平举，刀口向下；左手持牌向左侧平举，牌面朝后，与肩同高。目视前方（图7-4-2至图7-4-4）。

要点：刀侧拍藤牌沿内侧。

图 7-4-2　　　　　　　　图 7-4-3　　　　　　　　图 7-4-4

2. 退步左前下挡牌右上架刀

接上势。身体右转，退右脚成半马步。右手持刀向上架刀于右额头侧上方，左手持牌内旋挡于身体左侧前方。目视前方（图7-4-5）。

要点：牌下挡在前脚膝关节下方正中间位置。

图 7-4-5

第一段

3. 左进左掀牌

接上势。左脚向前进一步，右脚跟进一步，成左双弓步。同时，左手持牌外旋，上掀挡于头部左侧，略高于头；右手持刀贴靠藤牌右侧，刀锋斜朝前、刀尖朝上。目视刀尖处（图7-4-6至图7-4-7）。

要点：掀牌掀至头部左外侧，略高于头。右手持刀要贴紧藤牌沿内侧。

图 7-4-6   图 7-4-7

4. 右进步连环三劈刀

接上势。右脚上前进一大步，成右双弓步。右手持刀往下劈，停刀于身体右侧前方。目视刀尖处（图 7-4-8）。

随即，右脚前进半步，左脚跟进半步，成右双弓步。同时，右手持刀由右外侧上举，刀锋朝前，架于右额头上方，随即由上往前、往内下劈刀，停于右膝盖前方左侧。左手持牌护于左肩前不变。目视前方（图 7-4-9、图 7-4-10）。

上动不停。右脚前进半步，左脚跟进半步，成右双弓步。同时，右手持刀上举，刀锋朝前，架于头右侧上方，随即由上往下、往外下劈刀，停于右膝盖前外侧。左手持牌护于左肩前不变（图 7-4-11、图 7-4-12）。

要点：劈刀走斜线。

5. 右跟步上刺刀

接上势。右脚进半步，左脚跟进半步。左手持牌护于左侧上方不变，右手随即向前方刺刀。目视前方（图 7-4-13）。

要点：刺刀要脆、快，力达刀尖。

图 7-4-8　　　　　　　　图 7-4-9　　　　　　　　图 7-4-10

图 7-4-11　　　　　　　图 7-4-12　　　　　　　图 7-4-13

6. 左进步连环扇牌

接上势。身体右转 90° 时左脚向前迈一步，成侧身马步，身体左侧朝前。同时，左手持牌往右、经身前横向掩扣，藤牌的右沿与右手持刀（刀背朝上）相贴碰，牌、刀停于身前，牌面朝向左侧前方。目视前方（图 7-4-14）。

接上势。左脚继续向前迈一步，仍成马步，身体左侧朝前。同时，左手持牌由身前往身体左侧横扇，同时右手刀顺势也向身体右侧横劈。目视身体左侧前方（图 7-4-15）。

以上动作，再连续重复做两遍（图 7-4-16 至图 7-4-21）。

要点：掩扣牌、横扇牌要快速有力。

图 7-4-14　　　　　图 7-4-15　　　　　图 7-4-16　　　　　图 7-4-17

图 7-4-18　　　　　图 7-4-19　　　　　图 7-4-20　　　　　图 7-4-21

7. 上罩牌右进前刺刀

接上势。右脚上前一大步，成半马步或弓步，身体右侧朝前。同时，左手持牌上架，罩于头部上方；右手持刀，随身体左转的同时向前刺。目视前方（图 7-4-22）。

要点：举牌上罩要过头顶。

图 7-4-22

第二段

8. 左后转过门左前拦牌右上架刀

接上势。身体左后转，仍成半马步，身体左侧朝前。左手往下垂肘，持牌拦遮于身体左侧前；右手持刀上架于右额头上方。目视前方（图7-4-23）。

要点：牌拦遮于身体左侧正前方。

图 7-4-23

9. 右进内下劈刀

接上势。右脚上前一大步，成右双弓步，身体右侧朝前。同时，左手持牌遮护于身体左侧；右手持刀，向内下劈，停于右膝内侧前方。目视前方（图7-4-24）。

要点：劈刀走斜线，由右上向左下劈。

图 7-4-24

10. 右跟步外下劈刀

接上势。右脚上前半步，成右双弓步，身体右侧斜朝前。同时，左手持牌，仍护于身体左侧；右手持刀向右下劈，停于右膝外侧前。目视前方（图7-4-25至、图7-4-26）。

要点：劈刀走斜线，由左上向右下劈。

图 7-4-25　　　　　　　　　　　图 7-4-26

11. 右跟步前刺刀

接上势。右脚上前半步，仍成右双弓步，身体右侧朝前。同时，左手持牌仍护在身体左侧上方；右手持刀向前刺。目视前方（图7-4-27）。

要点：前刺可击对方心窝，也可击咽喉。

图 7-4-27

12. 右转后跳蹲步左前下盖牌

接上势。身体右后转跳180°，右脚在后、左脚在前，两脚曲蹲、左膝跪地成左跪步。同时，在两脚下蹲时，以牌的下沿击触地面，盖牌于身体正前方。右手持刀紧贴牌沿。目视前方（图7-4-28、图7-4-29）。

要点：下盖牌沿要触地，人也要下蹲。

图 7-4-28   图 7-4-29

13.跳进左前下盖牌

接上势。左脚领，两脚向前跳进一步，左脚在前、右脚在后先后落步，两脚曲蹲、左膝跪地成左跪步。同时，左牌随身体起跳、落地，在两脚下蹲时，以藤牌下沿触击地面，盖牌于身体正前方。右手持刀紧贴牌。目视前方（图 7-4-30、图 7-4-31）。

要点：同上动作 12。

14.起身掀牌

接上势。起身，左脚向前进一步，成左双弓步。同时，左手持牌往左上方掀挡护于身体左侧，右手持刀紧贴藤牌的前沿内侧，牌面朝左。目视前方（图 7-4-32）。

要点：掀牌后，牌的上沿要略高于头。

图 7-4-30   图 7-4-31   图 7-4-32

15.连续跟步前劈刀

接上势。左脚向前进半步，右脚跟半步，仍成左双弓步。同时，左手持牌挡护于身前，右手持刀上举立刀护于身体右侧，刀把约与肩同高，刀锋朝前。随即，右手持刀向前劈，与胸腹部同高。目视前方。

紧接上势，左脚再进步、劈刀。连续做三次（图 7-4-33 至图 7-4-38）。

要点：劈刀时，脚步要跟进。

图 7-4-33   图 7-4-34

图 7-4-35   图 7-4-36

图 7-4-37   图 7-4-38

16. 团身滚牌过门

接上势。右脚收到左脚后，下蹲成左跪步，身体贴紧藤牌，右手持刀护于身体右侧。随即，藤牌下沿着地后，身体从藤牌上团身依次翻滚一周 360°（图 7-4-39 至图 7-4-42）。

要点：滚牌要团身紧缩、屈腿并拢、大腿贴胸。滚翻时身子侧着、紧贴牌身。

17. 右屈步左侧举牌右平削刀

接上势。身体翻滚一周后，右脚先着地跪步，随即左脚着地下蹲，身体右转。左手持牌上罩于头部上方，右手持刀往前削，刀尖指向前方。目视前方（图 7-4-43）。

要点：削刀要与肩同高，刀尖指向正前方。

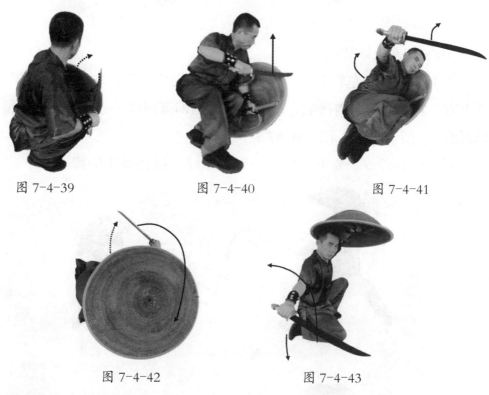

图 7-4-39   图 7-4-40   图 7-4-41

图 7-4-42   图 7-4-43

第三段

18. 起身上外挑刀

接上势。身体站起，右脚往前进一步，成右双弓步。同时，右手持刀以刀背向右上外挑，左手持牌护于身体左侧。目视前方（图 7-4-44）。

要点：向外挑刀至肩宽，刀锋可略高过头顶。

19. 前平刺

接上势。右手持刀随即向前平刺刀，刀锋朝左。左手持牌护于身体左侧。目视前方（图 7-4-45 ）。

　　要点：刺刀时，刀尖高至胸、咽喉处。

图 7-4-44　　　　　　　　　　　　图 7-4-45

　20. 左转左上罩牌横砍

　　接上势。身体左转 90°，右脚进一步，成低马步。左手举牌上罩于头部上方，右手持刀向内横砍，手心朝上；随即翻腕成手心朝下，向外横砍。目视前方（图 7-4-46、图 7-4-47 ）。

　　要点：下蹲步子要低，整个小臂要紧贴、撑住盖头的牌。

图 7-4-46

图 7-4-47

21. 侧举牌起身前刺

接上势。身体略起，成右双弓步。左手举牌下落，贴于肩外侧，牌上沿高不过头；右手持刀向前刺。目视前方（图7-4-48）。

要点：前刺刀与胸或咽喉同高。

图 7-4-48

22. 左后转掀牌

接上势。身体左后转180°，成左双弓步。右手持刀，刀尖斜上紧贴藤牌右侧沿，与左手持牌一起，随身体左后转时，往上、往左格挡，防护在身体左侧，牌、刀略高过头或与头同高，目视前方（图7-4-49）。

要点：掀牌时，牌要紧贴左臂。

23. 下内挡牌

接上势。身体略下蹲，双弓步不变。左手持牌往下、往左遮挡于左腿前，右手持刀仍然紧贴藤牌沿。目视前方（图7-4-50）。

要点：下遮挡牌时，牌下沿要低于膝盖。

图 7-4-49　　　　　　　　　　　　　　图 7-4-50

24. 左上罩牌横砍

接上势。右脚进一步，成低马步。左手举牌上罩于头顶上方。同时，右手持刀从右侧向内横砍，随即，向外横砍，高不过膝盖。目视前方（图7-4-51、图7-4-52）。

要点：下蹲时，重心要放低。

25.起身侧举牌前刺

接上势。身体略起，成右双弓步。左手持牌往下贴于左肩外侧，牌上沿高不过头。同时，右手持刀前刺。目视右侧刀刺的方向（图7-4-53）。

要点：前刺刀与胸或咽喉同高。

图 7-4-51   图 7-4-52   图 7-4-53

第四段

26.左转左进上甩牌右前上撩刀

接上势。左转90°，进左脚成左双弓步。同时，左手持牌向前上方甩，遮挡于头顶前上方；右手持刀往身体正前方上撩刀，与胸腹部同高。目视前方（图7-4-54）。

要点：上甩牌要过头顶，前上撩刀与头部同高。

27.右进内下劈刀

接上势。右脚上前一大步，成右双弓步。左手持牌仍护于身体左侧，右手持刀从上往前、往内劈刀，停于右膝盖内侧前方。目视前方（图7-4-55）。

要点：内下劈刀要从右上向左下走斜线。

图 7-4-54

图 7-4-55

28. 外下抡劈刀前刺

接上势。左手持牌仍护于身体左侧，右手持刀上举，随即往前、往外右侧劈刀，停于右膝盖外侧前（图 7-4-56 至图 7-4-57）。接上势。左手持牌仍护于身体左侧，右手持刀往前刺。目视前方（图 7-4-58）。

要点：下劈刀要走斜线。前刺刀高与胸部或咽喉齐。

图 7-4-56

图 7-4-57

图 7-4-58

29. 右退平马前下挡牌右屈臂竖举刀

接上势。右脚往右侧跨一步，成右侧双弓步。同时，左手持牌往中间遮挡于胯前；右手持刀上举于右肩外侧，刀尖朝前、刀刃朝右。目视前方（图 7-4-59）。

要点：牌要贴紧左手臂。

30. 右退正面拍牌展牌叫阵

接上势稍停。右脚往身后退一步，成左双弓步。同时，左手举牌于身前，右手持刀以刀侧拍击牌沿，停于身体前面。随即，两手同时外展分开。左手持牌往左后横扇，停于身体左侧。右手持刀往右后横扇，停于身体右侧。目视前方（图 7-4-59、图 7-4-60）。

要点：刀身拍击牌沿要干脆。

图 7-4-59　　　　　　图 7-4-60　　　　　　图 7-4-61

收势

接上势。右脚向前进一步，与左脚并拢，成并步。同时，两手分别收于左右腰间。右手刀尖朝前；藤牌紧贴身体左侧，牌面朝左。稍停后，两手顺着大腿外侧放下，微微贴住两腿，刀尖自然下垂。目视前方（图7-4-62 至图 7-4-63）。

要点：刀、牌都要贴身，身体自然站立，精神集中，目视前方。

图 7-4-62　　　　图 7-4-63

（林亚通演练）

第八章　通元达尊拳套路拳谱

第一节　徒手套路拳谱

一、鸳鸯战（三战）

请手：平马双腰拳，前下双叉闸，双擒，左掌托右掌手心朝上（五指点香）请手。

左右分掌上外挑，双绞沉腕竖掌，右进步双捆双插掌，绞沉腕右跟步双捆双插掌，绞沉腕左撤步双捆双插掌。绞沉腕左进步双捆双插掌，绞沉腕左跟步双捆双插掌，绞沉腕右撤步双捆双插掌。

左退步上外双挑，双勾缠，双捆，绞沉腕双捆双插掌，双勾双捆，左右冲拳。右退步上外双挑，双勾缠，双捆，绞沉腕双捆双插掌，双勾双捆，右左冲拳。

右进步双擒，右跟步双劈掌，右退双勾，左跟步双切掌，左退右虚步铙铗手。

右退平马收腰掌，并步双按掌。

二、罗汉梅花战

请手：马步双腰拳，前下双叉掌，双鹰爪擒枝，五指点香（左掌斜托右拳，掌在前，拳在后，拳背贴掌心，拳心朝后）请手，双分掌，内旋沉腕双坐节。

右进步双插，双挑指，外旋小臂后拉掌，内旋小臂沉腕双坐节。再两次跟步二次重复上述动作。

左撤步擒枝过胛（后拉），右跟步双内封剪枝擂鼓，左撤步双勾，右跟步左擒，右横左后肘击（摇身抖胛），右跟步右削左切右削掌，右虚步左上竖掌右下托掌铙钹手。

左后转左勾右屈指扣凤眼，右进步左勾右擒采梅花，左进步左勾右切打乾坤桩，右进步右搬挑，左、右、左冲拳，右罗汉弹踢，右削掌、左切掌、右削掌。右虚步左上竖掌右下托掌铙钹手。

左后转左勾右凤眼，右进步前双削掌虾蛄弹，左撤步右搬挑，左、右、左冲拳，左撤步右削掌。

右虚步左上竖掌右下托掌铙钹手，并步收腰拳，双按掌。

三、罗汉颠

请手：马步双腰拳，前下双叉掌。五指点香（左掌托右掌背）请手。

分掌对挑，沉腕双坐节。左转勾缠手右插（老鹰披翅），右转勾缠手左插，转中左沉腕坐节，右擒、左擒，右进步右、左、右冲拳，右跟步右按压左正鞭拳，左进步右进步连环挑掌右推掌，左盖步右侧开步（颠步）左勾右切。右盖步左侧开步双采花右擒蛇形插掌，右罗汉踢，右削、左切右削，右虚步左上竖掌右下托掌铙钹手。

左后转左勾右屈指扣凤眼，左侧移右进步右搬挑左冲拳，右侧移左进步左搬挑右冲拳。左踏中右扫腿右横鞭。左盖步右侧开步右转双采花右上左下虎爪扣，右盖步左侧开步双轮勾左侧肘击，右采花，左向右、右向左斜推鸳鸯掌。右进步右断，右横鞭拳，右罗汉踢，右削、左切、右削掌，右虚步左上竖掌右下托掌铙钹手。

左后转左勾右屈指扣凤眼，左跟步左擒右勾，右进步前双削掌，左撤步后拉擒枝过胛，右跟步双内封剪枝擂鼓，左撤步双勾，右跟步左擒，右横左后肘击（摇身抖胛），右削掌，右退步左推掌，右竖断，左侧闪左竖节内格，右撤步右内封格，左退左右搬挑，左、右、左冲拳，连环退步双勾，右侧闪左勾右劈掌，右上步右上外格挡左冲拳，右罗汉弹踢，右双搬撞拳，左、右、左冲拳，右削掌。

右虚步左上竖掌右下托掌铙钹手，并步收腰拳，双按掌。

四、落地鸳鸯

请手：马步双腰拳，前下双叉掌，五指点香（左掌托右拳），请手。

分掌双挑，沉腕双坐节，双插，沉腕左坐节，右擒。左进内踩腿左擒，右进右断，右横贡（鞭拳），右跟步左、右、左冲拳。

左转右侧闪左擒右切掌，右跟步右按压左贡（鞭拳）。

左后转左勾右扣指节（凤眼），左跟步右进步左右轮挑右推掌（推山揉海掌），左转右横盖步左横盖步右侧移颠步左勾右切（打乾坤柱），左横盖步右横盖步左侧移颠步双采花手右扫拨腿右擒插（仙人撒网），右罗汉踢，右削左切右削，右虚步左上竖掌右下托掌铙钹手。

右后转左下勾踢，下后扫踢，右后插步左后肘击，左跟步右擒，左横肘击，右按压左甩贡（侧鞭拳），左跟步左上外格挡右上竖冲拳（冲天炮），右进右采花捶，左进左采花捶，右扫拨腿右横贡，右退平马左采花右掌左推，左掌右推（鸳鸯掌），右退右擒左托摇（木兰挑灯），左横贡（横鞭），左侧跟步，左侧肘击。

右转右擒左勾（采梅花）右罗汉踢，右下外格左上竖断，右搬挑，左进左搬挑，右、左、右冲拳，左退左封勾，右退右封勾，右夹枝左竖肘击，下压十字手，左俯闪左上架右下外冲拳（拒虎打），右进右擒，左下勾拳（霸王敬酒撬）。

左后转左罗汉踢，左勾右凤眼，右进右下按掌，左下按掌，向前双削掌（虾蛄弹），左撤步向后双拉扯（擒枝过胛），右跟步剪枝擂鼓，左撤步双勾，右跟步左擒，右横肘左后肘击（摇身抖胛），右横臂打，右跟步左冲拳，左进步右冲拳，右进步左冲拳，左进步右横盖闸步，左上向右推掌右下外挑拨（孩儿抱牌），右跪压膝右压肘击（落地鸳鸯），右横盖步盘坐双拍地（观音叠坐）。

左后转起身双撩掌，双擒右蹬腿，右退步左脚掌勾右腘窝独立左下勾拳右上架罩罗汉，左后插步左转右下外格，右闪进双搬撞拳（父子相随）。

左、右、左冲拳，右削掌，右虚步左上竖掌右下托掌铙钹手。马步双腰拳，前下双推掌，并步双腰拳，收。

五、五枚手

请手：马步双腰拳，前下双叉掌，五指点香（左掌托右拳）请手，分掌双挑，沉腕双坐节，双插，沉腕左坐节。

右进右擒左贡（鞭）右外侧闪右竖断横贡，右跟步（齐进）左、右、左冲拳。左转左进左推格右冲拳，右后转右跟步右推格左冲拳，左转中右退左擒右勾（采梅花）右进左下拉右竖肘击节，右跟步低马右下摆击裆捶，右罗汉踢，左挑右削掌，右封左切掌，左俯闪左封右削掌，右擒右下勾踢，右低铲腿，右跟步左按压右甩贡（侧鞭）右虚步铙钹手。

右盖颠步左转左侧撞肘，滚肘外展，右撤步双勾，右进滚缠抱夹前双削掌（虾蛄弹），左内踩腿左擒右扣喉，右进右横肘击节，右前横臂打，右扫拨腿右擒插（仙人撒网），右外横带腿双捆捌按（罗汉伏虎），左退步上双挑，双擒左蹬腿，前双劈掌，左封勾右封勾左下内摆击右下外摆击（虎尾摇），左勾挂腿左上外挑别（牛撬角）左外踩腿左、右、左冲拳，左虚步铙钹手。

右后转右擒外砍左上内摆掼捶（流星追月）上双挑，左下拉右推下按左上竖冲拳（冲天炮），左进左上架右下勾拳（霸王敬酒、撬）左断，右上，左下，右中冲拳（天地人三炮）左后插步左挑，左转右下外格。右虚步铙钹手。

右退平马双腰拳，前下双削掌，并步双腰拳收。

六、蝴蝶掌

请手：马步下双叉手（落地千斤闸），鹰爪双擒枝，左掌托右拳前推胸前（右拳背朝下贴左掌心朝上）请手（五指点香），双挑分掌（天王托塔），沉腕双坐节（双山照），双插，左沉腕坐节（罗汉手）。

右擒左擒，右进右挑左推掌，右跟步左封右推掌（推山搔海掌），左进右上架带左上竖冲拳（罗汉架冲），左俯闪右下冲拳（拒虎打），右擒左切（狮开口），右转右进双剪劈压，左挑右削，左后转左进双剪劈压，右挑左削（蝴蝶掌），右转中左盖步双擒右蹬，右跟步双劈掌，双插，右退双勾，左跟步双切，右进双搬撞拳（父子相随仰拳），左、右、左冲拳，右削，右虚步滚缠饶钹手。

左后转冲中门左扛靠，左掌上向右，右掌下向左合封拧摇，左俯闪左上架掌右削，进中右擒插右扫拨腿（仙人撒网），左转半蹲左后扫腿一周，双挑，双插，右退步右后撩掌（虎尾甩）。左前撩掌，左勾右前撩掌（罗汉拨水）。左外侧闪右勾左横封摆掌（罗汉拍钟），左跟步左拍压右前拍掌（小鬼叫门），左擒右勾右挫腿，左下横勾踢，铲腿，左跟步右拍压左甩掌，左上右下双横拍掌。

右后转过门右罗汉踢，右勾左上扣指（凤眼），左上架右下勾拳（霸王敬酒），右上架左下勾拳，右跟步按压前双削掌（虾蛄弹），擒枝过胛，剪技擂鼓，撤步双勾，左擒右横击肘，右掌背前横打。右挑右退，左挑左退连环采花手，右提膝右上外竖挑格左下内摆格（达摩上山），右跟步左勾右上前劈掌，左撤步抓捆，左、右、左冲拳。右退平马双侧展肘，右封左切，左转右竖肘挑击，左退左挑右削左切、右削（美人照镜），右虚步饶钹手，右退平马双腰拳，前下双推掌，并步双腰拳，双按掌收。

七、达摩罗汉（综合套路）

请手：马步前下双叉掌（落地千斤闸），鹰爪双擒枝，左掌托右拳前推（右拳背朝下贴左掌心）请手（五指点香），双挑分掌（天王托塔），内旋沉腕双坐节，双插，左沉腕坐节（罗汉手）。

右擒左擒，右进右上外挑左推掌（开门推山），右跟步左上内封右推掌（关门搔海），左进右上架带左上竖冲拳（罗汉架冲），左俯闪右下冲拳（拒虎打），右擒左切掌（狮开口），右转右进双剪压，左挑右削掌，左后转左进双剪压，右挑左削掌（蝴蝶掌），右转中左前盖步双擒右蹬，右跟步双劈掌，双插，右退左擒右勾（采梅花手），右进左下拉右竖肘击节，右跟步低马侧身右下摆击裆捶，右罗汉踢，左挑右削掌，右封左切掌，左挑右削掌，右虚步铙钹手。

左后转冲中门左扛靠，右左右冲拳，右进步右按压左正鞭拳（压贡），左后扫腿，右前扫堂腿，原向起身右擒插右扫拨腿（仙人撒网），右后退步右后撩掌左前撩掌（虎尾甩），左跟步左勾右上内封拍掌（罗汉拍钟），左擒右勾右挫腿，右擒左勾左下横勾踢，铲腿，左跟步右下按压左甩掌，左上右下双横拍掌。

右后转过门右罗汉踢，右勾左上内屈指扣摆（凤眼），右跟步左上架右下勾拳（霸王敬酒），右上架左下勾拳，右跟步按压前双削掌（虾蛄弹），左撤步双屈臂后拉（擒枝过胛），右跟步双内封锻（剪枝擂鼓），左撤步双勾，右跟步左擒，右横肘左后撞肘击（摇身抖胛），左挑右掌背前横打，右挑右退，左挑左退连环采花手，右提膝右上外挑格左下内摆格（达摩上山），右跟步左勾右上前劈掌，左撤步抓捆，左、右、左冲拳，左转左推格右冲拳，右后转右推格左冲拳，左转右撤步双勾左下内右下外横摆击，左勾挂腿左上外挑（牛撬角），左外踩腿左右左冲拳，左虚步铙钹手。

右后转右上外横擒砍，左上内横摆捶（流星赶月），左撤步上双挑，右跟步右压掌左上竖冲拳，右前下冲拳，左中路冲拳（天地人三拳），右退半步平马右采花左向右推掌，左上内封右向左推掌（鸳鸯掌），右进步右锻，右横鞭拳（横贡），右退左外侧闪右擒左托摇（木兰挑灯），左横鞭拳，左侧顶肘击，滚肘左拧外展击，左跟步右冲拳左冲拳右冲拳，右进连环封手左上向右推掌右下外挑拨（孩儿抱牌）右跪压膝右压肘击（落地鸳鸯），右横盖步盘坐双拍地（观音叠坐）。

左后转起身双摇，双擒右蹬腿，右退左勾右胭独立左下勾拳右上架罩拳罗汉，左后插步左转右下外格，右闪进双仰撞拳（父子相随），左上右下左中冲拳（天地人），右削掌，右虚步左上竖掌右下托掌铙钹手。右退平马双腰拳，前下双削掌，并步双腰拳收。

第二节　器械套路拳谱

一、通元单头槌

起势：并步左托棍，右侧削掌，双屈膝前右切掌，左退右虚步前竖推掌。

右跟步右把前上挑下劈，右跟步前刺，右跟步上内横击，右跟步上外挑崩，左撤步右下内拨打，左撤步右下外崩棍，右跟步右下斜上托架棍过顶，右跟步右上托左下压，右外侧闪右内压带刺，左侧移右外压带刺。

左退步转中右内圈盖压，右弓步前滑把刺，低弓步前下点击地跟步上挑刺，右跟步前滑变把短棍刺，左撤步左后把撞，右跟步右把上挑下劈刺，左撤步右前下劈打，左撤步右上外挑抖崩，右退步虚步左推掌右扛棍，左退步转左接棍左侧竖立持棍，右腰拳收，右前下按掌。

二、通元槌

起势：左扛棍平马右侧削掌，右侧闪右切，右退左虚步右推掌。

左跟步右前把劈棍，右撤步举棍，左斜跟步劈棍，右转右跟步左后甩撩，右进中右撩，左横盖步右侧开步盘腰右侧横扫。

右盖步左转左侧移双阴把右后把贴腰内横扫，右横插步低马右转右后把横拉扫，左进步俯内右后把低内横扫，起身右进中左把高内横扫，左进低马外横扫，左侧斜进换把左上右下竖推拦，右侧斜进竖推拦，左进右把劈，右弹踢右把过肩后劈，右后转身低马盘腰右把横扫，起身右外侧闪右把下内拦拨，右进中右把上挑下劈，右跟步右把中平刺，左前盖步右把下内拦拨，起跳左后把下撞，落步右后转右把中平刺，左进左后把盖劈，左后转跳右把劈，前刺，左撤步右提膝右把下内拦拨，右弓步右把滑把前刺，左撤步右把上外挑崩，右跟步上内横劈，右后盖步右后滑把刺，左进步右后转低马右把下点击，起身左垫步上挑刺，左侧倾闪上架托，左外侧闪左后把上内横击，右外侧闪右把上内横劈，左撤步右把下压劈，右跟步前刺，左前盖步右把圈盖，右进步前刺，左撤步左后把撞，右跟步右上挑下劈前刺，左撤步右把下劈打，左撤步上外挑崩，右退步左虚步左推掌右扛棍，左退步左转左接持棍竖立，右并步右腰拳，右下按掌收势。

三、达摩护身槌

起势：左扛棍马步右侧削掌，右侧闪右切掌，右转中右退步左虚步右竖推掌。

左跟步右把劈棍，右后穿挑举旗，左转跟步右把劈，右转跟步左棍尾甩撩，左转右撩中。右转左盖步右侧开马步右盘腰外横扫，左侧移左换把双阴把右把内横扫，右横插步右后转低马右棍尾外横扫，右换阳把右退步劈棍。右转右提膝右下外挑，右跟步右前刺，右侧移左托左棍尾滑把后刺，左侧移右后插步左棍尾后上提撬，右转左外侧闪左棍尾上内横扫，左跟步左棍尾前下刺。

右转左进步左棍尾下后拉格，右后转身右低俯闪左棍尾下内横扫，左进步右上内横扫，右低进步右下外横扫，左转左上把右下把左竖拦，右转右竖拦，右退步右把前劈，右过肩后劈右弹踢，右后转低马盘腰右把下外横扫。

右侧闪右把下内拦拨，右上步右把上挑劈刺，左前盖步右下内拦拨，腾空左棍尾下刺，右后转右把前刺，右下外挑前劈，左进步左棍尾下盖劈。

右转左侧闪左棍尾下内扫格，左跟步滑换把左阳把劈前刺，右撤步右棍尾中盘后撞，右后转跳左把下劈，前刺，右转右退左提膝左把下内拦拨，左弓步前滑把刺，棍贴腹左挑崩，左跟步左把上内横点击，左跟步三分把右下推击，右进步左把上挑托，左进步滑把右把下劈。

右后拧转后提膝滑把刺，右后转低马右把下点击，左垫步右把上挑刺，左上平马左侧身上托架棍，三分把左棍尾上内横击，右把棍头上内横击，左退步下带压前刺，左前盖步圈盖压，右进刺，左撤步左后把撞，右把前挑劈刺，左撤步右把下劈打。右上外挑崩，右退步左虚步右后摆担棍左推掌，左退步左转身侧身左持棍收。

四、达摩护身短棍

起势：右退左挑，右冲拳，右踢右削掌，右退步左屈臂捧棍右罩拳罗汉，右推掌请手。

右进右握内下劈，右跟步右握外下劈，左转上内横劈，右后转上外横劈，左插步右后上撩，右进前劈，右跟步前刺。

左后转跳右单曲步，右把下外横劈，起身右进内下劈，右跟步上撩，右跟步外下劈，右跟步上撩，内外上撩各二次。左后转跳一圈内下劈，右转双阴把过顶右下撞，左进中左把左下外劈，右转跳一周左把前劈。左后转左进左把上撩，低马左把下外横劈，下内横劈。起身左转前劈，右转前劈。左后转上外横劈，右盖步左进左推挡，右踢，双阴把右撞，右握外下劈内下劈，左盖步右进右推挡，左踢。双阴把左撞，左跟步左把前劈，左后把上甩，左退步左把后撞，左进步左把前挑，右后转双把竖右外格，左进左外格，双把前劈，左外侧闪下内格，挑，前刺。右外侧闪右把上内横劈，右把上外挑格，双阴把右撞，左转左提膝左把下外劈，左进左把前劈，三内缠左把前刺。双阴把左侧外撞，右侧外撞，左外侧闪左上内横击，左跟步右下推击。左退步右把下外劈，双阴把前上平推击，左蹬腿左后落步，左上右下左外推格，右外推格，左退低马下拍压，右跟步右上推击，右把上托前撞，左换右把双握前劈，前刺。左撤步双握右上外挑格，右退右下外右把扫劈，双握前下竖砸，右退步双握屈臂后拉竖立棍，左上外挑格右上架棍前指罗汉，左屈臂捧棍，右竖掌贴左腕左虚步请手收。

五、虎豹棍（双短棍）

起势：左捧棍挑，右冲拳，右削踢，右退步右顶罩拳罗汉左前屈捧棍，左虚步右推掌请手。

右进双前劈，右跟步右上左下双前刺，右跟步右大抡劈，左进步左前劈，左跟步左大抡劈，右进步右前劈。

左后转过门左丁步左下截劈，左外侧闪右下截劈左前劈，左上步中路左上外横劈。

左转右外侧闪左下截劈右前劈，右上步中路右上外横劈，左进左后把前上甩右后把后撞，右进左转右后把上内横扫左后把后撞，左进右转左后把中内横扫右后把后撞。

右后转过门右后把上甩左后把后撞，右后把下外勾格，右退左后把下内格，双后把前下扎，左退左后把后撞，右退右后把后撞，右退大马左前下外劈右上挑举，左转右横盖步左进左上右下左外横劈，左横盖步右进右上左下外横劈，左进低马左下外横扫，右进步低马右下内横扫，右下外横扫，起立左进步左上内横扫。

右后转过门右上外双挑跟步双劈，左后转过门左上外双挑跟步双劈。

右后转过门右上外横扫，右跟步上内双剪横扫，中外双剪横扫，右提膝下外双格，右进前双刺。

左后转过门，上外双挑左踢，跳进双前劈，左退步下双叉，绞圈低马下内双横扫，左进低马下内外双横扫，起立左外双横扫，右俯闪左外下抢劈，右进步内下劈，左进步左前刺，右进步右前刺。

左后转过门左抢劈右进右前劈，左转左后插步右后撩，左前挑，左后转左抢劈，右进右劈。

左后转过门左下外截劈右上内封劈，左跟步左上外挑右前劈，右进右挑左前劈，左进左上内封格右前劈，右踢，跳进双前劈，双前刺。

右后跳转右抢劈左前劈，左侧移马步左上架右上托罗汉，右侧跟步右下左上十字右外中盘叉，左进左上外横扫，左侧跟步左下右上十字左外中盘叉，右进右上外横扫，左进右小抢劈左前劈，右进步左小抢劈右前劈。

右横盖步左转过门，左进步左上右下左外横劈，左横盖步右转右进步右上左下右外横劈。

左进双上撩，左进步前双劈，前双刺，右撒步左提膝左下外劈右上架，左跟步左上外挑右前劈，右上外挑左前劈，左插步退左下外劈，左转右内下劈，左撒步右上外双格，右退步左捧棍，右上罩拳罗汉，左虚步右推掌请手，左转退收。

六、罗汉护法刀（一路）

起势：左捧刀右退左挑右冲拳，右削掌右弹踢，右后落步右架罩拳左屈捧刀罗汉，左虚步左平屈臂捧刀右贴推掌请手。

右进步右把内下劈，跟步外下劈，跟步上内横劈，中外横劈，下外两抢劈，右弓步前刺，内横把击，前顶把击，右后转跳右外上横扫劈右屈步。

起身前竖抢刀内下劈，右进步内上撩，右跟步外下劈，外上撩，左右后撩花二次，外上撩左接把左转低马下外横扫劈，右后转右低马下内横扫劈，起立左外下劈，内下劈，左进步右转右后插步后反撩刀，左进步甩劈，左前刺。

右后转跳一周横扫劈跳刺，右后转过门换右把双握下劈，侧弓步右侧双抱平刀。向左封刀左侧移右横盖步右下外劈，右进步甩劈，右跟步右前刺，右提膝双握右下外挑格，右侧闪下内劈，右进低弓步下前横劈，左后转左提膝上内横劈，左转左落步右踢右下外横劈，右后落步双握前劈，右后转身内上撩，竖刀内扣腕拦格，右跟步前平推，左侧移右盖步撩托刀左架罩拳罗汉。

右进前平刺，左转左进俯刀刺，右后转右进平刺，上内横扫劈。右跟步外下劈，内下劈，内上撩，外上撩，左接把右退步左提膝外下拍格，左进步上外拍格，左跟步上前阳把推劈，左跟步上内拍压格，左跟步阴前把推劈，右撤步左上外挑格，左弹踢，跳进步左把前刺，右侧弓步左上外穿刺。

左后跳转右接把双握左侧身前下劈，右侧右把平刺，左侧左把平刺，右侧进步左下右上双竖推拦，左侧进步左上右下双竖推拦，左侧闪上内横劈，左提膝高吊手扣腕外下拍格，右蹬腿，右前盖步下内横劈，右俯闪下外劈，左进步前刺，左退步反握后刺，右跟步右斜上甩撩，左进步左反握右正握前下刺。

右后转身右退步左接正把内下劈，右撤步左上外挑格，左跟步前上阳把刺，左扣护手反握屈臂内横斩打节刀。侧顶，左侧双握上架，右进右握下外劈，下内劈，前刺，左后转右进前刺，左后转下劈右下外扫劈。双握竖刀下砸把，右撤步双握竖刀屈臂后拉，右下穿挂上架刀左下勾拳罗汉。左屈臂捧刀右贴推掌左虚步请手，左转侧身并步内弧收腰捧刀。

七、罗汉护法刀（二路）

起势：右退左捧刀挑，右冲拳，右踢右削掌，右退左屈臂捧刀右罩拳罗汉，左虚步右竖掌贴左腕请手。

右进右握内下劈，外下劈，左转内横劈，右后转外横劈，左进前上撩，右进前上撩，右侧闪前下劈，外下劈，前刺，左后转右进前刺，左后转下劈。

右退左后插步右后撩，右转进前劈，前刺，跳前刺，右外侧闪右把柄上内横击、前撞，右后转跳右单屈步下外横劈，起身前刺，内下劈，左进外下劈，右进内下劈，左进右踢右后下劈，右退前劈。

右后转上外横劈，上内横劈，右把外下劈内下劈，内外上撩，左接刀低马左下外横劈，低马右下外横劈，起身左外下劈，右内下劈，右退双握刀左上外挑格，左侧闪上内横砍，左进前三平刺，左踢，跳进前平刺。

左后转跳平马侧身右把双握刀前劈，双握卷刀前撩，左退步右提膝右把双握下外挑格，右进右前连刺，左进左接刀前刺，换左反握把右后转身左进甩撩，左跟步左反握把双握前下刺，右转右后插步后反刺，右转左跟步左反握上内横扫割，左把双握外下劈、内下劈，上外挑前劈，右跟步双握刀向右拍压，左转跳进左握刀前外横劈，左把内下劈，外下劈，前刺。

右后转前下内劈，右俯闪前下外劈，左进步左把前抢劈，左进前刺，左转左上右下推刀竖挡，右后转左下右上推刀竖挡，左进左握刀上外横劈，上内横劈，前内外撩刀。

右接刀右后转低马下外横劈，左盖步进起身上内横劈，右进低马下外横劈。

左后转起身上内横劈，右后转前刺，右提膝右下外拍挡，右进前刺，左转内下劈，右后转外下劈，右进中内下劈，外下劈，前刺。

右后转左盖步右进前刺，左后转双握前劈，右撤步右外下扫抡刀双握前下竖砸柄，屈臂后拉竖立刀，右撤步左挑右顶架刀前指罗汉，左捧刀右竖掌贴左腕左虚步请手，左退左转右并步收。

八、罗汉护法双刀

起势：左捧刀右退左挑，右冲拳右削掌右踢腿，右退步右顶罩拳左横捧刀罗汉，左虚步右贴左腕推掌请手。

上举接刀右进下内双劈，左进下内双劈，左横盖步左侧抡劈右进右下内劈，右横盖步右侧抡劈，左进左下内劈，左跟步左侧抡劈，右进右下内劈，右后转左横盖步右侧开步前缠花左刀向右横劈右刀向右外侧横劈，左后转右横盖步左侧开步前缠花右刀向左横劈左刀向左外侧横劈，右进中右刀背上外挑，左进左刀把横击顶中撞胸，右转右退右下外劈，左退左下外劈右下内劈，左侧左前右后双竖刀。

右侧右大跟步右上左下双外横劈，左侧左大跟步左上右下双外横劈，右侧进双竖刀向右拦带，右跟步双前劈，左后转左跟步双竖刀向左拦带，左跟步双前劈，右转右进双竖刀向右刀背双挑，右跟步双前劈，跟步双撩刀，左进右进前后双撩刀，上内双横剪劈，上外双横剪劈，下外左右双劈，右跟步前双扎刀。

左转下潜左下外横劈，右潜进右下内横劈，起身右跟步右上外横劈，左进右后转右提膝左上内横劈，右后转右跟步双前劈，左后转左跟步双前劈，左后插步右侧上横托刀罗汉。

右侧闪左上外横劈，右上内横撩，左退右下外刀背双拦格，右退左下外刀背双拦格，左侧俯闪右上外双压刀右穿刺中，右进中右下外砍左前劈，右侧俯闪左上外双压刀穿刺中，左进中左下外砍右前劈，左退右退左退内封缠刀右跟步左上右下向右拦格，左进左上架右前上撩，左跟步左右双前劈，左跟步左前穿刺，右跟步右前穿刺，左后转左提膝左前穿刺。

左跟步左反上撩右进右上撩，左进右反上撩左上撩，右后转右开步左后插步右后上撩，左后转左上抡劈右进右前劈，左后转双前穿上挑格竖刀左提膝独立。

左跟步双前劈，下双外挑格，左跟步下内双剪砍，右撤步上外双挑，右弹踢，跳进双前劈，左进前双扎，右进右前扎，左进左前扎，左退下双拍叉，左转左后插步双贴刀右下外劈，左后转左抢劈，右进右前劈，左后转左提膝独立左下外截劈。

左跟步左上外挑格右前劈，右进右上外挑格左前劈，左前盖步左上内拍压右前劈，右踢右转右双平砍抹，左转左双平砍抹，右进右前穿刺左进左前穿刺，右后转跳右前落步双前劈，左后转跳左抢劈右前劈。

左转左外挑格右前劈，右后转步右外挑格左前劈，左退左下外劈，右退右下外劈，右缠头右上外挑格左下外劈，右撤左提膝独立左上外双挑格，左插步右退左捧刀右顶罩拳罗汉，左虚步右推掌请手，左退左转右并步收势。

九、蝴蝶刀（双合刀）

请手：左捧刀挑，右冲拳，右削右踢，右退步右顶罩拳左屈臂罗汉，左虚步右贴左腕推掌请手。

右进前双劈，右跟步前双刺，右退步下外双挑格，双内剪，上外双挑格，左踢，左跟步双前劈，右进反握双捅把，左转左掀，右左捅把，右后转右掀，左右捅把，左转左掀，右进右挑肘刀，右侧顶肘刀。

左后转过门左挑肘刀，左侧顶肘刀，右撤步左掀右勾，左跟步双撬把，右撤步胸前双屈臂罗汉，转正握左抢劈右进劈，右抢劈左进劈，左抢劈右进劈。

左后转过门上外双挑格，右踢，跳进双劈，内外双剪，双劈，前双刺，下双拍叉。

左后转过门低马左下外横砍，右进低马右下内外横砍，左俯闪右上外拍压，左上内拍压，右斜上穿刺，右进右下外劈左前劈，右俯闪左上外拍压，右上内拍压，左斜上穿刺，左进左下外劈右前劈，左退右退双缠封左下外挑格右前劈，右进右上外挑格左前劈，左进左上内拍封右劈，右踢，跳进双劈，前双刺。

左后转过门左外双横劈，右外双横劈，左进左下外拨格右前刺左前刺，左踢反握跳左侧右单屈右压肘刀，右踢跳右侧左单屈左压肘刀转中转正握左上架右前撩，左跟步双上撩，左提膝左下拍格。

左转过门双缠云左上右下左外横劈，右转双缠云右上左下右外横劈，左转左退右退左退一周，右外侧闪缠云左下外劈右前劈，右上步右下外拨格左前刺，右前刺，左进反握右竖肘内格，左竖肘内格，左进右进左横盖步连环勾右上内横肘刀，左外侧闪左上内横肘刀，左后插步右外侧闪低马右横肘刀，右侧顶肘刀，左侧顶肘刀。

左转过门正握左挑右劈，右后转进右挑左劈，左后转跳左抢劈右进右劈。右俯闪右上外挑左前削刀，左俯闪左上外挑右前削刀，右上步右上内封拍左前平刺刀，右上步抢劈左进步劈，双劈，双前刺，左插步退右上外双格，右退步左上外双拍格，左退右虚步反握双叉请手，右退平马右转双侧肘顶，正中前下双推把，并步双腰刀收。

十、达摩杖（方便铲）

请手：左手前右手后握铲左肩扛，左进右进平马，右侧外削掌，右外侧闪右切掌，右退步左虚步右前推竖掌请手。

左跟步右把平铲前劈，右撤步后穿上举铲举旗势。

左跟步交叉步右把平铲前劈，右进平铲前刺，右跟步平铲上刺，右跟步平铲下刺，左撤步右上外挑格，前竖铲劈，左前盖步内盖压，右进平铲前刺，左进左后把上甩，左跟步左后把托把前刺。

右后转过门右托把平铲平刺，下沉压，右跟步右把前滑把平铲刺，右上外挑格，右跟步上内横砍，右外侧闪平铲内压劈，右斜进前平铲刺，左进右把右后平铲抢压劈，右转跟步平铲刺，左转归中右把上内平铲横扫，右进低马下外平铲横扫。

左后转过门右进步右把竖铲上摇托（撩），左进换左把竖铲上摇托，左跟步左托把竖铲过顶前下刺，右进右后把反握下劈，右跟步右后把中盘连撞。

左后转过门右单屈步平铲左滑把低平刺，起身右后把反握后撞，左把竖铲上挑、劈、刺，左横盖步右侧移换右把反握平铲外撞。右横盖步左侧移换左把反握平铲外撞，右进换右把反握平铲前下铲，右退右把反握平铲后撞，左跟步左把柄前刺，右进右把反握竖铲下劈，左转左插步退交叉步右把反握搅环竖铲上提撬割。

左转过门右把反握平铲上内横打，右跟步右把反握过左肩上前平铲二抽刺，左盖步右进左俯闪右把反握逆时搅环平铲右下外拉割。

起身左把后柄上内横打，右进右把反握平铲下内横打，向前左插步右把反握前下铲，右退换左把竖铲前劈、刺，左提膝左把平铲下外挑格，左进平铲下内横砍，左弓步左把平铲前刺。

右横盖步左转左侧开步过门盘头平铲左外横扫，抽刺，左横盖步右转右侧开步盘头平铲右外横扫，抽刺，左前盖步交叉步右把竖铲反手下劈，右进抢劈，左转跳右前落步右把竖铲下劈，右后盖步右抱铲下外拍拨，左退右把平铲上外挑格，左三撤步逆时搅环，右跟步竖铲前劈，左进换左把竖铲前劈，左把过左肩竖铲后下劈，左跟步三连劈，左弓步平铲前刺。

右进左后转过门平铲滑把回马铲，右侧进右上左下左把竖推拦，左侧进竖推拦，右退左把竖铲前劈，左俯闪右后柄下内横扫，起身左把竖铲上摇托，右进换右把竖铲上摇托，平托竖铲前刺，右盖步退逆时搅环前上刺，内下劈，右跟步中盘平铲前刺，左撤步下内劈，右上外挑格。

右退步左虚步右肩扛铲左推掌请手，左转左接左把上穿举旗，右并步冲天刺，放下左持铲右腰拳收。

十一、斩将刀（大刀）

起势：身前竖刀立地左握并步右侧削掌，半蹲右前切掌，右退步右平拉左前推刀。

右下踢刀右前撩刀，下压斩，右盖步上外右挑格，左侧进步上平斩，左盖步右侧进步盘腰右下外劈，左进步交叉握中内平斩，右进步右上外斩，左进步柄尾甩撩，左跟步左柄尾击刺，右进步下劈，三跟步三快劈，右弓步前平刺，后把后撞。

左后转左竖拦，右进右竖拦，左进步下劈，右下外格右进步抢劈，左进步换左把劈，右进步换右把劈，右退步右下外挂格，左退步左下外挂格，右退步右下外挂格，左跟步下劈。

右后转右提膝下外挑格，右进低马下内砍，左前盖步托撩刀，右进步下压斩，左进步右后过顶反刺，右外平腰斩，右盖步侧进步右单屈托撩刀，起身右转左柄尾下内格，左盖步右侧进步盘腰右外下斩，左进步交叉握上内斩，右进步撩刀，左后转左插步背后撩刀，左后转扛刀左前把滑把刺，右进步右前把滑把刺，左撤步右上外挑格，右进步左提膝上内平斩，左前盖步右进步低马盘腰外平斩，左后跳转180°盘头下劈，左盖步右侧进步换左把下劈，右盖步左侧进步盘腰左中外平斩，左抽刀前刺，左进左撩刀，右进右撩刀右后盖步俯身抱刀后下外格。左退步右上外挑格，三撤步绞圈拦格，右跟步下劈，左进步左把下劈，左侧闪左上内平斩，右撤步低马下拍压，右俯闪刺中，左进步前刺，左侧闪下内拦斩，后跳上外挑格，下劈，右后把撞右后转下劈，右侧移左进步盘腰中平外斩，左跟步左腰交叉手抽刀刺，右进步左后转劈，右后跳转360°左脚落前下劈，前刺，右侧移左把上内平斩，左侧移换右把上平斩，右退步右后转滑把刺。

左后转右进步右撩，左进步交叉手左撩，左退步右撩，右退步左虚步右捧刀左推掌。右转并步双持刀收。

十二、藤牌刀

起势：并步拍牌右退正面展牌叫阵，左前下插牌右上架刀。

左进左掀右进外下劈，右跟步内下劈，右跟步上外横砍，左进内横扇牌，左三跟步外横扇牌，上罩牌右进前刺刀。

左后转过门左前下现牌右上架刀，左前上撬牌，右进内下劈刀，右跟步外下劈刀，右跟步前刺刀，右转后跳蹲步左前下盖牌，跳进左前下盖牌，起身掀牌，跟步前竖插牌，跟步前下插牌，左三跟步右前劈刀，团身滚牌过门。

右屈步左侧举牌右平削刀，起身上外挑刀，前平刺，左进内横扇牌，右后转身右进上外横砍，中内横砍，外下抡劈，前刺刀，左转右进低马下内下外横砍左上罩牌，起身前刺侧举牌，左后转掀牌，下内扇牌，右进低马下内下外横砍左上罩牌，起身前刺侧举牌。

左转左进上甩牌右前上撩刀，左跟步前平插牌，右撤蹲步左前下盖牌，起身掀牌，右进内下劈刀，外下劈抡劈刀前刺，右退步内横扇牌，右盖步进顺时针竖转前遮牌，左双跟步前撞牌，前平刺刀，右进右内下劈。

右后跳转过门右抡劈左进盖牌。左跟步盖牌，左前盖步内封牌前平刺刀，左跟步下挡牌前劈刀，左上步滚牌，过门右单屈步前削刀。

起身右上外拍格，右外侧闪上内横砍，右进中外下劈，右跟步内下劈，跟步三连掀牌内下劈。

左转后跳右前劈削刀左侧举牌，右退平马前下插牌右屈臂竖举刀，右退正面拍牌展牌叫阵，右转并步收。

十三、达尊护法剑

请手：左后持剑右退步左掀，右冲拳，右削掌右踢，右后落步左屈臂胸前平持剑右屈臂头顶罩拳罗汉势，左虚步，右竖掌跟贴左腕前推请手。

右进步右把前劈剑左剑指上架，右跟步右把前刺左剑指胸前平屈，再跟步前刺左转左跟步右把内横劈，右后转右跟步右把外横劈，左前盖步右把上内平刺，左转过门，右盖步外侧闪右把上内平斩，右转交叉步右把外拧带压剑，左转右跟步右把上内平斩，摇身颤胛右把上外挑崩，右三跟步内缠剑，右二跟步右把前平刺。

左后转右进步右把前撩，左进步前撩，右进右侧闪换左把撩，左进左侧闪左把撩，左进左转交叉步左把撩中，左上架右蹬腿，右上步弓步左把过顶反刺。

左后转左提膝左把前点剑，左跟步左把前刺，右转右后插步左把后撩，左转左进步左把前劈，左跟步前刺，跟步前刺。

右后转右跟步左把上内横劈，左后转左把提膝右把剑上内横劈左剑指上架，左前盖步右把内压带剑，右进低弓步右把前下外内外三横劈，左侧左进步右把下前上穿剑右转交叉步右把后下穿剑，左前盖步右把前下刺剑，左后转前平穿刺，右弹踢右把右后拧身上后平刺，右提膝体前屈右把体侧收剑剑尖朝下，右后伸腿右转成右弓步，右把下后低穿前刺，右提膝右下外拍格，右跟步前刺，右脚后勾左腘，独立步右把左后下内劈，右转右进步右把前劈左剑指上架，右跟步右把前刺，左进步右后转右退步左接剑前刺。

双握前上挑崩左弓步前刺，右前斜进步左把右上拦架，左前斜进步左把左上拦架，右撤中左虚步左把上内拦抹，左跟步左把前平刺，左提膝左把上内拦抹外压左弹踢，跳进步把前平刺，左跟步左把前平刺。

右后转左把上内横劈，右后转右退步右接剑上外横劈，左提膝右蹬地腾空右把前下刺，右后转交叉步右把右后上挑削，左前盖步右把内下劈右弹踢，右上步右把上挑削，右退独立左勾右腘右后下劈，右把前平刺左踢腿。右退步右外下劈右上方双持剑剑尖朝上，下砸把，左提膝左接剑下外截，左外侧闪左把下内拦格，右斜进步俯闪左把外斜穿刺，左丁步左把上内拦格，左进中右反把接剑双把前上撩，右进步右反把上外横割，右跟步右反把前下劈，左进步右反把反下劈，右后转反握上撩右退步右反把下后刺，左跟步右反把上内双把横抹，左跟步左虚步左把下内砍前上挑崩，左跟步右提膝左把前下刺，左把过左肩后下劈右弹腿。

左后转左虚步右接剑双把上内拦格，左跳进步右把前平刺，右进步右把前平刺右进步右把上外横斩，右跟步右把上内横斩，右转右跟步右把上外横挑，左后转左跟步右把上内横劈。

右退步右后转一周右屈步右把外扫劈，起身上挑崩，左转右撤步右上架剑剑尖朝前，左握拳挑罗汉势，左跟步左接反把前下刺。

左退步右退步左接剑身侧后持剑剑尖朝上，右剑剑指上穿头侧横屈臂前指，右退步左虚步左后持剑掀右推掌请手，左退步左转把后持剑身侧收，右并步右收腰拳，右下按掌收势。

十四、达尊伏魔枪

请手：并步左把托枪，右侧削掌，半屈右切，右退左虚步，右穿掌前推罗汉手。

左退步右搬枪。左进虚步盘头右把上内拦，左斜跟步右把外下拧带压枪，右进步前打刺，左前盖步内盖枪，右进步前滑刺，右跟步下拦中盖前滑刺。右退步右后拧身平展把后平扫枪，右进步前撩，换左把前撩，左提膝内盖枪，左进步右进步右单把前刺，左进步左把拦盖刺。

右进步左把过头顶反刺，左拧身右屈步后上刺，起身右转右侧竖绞挂枪，左侧绞挂枪，右侧绞挂枪，右进步换右把下劈枪。右外侧下带压跟步刺，左侧下带压左跟步刺，右后盖步左退步下外圈绞枪下劈打。右跟步前刺，拦、盖、刺，左俯闪右把低穿斜右刺。

左盖步右后转右把刺，右转闪右把刺，左后转右把刺，左退步右提膝右把下外挑拨，右后插步右转左进步左后把上甩撩，左跟步左后把刺。左盖步迭坐右把下内拦，后仰过肩后劈刺，坐起前劈，右脚踢送枪右单把前刺，起身左进步左接把拦、盖、刺，左跟步拦、盖、刺。

上抛枪左后腾空转身右把倒握枪柄劈地，左撤步左后刺，右转身跳换步抛枪换左把劈枪，腾空双屈腿左把下刺，左跟步双握尾把上平刺。

左侧闪左把下内拦拨，上挑枪，下劈前刺，二托劈，前刺，下内拦拨，左进步盖、刺。右后转身右退步左把前撩，左转低俯闪右后把下内横扫，右弹踢，右进左劈，右跟步滑换把右把劈，右跟步，左进，右进三换把右、左、右，前刺。

左进步右提膝右后拧身右把回头刺，右落步左进步右后转上外挑崩，右把上内横打，左进步左后把上内横打，右进步短枪右把前撩，盖、刺。左盖步换左后阴把右前阳把下内拦拨，向左扫圈继续左后转过门成左前叉步背肩枪，右进步左扔飞镖枪，左进步左接把拦、盖、刺。右侧移右接阴把枪头右侧刺，左侧移左接阴把枪头左侧刺，右进中弓步右接阴把前下刺，右退步右后滑把中盘刺，枪后把前刺，左弹踢，右进反把下劈，左侧竖绞挂枪，右侧竖绞挂枪右背贴提枪左虚步左前推掌。

左握把过左肩下拉前劈枪右接把前刺，左跟步右把前拦、盖、刺，左撤步右挑崩，左转右后盖步右把贴胸抱枪下外拨，左退步右上外挑格，右虚步右下内拦，并步左转平压枪，收。

十五、鸳鸯尺（双铁尺）

起势：并步反握柄珠双侧上内横击，双后肘击，左进步右进平马柄珠前下双插，右虚步双柄珠交叠前推，右退平马步双后肘击。

右进步柄珠前双插，左进左掀，右进右插珠，跟步左插珠，右插珠。左转左跟步翻尺正握左双横砍，右转右跟步右双横砍，左踏中左上架撩，左提膝右上架左下砍。左侧步右盖步左侧开步盘云左侧砍，右侧步左盖步右侧开步盘云右侧砍，左退步右盖步左后转左退步左下外拨右前砍。

左侧移翻尺反握左下勾右竖内拦格，右进右削，左、右、左插珠。右侧移左进步右勾左掀，左跟步部双挑插珠，右撤步左提膝右上架右前平屈肘，左进步左劈，右进步右劈，撤步上外双挑格，右弹踢，跳进双劈，撤步双下叉，右跟步低弓前双刺。

左后转低马步左外横砍，右进低马右内外横砍，左俯闪右前斜挑刺，右下外砍左劈。右俯闪左前斜挑刺，左下外砍右劈。右退步左退步双抢劈，右跟步左上内格右下外阳把崩格，右后转跳左单屈步右上架左平削，起身左跟步左翻尺反握上架右挑刺，右进左进右翻尺双竖内格挡，左俯闪右下刺珠，右退步左上挑刺珠，右左前刺珠，右转右掀左翻尺正握劈，左后转左翻尺反握下外勾右翻尺正握劈。

左转右侧移左盖步右上架左翻尺正握平托罗汉。左进步低马前双挑，左下砍削，左跟步左抢劈右进步右劈左右进抢劈，左后转双下外砍。右撤步左跟步双翻尺反握左勾右前刺珠。右进步左盖步右横肘击，左侧移左上平勾横击，左退步低马右上平勾横击右侧肘击，左侧肘击，左转左挑格右前劈，左跟步右挑格左前劈，右后转右勾，右退步左上挑，右、左、右前刺珠，左退步右削珠，右跟步双翻尺正握右抢劈，左进步左劈，双劈前双刺。

右撤步左外双格，左退步右进步双翻尺反握交叉珠前推。右退步右转平马双侧展肘，左转正面双后撞肘，并步前下双推。

十六、伏虎叉

起势：并步左持叉右侧削掌，半屈右切，右退半马步左前推叉。

右挫踢叉上撩右把托叉，右跟步右把前拍打，前上刺，左前盖步右把前下刺，右进右把前平刺，右跟步右上提下拍，右跟步右把前平刺，左撤步右把右上外挑拨，右踢，右跳进右把前竖刺。

左后转左后把中平撞，左跟步右把前拍打，左俯闪右把刺中，右进中右把前平刺，右外侧闪前刺，左转左进右把外内横扫右进前刺，左横盖步右转进右把内外横扫前刺，右退中左后把下内格，左踢，左转右前上撩，抢换左把前上撩，左跟步左把前拍打，左跟步左把前平刺，左把左上外挑拨，左踢，左跳进左把前竖刺。

右进左后转过顶左把下刺，右进右后把下打，右跟步右后把中平撞，右后转跳左把前拍打，左把左上外挑拨，左跟步左把前竖刺，右撤步左提膝左把下压，左跟步左把前滑刺，右垫步左把撑地虎叉，左跟步上举刺，左外侧闪下压，左后盖步右退后上提拉，右横盖步左外侧进左把盘头靠左腰外横扫、刺，左横盖步右外侧进换右把盘头靠腰外横扫、刺，左进右把交叉手前拍打右进左后转跳，右跟步右把抢拍打，前刺左进左后把上甩，左跟步左后把前撞。

右后转右把托叉前刺，下拍打，右滑把前平刺，右横盖步右把上外挑拨，右进中上内横打，右外侧闪右把前下拍压，右进中弓步前上刺，右跟步前平刺，右插步右把托滚转叉，左退右把下拍打，前平刺。

左进右后转换右反把后平刺，左把后柄前刺，左退左转右反把下拍打，右跟步右反把前上刺下刺。右退平马左反把前推竖叉朝下右腰拳，右退左虚步右捧叉左推竖掌，左退左转左持叉竖地右并步收。

十七、勾镰枪

起势：并步左托枪头触地，右侧削掌，右前切掌，右退步前推掌。

左退右把上外挑搬，右跟步右把内圈盖，左垫步进拉刺，右外侧闪右把下内拉拨，左撤步右把后上拉右跟步前下刺，左前盖步右把内圈盖，右进刺。左撤步左后把中盘后撞，左侧后把下内格扫，左侧进转换左把下劈，右垫步进拉刺，右撤步右后把中盘后撞，右外侧闪右后把下内格扫，右跟步换左把下劈，左垫步进拉刺，右进中低马扫拉，右弓步前上刺，左垫步进中前刺。

左托把上平滑把后撞，左转交叉步右把劈，右进前刺，左转右把下左竖推拦，右转左后把下劈上内横扫击，右斜进右把下劈前刺右竖推拦，左转中盘内横扫拉右进中前刺，右转跳盘腰右把外横扫，左进换左把拉刺，左转跳盘腰左把外横扫，右进换右把拉刺。

左斜进右托把上架顶，右进中摇勾拉托把前刺，左进左后把反劈，左跟步侧身左后把双连后撞。

右后转右滑把前刺，左撤步右把上外挑格，右跟步上内横打勾拉刺，右外侧闪刺中，右进中前刺，左俯闪斜刺中，右转左后把上甩，右斜进右把下压拉勾刺，左转左斜进换左把下压拉勾刺，右撤步左后盖步左把下外上内圈拉前刺，跳进前刺。

右进左后转左把过顶反刺，右进右后把下劈，右后转跳左把下劈勾拉刺，右进步左后转左提膝左把下外挑格，左跟步左把上摇拉托把刺，左把盘腰左外横扫，右进换右把勾拉刺，左撤步右虚步右把上外挑搬，右并步右把下内拦，左侧左把竖持枪右腰拳收。

十八、反手短剑

请手：右反握右退步左挑，右冲拳。左虚步右手反握贴左掌心前推，请手。

左退并步收腰拳。左斜前进步右刺内，右斜前进步右刺外，右侧移左插步右后上反刺，右跟步向左上方提挂，右跟步右上外平划带，左俯闪右下内平划带。右转右进步下外刺外下刺，左进步换左正握前刺。

右后转右擒，左进步正握上挑刺。左跟步上内平抹。左跟步上外平抹。右退左提膝左下外劈，左进步低马左撩，右转右插步左后下刺。

右后转左下栽刺，左撤步后撩，右跟步前刺，右俯闪左上外穿刺，左进步前刺，左外侧闪左上内点劈，换右把正握右外侧闪右上内点劈，右进步左挫腿右前平砍削，右弹踢，右内下劈，右上挑举，左后转跳一周右上内横刺，右内下劈，外下劈，右前刺，右起腿左起腿后跳右虚步下栽点刺，右退步左虚步换反握贴左掌前推请手，左退左转并步收腰拳。

附一　林其塔先生拳照

龙虎藏踪

落地千斤闸

五指点香

天王托塔

罗汉压枝

鹰爪双擒枝

一弓双箭

擒枝过胛

摇身抖胛

鹰爪歇枝 美人照镜 剪枝擂鼓

封打手 铙钹手 拗步擒枝

风扫落叶 鲁班拔钉 虾蛄弹

独脚罗汉 罗汉踢钟 左击心锤

右击心锤

丹凤朝阳

采梅花手

右鸳鸯掌

左鸳鸯掌

双采花手

顺步擒枝

罗汉擂鼓

仙人撒网

倒撞金钟

踩腿擒枝

狮子开口

封打连环

黑虎掏心

关公捋须

关门落闩

达摩上山

孔明献扇

怀中抱月

猿猴洗脸

木兰挑灯

冲天炮

十字勾踢

白马献蹄

霸王敬酒

孩儿抱牌

拴马式

罗汉压锤

霸王横鞭

罗汉撞钟

落地鸳鸯肘

敬德甩鞭

罗汉拒虎

罗汉蹬门

罗汉架打

哪吒泼水

开门见山　　　　　　罗汉挂脚　　　　　　牵马式

关公捋须　　　　　　罗汉搧钟　　　　　　小鬼叫门

十字封打　　　　　　龙须虎尾　　　　　　挑帘推窗

老鹰蹬枝　　　　　　海底捞月　　　　　　艄公摇橹

反手擂鼓

水牛撬角

闪门式

罗汉伏虎

倒拽九牛

拨云见月

拨打乾坤柱

上天铲月

青龙回首

白蛇吐信

举灯指路　　　　　关公把关　　　　　蟒蛇甩尾

拨草寻蛇　　　　　　　　砍马式

韦陀守门　　　　　金鹿抬头　　　　　拔树连根

凤凰展翅　　　　　樵夫砍柴　　　　　跪步铡草

回马枪

附二 林其塔先生专论

技击入门

当你学会了一些武术基本动作和套路以后，就必须结合练习技击散打。这样，一方面是学以致用，把学到的东西消化到用的当中去。另一方面，可以从技击散打练习中检查基本动作的正确与否，更具体、更实际地理解和体会套路中基本动作的用意和目的。这样，练起套路来就能更加形神兼备、活化自如、形象生动了。

当然，各人所学拳种不同，所用技法、手法、腿法、身法、步法会有差别，但就技击的原则、原理、精神却都是一致的。常言道，"千拳归一路"，技击技术就是围绕着"攻防"这对矛盾而产生、变化、发展的。"攻""防"是对立的，又是统一的。防得好，才能攻得好；攻得好，才是最有效的防守。单纯的攻或单纯的守都不是技击技术所追求的（可作为基本练习），而应力求把攻防融为一体，积极地结合、统一起来。一般可有意识地按以下四点要求来练。

第一，攻中有防。

这并非说你在进攻中必须做出多余的防守动作，而是指思想意识上要有防守的准备。当你出击时或出击落空时，必须防备对方乘机反击，要有随时应付反击的能力，才不至于对方一反击你就手忙脚乱，不知所措。

第二，以攻为防。

这就是用攻击的动作当作防守。用带有打击力的动作，击打对方击来的手臂或腿。如用掌、拳、小臂外侧砍、砸、劈对方击来的掌背、拳背、大小臂内外侧、脚掌背、大小腿内外侧及膝关节上的鹤顶处，也可用勾手尖、屈指的指关节或握拳的掌指关节叩、啄、摆击对方上臂内侧下端接肘关节处，或用脚踢、扫、摆击对方来的手臂或腿。如对方用直拳击我腹部，我可用肘尖下击其拳背，也可用竖直的小臂外侧挡击对方击来的直拳，让其拳面击到我小臂外侧或肘关节上。

第三，攻防并进。

（1）单臂防带攻：

当对方攻击来时，我用单臂的掌或小臂的内外侧架、拦、挑、砸、拍压开对方的攻击手或腿，立即迅疾随手而入。防攻同臂，一气呵成，不可停顿。并要看准对方空隙，根据反击的不同部位合理地运用拳、掌或其他手法。

（2）一防一攻：

当对方攻击来时，我用一臂的掌、小臂内外侧架、拦、挑、砸、拍压开对方攻击来的手或腿，另一臂同时用掌、拳或其他手法击对方的空档部位，或用手腿防攻亦可。攻防同时进行。

第四，以攻制攻。

就是当对方攻击时，我不去拦架或几乎没有什么明显的防守动作，而是利用步法、身法的变化，避开对方的攻击，占据有利的攻击路线，化被动为主动，攻击对方。也就是"你打你的，我打我的"。也可当对方欲攻而未攻之际抢先发技攻击之，也可在对方动作转换的一瞬间的停顿机会攻击之。

以上四种基本方法实施的关键在于判断对方的攻击路线和速度要准确，相对速度要快，要敢于接近对手，步法、身法、腿法、手法协调配合，才能反击有效。这只是一些常用的基本方法，并非技击的全部，而是以对方先攻击为例作个简要说明。

技击技术的练习，应在掌握好所学拳种的各种基本动作以后进行，这样才有利于提高。而在进入技击练习以后，也应坚持基本动作的练习，两者相辅相成。而技击练习从何而起呢？一般来说，应从简到繁，从易到难。我看分以下四个步骤进行，比较安全稳妥。

其一，定步单臂技。

就是对练双方同侧相对，两脚前后开立与肩同宽，两膝微屈。双方距离以身体正直时，手臂前平伸能用指尖触到对方肩膀为度。用前脚一侧的手臂进行单臂攻防练习。脚步不得移动，身法、手法任其运用。可左右两侧轮流练习。

其二，定步双臂技。

就是对练双方正面相对，两脚左右开立，与肩同宽，两膝微屈。双方距离以身体正直时，双臂前平伸指尖能触到对方胸部为度。双臂都可以用。脚步不得移动，身法、手法任其运用，进行攻防练习。

其三，活步双臂技。

就是可以运用各种变化的步法、身法、手法进行攻防练习，唯独攻击性的腿法不得使用。

其四，综合技击。

就是任意运用各种步法、身法、手法、腿法进行全面的技击练习。

以上四种方式，也可一方专练防守，另一方专练进攻。这样做的目的是增加防守的难度，提高防守能力和反应能力。也可根据环境条件选练其中一种。在练习中应注意不要攻击要害部位。在没有护具的情况下，不要全力攻击。在击触到对方时应立即放松收力。这样既可保障安全，又能培养自己在实战中合理分配和利用体力的自控能力。就是：要劲，立刻就有劲；要松，立刻就能放松。这样战斗力才会持久。也可戴上一副手套，防止指甲捅破皮肤。进行综合练习时不要穿皮鞋和硬底鞋。如果是体力好的和体力较差（相对而言）的对练，力强者不要凭力取胜，而应以提高技术为主，以技巧取胜。当然，在实战或比赛中又另当别论了，因为体力是角斗的资本。

《武林》1982 年第 8 期

技击补充练习

大家都知道，练举重、石锁、单双杠、吊环可以增长力气。若能借助这些器械练习，那当然是很好的。但是，如果没有这些器械，那该怎样用简易方便的方法练体力呢？这里向大家介绍几种因地制宜的方法，供参考。

一、腿

（1）单腿蹲起：身体直立，一腿前伸，不要触地，另一腿连续做深蹲起立的动作，直到立不起来了再换腿练。练时两手叉腰，也可两手平伸保持平衡。另一种站法就是前伸腿的脚尖可以轻点地，保持身体平衡，另一腿照上法做深蹲起立练习。

（2）弓步跳：先站一个低弓步姿势，然后向上跳起，在腾空过程中前后腿交换位置，又成低弓步落下。注意后脚向后伸直前脚掌着地（不可全掌着地）。连续做此动作，直到跳不动为止。

（3）单脚跳：连续做单脚跳动作，另一脚不可触地。场所大的可向直的方向跳出，场所小的可绕圆周跳或向前后左右跳。两腿轮流练习。

（4）高抬腿：可做原地高抬腿跳或高抬腿跑，两腿交替进行，大腿抬起与上身成 90° 角，小腿垂直向下，脚面绷直，越快越好。

（5）深蹲左右跳：深蹲，然后向一侧跳，落地时身体重心移到这一侧腿上，然后又向另一侧跳，落地时身体重心随着移到另一侧腿上，没有支撑重心的这一腿脚尖轻点地。注意：可以远跳不要高跳。

（6）收腿跳：双腿用力纵跳，并向胸前屈收。连续做这个动作，越快越好。

（7）负人深蹲起：在没有杠铃、石担等器械的情况下可做负人深蹲起。一个人分腿坐在练者的颈后肩背上，双手扶墙，练者双手在胸前抱住坐者双腿，做深蹲起立动作。

二、臂

（1）俯卧撑：双手支撑地面，可与肩同宽或比肩宽，做臂屈伸动作，身体向后伸直，不可塌腰，两腿伸直并拢，脚尖着地。双手也可支撑在两只小板凳上，也可支撑在床沿、桌沿上。双脚的位置可高可低，高的可把脚放在桌面，双手支撑在地面上。

（2）倒立：面对墙壁做倒立动作，双腿并拢伸直，也可把脚跟靠在墙壁上，双臂伸直静止，也可做臂屈伸动作。

（3）沙袋：做一个沙袋，重量视练者力气大小而定，在沙袋的一端用绳子捆扎紧，留出一段绳子做个小圈，手掌可以插入就可以，绳圈上用破布条缠绕，到手握住感到舒服合手为止。可以做向上拉、屈臂拉、颈后拉、单臂推等动作；也可双手拉住绳圈，双臂向前伸直，做原地旋转动作；也可在沙袋上系上一条绳子，绳长及胸高，绳子一头系牢在一根小棒上，双臂前伸，掌心向上或向下做拧棒动作，带动沙袋上下升落。

（4）引体向上：可以攀门框上沿或活动的简便木梯、竹梯的横踏上，做引体向上动作，双臂向胸前屈收，收到整个头部超过双手位置为止。

（5）撬臂：两人同侧手掌相握，两虎口相对，紧贴大拇指相扣，相对而立，脚可前后开立或左右开立，脚不得移动。其中一人手臂向前下方伸直，掌心向上，另一人掌心向下，压在上面。手在下的一方向上屈臂端起，看能不能翻起来，把对方的手反压下去。两人轮流为下方，左右手都要练。

（6）扣腕：两人同侧手掌相握，两虎口相对，紧贴大拇指相扣，相对而立，双脚可前后开立或左右开立，两人手臂都要向前伸直，不可屈臂，同时向内旋臂扣腕，看谁把对方的手压扣到下面（用旋臂扣腕之力）。

（7）相推：两人同侧手掌五指交叉相握，掌心相对紧贴，两脚前后开立成弓步，手臂向前伸直，不得屈臂，同时用力向前推，屈臂者或后退者为输。

（8）较臂：两人同侧手掌成普通握手式相握，两脚前后开立半马步，两前脚掌外侧相抵，相握的手臂可做各种拉、推、扯等动作，迫使对方失去平衡，移动脚步。脚步移动者或另一手触地者为输。

三、指（爪）

（1）扔沙袋：用沙或小卵石做成沙袋，重量不定，抛起后用五指插入抓住，再往上抛扔。可单手持续抓扔，也可双手交替。

（2）抓酒罐：在小酒罐里装沙，五指抓住罐口上提，重量逐渐加大。

（3）拧筷子：做个小竹圈，插满竹筷子，双手用力拧转。

（4）抓铁球：用5千克左右铅球或其他铁球，用五指抓起、放下，在未落地前又抓住。如此反复练习。

（5）五指撑：双手的五指张开按地，做各种斜度的俯卧撑。也可在两桌子之间，用两手五指分别支撑两桌面，两腿屈收不触地，靠两手五指支撑身体重量，也可做臂屈伸动作。

（6）抓腕：两人相对而立，可正面相对或同侧相对，一人五指紧握另一人的同侧手腕部，被握的人用力，从握者腕部小指一侧向上往下反扣，看能否脱开被握而反扣握之。轮流练习。

四、腰腹

（1）仰卧两头起：人仰卧，双腿并拢伸直，收腹上翘，两手臂也伸直，上身也坐起，身体成对折，以手摸脚尖，反复做此动作。

（2）仰卧起坐：人仰卧，双腿并拢伸直不动，上身快速坐起，反复做此动作。

（3）仰倒起坐：坐在桌面上，另一人压住练者的双脚使之固定，练者身体向地下仰倒，然后收腹坐起。

（4）收腹举腿：两手向上攀住门框上沿或活动楼梯的横踏，身体自然下垂，然后双脚并拢伸直收腹上举，反复做此动作。

（5）脚尖走：双脚左右开立同肩宽，微屈膝，踮起脚尖，脚面绷直，用脚尖走路。

如果经常做以上这些练习，可增强各方面的力气，使击拳、踢腿更加有力，跳跃更加轻捷，腰身更加灵活，擒拿更加牢固。可作为武术技击的补充练习。

［注：上文《技击入门》和《技击补充练习》合编为《技击入门须知》，入选《擒拿格斗术集粹》（1987 年版）］

初练拳击的常见毛病

近几年来，拳击运动发展的势头很好，而在青少年中又更受欢迎。但青少年习练者多出于兴趣，又缺乏科学的指导，故此在实际中常出现一些问题。问题虽小，牵涉却大，如不在初练阶段及时解决，会对拳击技术的提高产生极大的危害作用。

下面，就谈谈初练拳击时的几个常见毛病。

（一）不放松

拳击是一项对抗激烈的运动，对体力的要求很高。然而，是否体力好的、强的，就一定会取胜呢？未必。拳击也是一项技巧性很高的艺术。首先，合理地安排体力是关系到全局的关键一环。如果盲目地滥用体力，猛打猛冲，不讲策略，试图单凭良好的体力和速度来取胜，那很容易掉进对方消耗战的圈套。

为了从始至终保持良好的竞技状态，应当学会放松，而且从预备姿势起就开始放松。只有放松了，动作才会灵活，速度才会快。在放松的状态下发力冲拳，才能充分地发挥肌肉收缩的力量，才能产生强大的富有弹性的迅猛的爆发力。如果在肌肉紧张的状态下出拳，速度就不快，不能形成迅猛的爆发力，对方也容易发现你的攻击路线。出拳，应当在放松的状态下以最快的速度出击，在接触到目标的一瞬间才突然握拳用力。这就是说，只有放松，才有速度，才有爆发力，才能持久。

（二）闭眼

在防守时，一看到对方进攻，不是冷静地观察判断，而是闭起眼来，低头躲避。这样，就难寻找到良好的反击时机，不能有效地防守，也不能有效地去反击。在这种情况下，只能是挨打，挨打！正确的方法是冷眼细瞧，瞅准时机，快速转入反击，不要畏缩，也不要莽撞。冷静的观察和准确的判断，是把握战机的根本。

（三）只攻不防

有的练习者不重视防守技术的训练，只会攻，不会防，这是很不全面的。因为在拳击练习中，对方是一个活的人，他也会反击，也会看出你的弱点，他会引诱你消耗体力。拳击的高度技巧性可以说主要是体现在防守和防守反击上的，初学者首先应训练好防守，防守是进攻的基础和出发点。有巧妙的防守，也有莫测的进攻，这才是优秀拳手应具备的缺一不可的两大技术要素。因为在实践中，很多场合往往是防守后施行反击的。最吸引人的技巧莫过于巧妙防守后的漂亮一击，这才更富有艺术性。

（四）消极防守

又有一种情况，就是消极防守。有的练习者一见对方攻击，就远远地躲避。躲避是必要的，但是，一味地躲避、远远地躲避却是消极的。你躲得远，对方当然打不到你，而你也打不到对方，这样无助于技术的提高，也不能培养你勇敢无畏的气概和精神。应当明确，退是为了进，是为了寻找机会、创造机会进攻。

（五）步法呆滞

有时，我们可以看到对练双方冲上前接触就胶在一起，打得难分难解，结果两败俱伤，或者体力优者胜。这种硬拼到底的打法是不可取的。我们应当提倡讲究战略战术，要移动有移动，战术才能多变。移动，可以避开对方的攻击，移动，可以找到良好的攻击时机。有时，你拳出击，但是打不到目标。其实你只需向前、向左或向右移动一点、一步或者半步，就可击到目标了。因为没有移动，失去了一个战机，这就是常说的脚慢手不快、手短进步补。也有一种情况是脚已跨出去了、落地了，拳才出去，这样对方就很容易发觉你的攻击意图。

（六）防守动作幅度太大

初练拳击，一见对方攻击，由于紧张，往往唯恐格不开对方的攻击手，而用力地大幅度地去拨、去拦。其实，这是白费力量。一般，我们只需格挡到身体切线外就行了，最好是擦身而过。有时，碰到力大的攻击，不是单靠手臂用力去格挡，而应和闪避、缩身、收腹、晃头、转腰、移动等身步法巧妙地结合起来进行防守。防守动作幅度应尽量小，这样既省力又有利于保持平衡、快速反击。这首先要看清对方的攻击路线和动作，对时间和空间的判断要准确，不要惊慌失措。当然，这要经过一段实践才能逐步掌握。

（七）过多的动

灵活多变的步法移动是必要的，但过多的无目的的移动会无谓地耗费体力。移动应当是有目的的，是为了防守或抢攻的，不要盲目乱动。应多观察，以静制动，多争取休息和放松的机会，这样才能持久。移动应以滑动为主，脚底轻擦地面移动，而不跳动。有的在移动中脚离地跳起很明显，重心起伏大，这样既影响速度，又容易疲劳。应注意，移动要用前脚掌，如果全脚掌着地移动，则步法沉重，既费力又不快。

（八）身不活

有的在练习中，腰部转动过于死板，没有配合手和腿的动作。正确的拳击动作应是力从脚起，依靠蹬地、转腰的力量把拳击出，而不是脚不蹬、腰不转而单凭手臂的力量击拳。腰是轴，身法的关键在于腰。身法的灵活闪转吞吐在防守和进攻中都有重要意义。

（九）暴露部位大

有的在双方接触前，尚能保持正确的预备姿势，可一接触，一紧张，就步法凌乱，结果把整个身体的正面暴露无遗。这样是很容易挨打的。

——《搏击》1986 年第 2 期
《搏击》1988 年增刊

南拳较技

福建南拳，简洁古朴，招招讲用，势势说打，曾经孕育出威震南国的南少林拳派。

南拳擅短打，步稳劲烈，手法尤精。南拳散手的训练，有其独特的入门——较技。较技也叫"定步单臂技"，"定步"就是脚的位置不变，脚的位置移动即输；"单臂"就是只用一只手臂进行攻防对练。待"定步单臂技"练到较熟练的时候即可转入活步散手的南拳技击训练。据老前辈们说，以往比试功夫，常以"定步单臂技"进行较量，因此就叫"较技"。较技也可在条凳上进行，更见其难度。较技用的是"点到为止"的轻打，也可运用拉、扯、推等手法，既能达到攻防对练的目的，又不会伤人。较技不受时间、地点、年龄、性别等限制，简便易行，因此也可作为工余、课余的健身娱乐手段。

现将南拳较技的练习方法介绍如下：

两人同侧相对站立，两脚前后开立比肩宽，两脚左右间距离 20～25 厘米，两膝微屈，以本人感到舒适自然为准，两人距离以同侧手臂同时伸直都能以掌心拍到对方身体为准。预备式两人各以同侧小臂桡骨侧相靠，肘关节向下，手掌与肩同高，双方各以掌心、掌背从各个方向并以各种角度拍击对方头部和上身。拍击采用轻拍，不可击眼和咽喉，可采用声东击西的假动作，可击开对方手臂再进攻，上身可以晃动，但两脚不得移动。防守时可采用躲闪、阻挡、格挡、引进落空、防守还击、迎击等方法。较技练习可提高练习者对时间、距离等的判断力，提高反应能力、准确性和攻防意识，培养人们的沉着、果断、机智、巧妙用力等素质，对人的神经系统、呼吸系统亦有良好作用。

主要的防守方法有：

①上外格：小臂外旋，肘关节向下，以桡骨侧向外格挡。

②上内拦：小臂外旋，肘关节向下，以尺骨侧向内拦格。

③下外格：以小臂尺骨侧向下外侧格挡。

④下内拦：以小臂桡骨侧向下内侧格挡。

⑤上外擒带：当对方伸出手臂拍击我时，我用手臂紧贴对方手臂顺其用力方向向我身体外侧方向牵带，使之击空，牵带时也可拉扯对方手臂。

⑥上内带：当对方采用压偏我手臂侵入我方内侧欲拍击我胸腹部时，我可上体向内侧拧转，肘关节上抬，指尖朝下，我小臂紧贴对方手臂，顺其用力方向向我身体内侧粘带，使之击空。

——《搏击》1988 年第 5 期

提高技击击打力的关键何在

技击是一门对抗性的击打运动，包括"进攻与防守"，进攻讲究力度，即"击打力"。因此，击打力在技击中占有重要的位置。提高技击击打力的关键何在？本文拟作探讨。

击打力是人体发出的爆发力，是由肌肉快速收缩产生的。$F=ma=m(V-V_0)/\Delta t$，在质量 m 不变、$V_0=0$ 的条件下，只有提高击打速度 V 和缩短击打时间 Δt，才能提高击打冲力 F。要提高击打速度 V，只有在肌肉放松、拉长的状态下做击打动作，才能办到。弹力公式告诉我们，$f=Kx$，弹力 f 的大小和弹力物体伸长或缩短的长度 x 成正比，K 是倔强系数，是比例常数，K 在数值上等于弹性物体伸长或收缩单位长度的弹力，K 也就相当于肌肉弹力的常数。

肌肉在放松、拉长的状态下快速收缩，才能达到最充分的收缩，也就是 x 才能达到最大值，才能获得最大的爆发力 F。《少林拳术秘诀》中云："盖一掌或一拳之打出，手一著力，则气有三停：一停于肩穴，二停于拐肘，三停于掌根，如是而求力能贯透指颠或掌心，难矣。至于柔运之力，则与此不同，一举手则全身之力奔赴于气源所运，所谓意到气随，速于声响，精粗之功，学者可以悟矣。""著力"，即指肌肉处于紧张用力的状态；"柔运之力"，即指放松状态下发出的力。这段话，对肌肉在紧张用力的状态下发劲和在放松状态下发劲的两种截然不同的效果作了极为精辟的论述。又云："……更不可鼓力，鼓力则无力，而力且不能持久。"因此，发劲应在肌肉放松的状态下进行，这叫"放劲"。当即将击打到目标的一瞬间才突然加速用力，这就是常说的"寸劲"。放松，才能使肌肉在击打过程中作最充分的收缩。因此，应先多做些在全身放松状态下的空击练习，随意的、毫无拘束的，充分伸展的空击。

击打力量的大小除了与击打速度、击打时肌肉放松、伸展的程度有关外，还与肌肉本身的基础力量素质有关，也就是与 $f=Kx$ 中的 K 有关。假如你已经能在充分放松的状态下，以最快的速度把肌肉固有的潜在的基础力量充分转化为击打力，这时就要在提高肌肉的力量素质上下功夫了。也就是要提高 $f=Kx$ 中的 K 值，然后，再讲求将基础力量转化成击打力的技巧。

击打力还与内外气的掌握运用有关。外气即呼吸之气，是后天之气。人在举重物时要憋气，这种憋气用力的方式在技击击打中是不适宜的。因为技击中还有动作的快速变化，一憋气，势必动作僵硬，影响动作的速度，而且肺部缺氧，血液得不到充分的氧供应，长此以往，对身体不利。《少林拳术秘诀》中云："气以顺为要，而不可逆制，初学步时，偶于用力猛烈，则气必喘息，切不可忍制以求争胜于人前，否则，肺部暗受其损害，必致不可救药。吾见少年人每有此弊，故为之警戒耳。"

因此，作击打动作时应配合动作节奏作自然呼吸，发劲时也可以结合发声。但这发声决不是喉咙的大喊大叫，而是在发劲时气沉丹田时自然而然所发出的沉实、短促的声音。这种发声有助于腹压的增强，这就是我们常说的"虚胸实腹"。它有助于提高下盘的稳固性，能提高身体的抗击打能力。呼吸与击打动作的有机配合是击打力提高的重要一环。

在击打发劲前，能做到身体放松自然。在击打时，呼吸与击打动作自然协调，全身原有基础力量已能充分发挥到击点上，即是"力已顺达"了。在此基础上，应开始作"意劲"的训练，意劲即内气作用于发劲，强调注重"意"的作用。因此，要练好"意劲"必先打好气功的底子。通常可从静养功和站桩功的训练入手，"未习打，先练桩"，然后结合较缓慢的拳术动作作气功训练。这种带功练拳的方法与太极拳的练法是相似的。把气功练意的方法与较缓慢的拳术动作结合起的训练，就是"运劲"。

"运劲"练到一定程度后即可进行"发劲"训练。"发劲"应是在内气催动下，肢体拳掌自动化地、闪电般地击出。发劲也就是把运动中蓄满的内劲发放出去的过程。意劲的运发可贯穿在整个拳术套路内练中进行，但最好从单个拳术动作开始，如马步左右推掌、劈掌、冲拳等。练时全身放松，安静自然，然后把意念引注到欲击出的掌、拳或腿上，意想已击出、已击出……有摧墙倒树之力……直至其不自觉地闪电般迅猛击出。初练阶段，贯气运劲到发劲这段时间会长些，直至练到"意到、气到、力到"的一触即发的境地，方能在变化莫测的技击实战中加以灵活运用。《少林拳术秘诀》中云："古语所谓气静则神恬，神恬则气足，技击臻此境界，而后可称上乘，可称绝技，否则仍不过野道旁门，终难入于名家巨子之林也"。又云："力以柔而刚，气以运而实，力从气出，气隐力显，无气则力自何来？俗家之力其来也猛，而其著实也多浮而鲜沉；名手之力其来也若在有意无意之间，而其抵隙沾实而后，全力一吐，沉重若山，可以气透肤理，此其故。"意劲是"动未发，意先行，劲方透"，只有这样，才能做到"全力一吐，沉重若山"。这也就是常说的"内劲、暗劲"。意劲乃高级劲道，是气功与拳术相结合的结晶，"上乘着运柔而成刚，及其至也，不刚不柔，亦柔亦刚……"这正是中国武术与外国拳术的本质差别之所在。我们的先辈早已为我们总结出极其科学的运发劲方法，我们应好好挖掘继承、研究提高。另外，增强肢体的硬度、提高肢体的柔韧性、提高抗击打能力、改善全身的协调性，也是提高击打威力的重要因素。当击打力提高了，在实战技击中是否能派上用场，还与临场实战中的技击战术运用，如击打时机、击打方向、击打角度、判断的准确性等因素有关。

《武林》1992 年第 4 期

漫话"战派南拳"

一、战派南拳传统训练的内容和程序

战派南拳是闽南地区历史悠久、流传最广、最主要的拳种,如太祖、达尊、双技战、五祖、白鹤拳。它们的入门套路皆为"三战",三战讲究呼吸吐纳、运发劲,是功力拳。凡是以三战为母拳的拳种流派就称"战派"。

战派南拳以站桩锤炼内气,以三战习进退、练运发劲,以套路练习攻防基本动作和组合,以套路对练体会动作的攻防运用,以较技练习借力、化力、逼力和学会掌握攻防时机,以散手训练攻防技术、战术等实战本领,以及其他一些硬功、排打功、力量等辅助训练。

桩功—三战—套路—套路对练—较技—散手这种教学训练程序从动作结构上看是符合从易到难、从基础到高级的规律的。但是从实践过程中可以发现,这个程序的各个环节的内容和教学训练方式等方面尚存在许多不足与不完善之处,亟待改进,方能适应当今社会发展和现代体育发展的需要。

二、必须改革的问题

1.内容方面

(1)忽视柔韧性的基础训练是不全面的

战派南拳的基础训练除了桩功、三战外,还有一些其他的基本功如力量、硬度、排打等。常言道:"内练一口气,外练筋骨皮。"然而拳谚道:"宁可筋长一分,不要肉长一寸""打拳不溜腿,到老冒失鬼""打拳不活腰,终究艺不高"。这些都说明一个道理,即腰腿的柔韧性、灵活性训练在拳术训练中占有何等重要的地位。没有柔韧性训练正是战派南拳基础训练的一大不足,在"外练筋骨皮"中恰恰少了"筋"字,"刚"有余而"柔"不足,偏"刚"则"硬"。

这样，势必影响腰腿活动展开的幅度，各关节活动范围小，增大了受伤的可能性。韧带、肌肉的伸展性、弹性差，势必影响动作的速度和灵活性，不利于动作质量的提高。尤其是青少年，正处在生长发育的高峰期，肌肉主要向纵向发展，柔韧性较好，如果在这时期进行柔韧性训练，更有利于身体素质的全面发展，对提高武术技术水平具有深远意义。忽视柔韧性训练的基础训练是不全面的。

（2）增加腿法内容是实现战派南拳技术内容完整性不可缺少的一步，从战派南拳的技术内容上看，手法丰富而腿法很少。

拳谚："手是两扇门，全凭腿打人。"在实战中，腿击有许多优点，腿比手长，力比手大，隐蔽性也大（腿处于水平视线下方）。俗话说："起腿半边空，起腿三分险"，由于怕失误而不敢用腿，这是大可不必的。实战中主要在于战机的把握，而不在于出什么危险、出什么就不危险。腿和手都各有长短，只有有机配合才能取长补短。双手和双腿是四个战斗单位，如果只用手，就等于只发挥一半的战斗力，很不合算。

我们常说"用进废退"。从健身的角度讲，手部活动多，腿部活动少，这样腿的发达程度就不如手，这样的身体锻炼也是不全面的。

在战派南拳的套路中，有的整个套路中只出现两次弹踢，有的则整个套路中都没有出现任何腿法。当今国际上，许多国家的搏击法都十分重视发展腿法，增强搏击威力，而战派南拳作为有十分完整腿击法的中国武术中的一大拳种，反而只有少得可怜的一两种腿击法，是与其身份不相称的，从实战搏击的需要来说也是不全面、不完善。

因此，必须吸收一切具有实用价值的腿法、腾空跳跃动作和其他各种营养为战派南拳所用，使战派南拳成为一种拳腿并茂的较完善的拳种。

2.结构形式方面繁多的、内容分散的套路体系应当改革

在战派南拳中，每个拳种一般都有10多个至20多个拳术套路。而这些众多的套路中的动作内容大都是重复的，每个套路中只出现2至4个其他套路中所没有的动作。绝大部分套路结构是呈对称的，也就是在一个套路中前后两段的动作内容，结构编排是完全一样的，后半段是前半段的重复而已。它的作用是使习练者熟练、牢固地掌握基本动作，以

达量变到质变的效果，还有就是在表演时套路花样繁多热闹。套路多，套路的动作大都雷同，各个套路自身又都是前后重复对称。这样，就使得本拳种内容过于分散、凌乱。习拳者除非学完全部套路，否则就无法掌握本拳种的全部内容。由于内容分散，即使学完全部套路，也无法对本拳种的内容有个类型清晰明确的认识。

套路数量过多，重复过多，习拳者容易产生厌烦和疲惫心理，不利于激发习拳者的兴趣和启发其创造性的发挥，所花费的学习时间太长，容易出现遗忘，不利于学习掌握，已经不能适应当今较快的学习、工作、生活节奏的需要。

鉴于以上原因，我认为传统的战派南拳套路体系、套路结构应当改革。一个拳种的套路可浓缩为四个，一个"三战"，一个初级套路、一个中级套路、一个高级套路，基本套路可由最基本的攻防动作组合编排而成，高级套路应当集中本拳种所有技击法精华的典型攻防组合。这样，只要学会一个高级套路，就能掌握本拳种的主要内容和风格特点，一目了然，十分清楚。这样，套路少、内容集中、重点突出，既有利于学习继承，也有利于提高发展、传播推广。当然，如果要用于表演又另当别论。

3.教学训练程序方面

（1）没有经过基本动作教学就进入套路教学的教学训练方法是不科学的。

民间传统的战派南拳的教学有的没有经过基本动作教学这一部分，而是一下子就从套路教学开始。识记规律指出，识记材料数量的增加会使识记同样数量的材料所使用的平均时间显著增加，识记和效果也随之降低。在学习整个连贯套路的同时，又要兼顾学习各种基本动作，一心不能两用，顾此失彼，既影响套路教学的进度，又影响单个动作质量的提高，教的人吃力，学的人也吃力，事倍功半。

因此，必须归纳总结出本拳种的全部基本动作，分为：步型、手型、步法、身法、手法（拳法、掌法、指法、爪法）、腿法、肘法、膝法、防守法等。在学习套路之前必须先学习基本动作。

学习基本动作的过程也是动作单练的过程。基本动作质量的提高，直接有助于整个套路质量的提高，又可以大大缩短学习套路的时间。还可以不经过套路训练，由基本动作训练直接转入散手训练，这种训练程度更符合那些由于工作性质的需要必须在短时间掌握基本的技击格斗技能的人。把基本动作训练放在套路训练和散手训练之前是符合从易到难、从简单到复杂的教学规律的，这样更具科学性、系统性，是完全必要的。

（2）套路教学与运发劲教学同时进行事倍功半。

①先"形"后"劲"

在战派南拳的传统教学中，一开始就学三战套路，也就是基本动作、套路结构、运发劲三部分内容的教学同时进行。基本动作尚未正确，就要进行运发劲训练，而运发劲又是较难掌握的一项，结果很容易造成在错误动作的基础上进行错误的运发劲训练，竹篮打水一场空，事倍功半。

运发劲是以内气为动力、以意念为指挥、结合拳架动作而进行的，其过程是体内生物能量聚蓄，迸发与肌肉伸缩活动协调统一的过程。内气的作用是抽象、看不见的，属于"隐"的。拳架动作是具体感的，看得见的，属于"显"的。

因此，在教学训练中应由外及内、先外后内，由具体到抽象。先在放松的状态下学习、练习拳架动作，不必考虑运发劲，这样，既学得轻松，又便于纠正。待到拳架动作正确了，才结合拳架练习运发劲，最终达到内外合一、拳正劲实的完善境界。

②"先放"后"意"

既然运发劲是较抽象、较难把握的，那么从何练起呢？可先采用"放劲"的方法。放劲指直观地、本能地、自然而然地、放松地、无拘无束地靠屈伸肌的快速收缩作用将手或腿充分地击出。这种用力方式在其他体育项目中是十分常见的，如掷标枪、推铅球、踢足球、蛙泳的蹬腿等。放劲在基本动作和套路学习阶段即可进行。

待拳架动作正确、熟练后，就可以开始运发劲的训练。开始时，拳架动作应慢些，便于意念的贯注，熟练后就可以快了。运发劲应突出强调"意"的作用，着重"意劲"的训练，采用下文所说的"运柔至刚"，也就是以"意—气—力"的训练途径达到内劲的培养。此后，运发劲的训练应贯穿于拳术训练的全过程。运发劲训练通常是结合三战套路进行的，其基础在站桩，闽南语叫"站跨"。

（3）"以刚入手"的训练方式弊端多。

战派南拳以"刚"著称，"刚"主要体现在劲道上。"以刚入手"是战派南拳劲道训练的方式，而问题往往出在"刚"字上。"拳打千遍，其理自现"这句话固然有一定道理，但非尽然。因为要实现"以刚入手，运刚至柔"并非易事，尤其初学者对武术劲道的体验微乎其微，"刚"又是一种很难把握的劲道，失之毫厘，谬以千里，那初学者往往以"硬"为"刚"也是理所当然的了。

体育系通用教材《武术》第一册第三节南拳技术分析中言："在臂部肌肉持续紧张的情况下，动作有力、速度较慢而均匀地向前推出"，这就是对南拳运劲方法的错误表述。如果初学者刚开始接触拳术就采用这种运劲方法、这种用力方式，会造成屈伸肌的相互牵制，影响屈伸的速度。这势必导致僵硬地使蛮力，动作呆板，出击速度慢，只有推力，没有击力，影响劲力的发放。有的更是鼓胸憋气，全身有如石板一块，久之，非但练不好运发劲，反而得了个胸闷之症，面色铁青，练伤了身体。而"刚"为何物呢？"刚"是力度、硬度、柔韧性、弹性、速度的综合体现，是猛烈的爆发力所表现出来的一种阳刚气质，力而有柔为"阳刚"，力而无柔则为"硬"；柔而有力为"阴刚"，柔而无力则为"软"。

《少林拳术秘诀》中云："上乘者运柔而成刚，及其至也不刚不柔、亦柔亦刚，气以顺为要，而不可过于逆制，初学步时，偶于用力猛烈，则气必喘息，切不可忍制以求争胜于人前，否则，肺部暗受其损害，必致不可救药，吾见少年每有此弊，故为之警戒耳。"又云："欲求技术之精，总须由渐而进……更不可鼓力，鼓力则无力，而力且不能持久，力如水也，盈科而后进，久则可臻精微而少后患，否则所谓蛮野之力，山鄙粗莽之夫优为之，然非所语于名家巨子也，后学者宜谨记焉。"这是对武术用力原则的精妙阐述。

正确的运发劲全凭"意"的指挥、"气"的催动，是"意—气—力"的过程。应当采用"运柔至刚""先慢后快"的方法，直至"一触即发"的境界，方能在技击中发挥作用。这样练成的劲力就是"内劲"。

由站桩培训的内气，通过意念的指挥，配合三战的动作实现运发劲。由意念调动的内气通过三战较缓慢的吞吐动作贯注劳宫、指巅及至全身，使手掌、臂部及至全身充满胀满感，产生颤动而使肌肉有一定的紧张感，八面支撑、身备五弓，有如燃烧的火药所产生的强大的气压即将迸发开来的临界状态，这是一种强大内力即将迸发的前奏，这过程就是"运劲"。此时，意念自然而然地将此劲引发，即为发劲。劲未及人，意已及人；劲及前胸、意已透背；劲未发、意先行，意在劲前劲方透。《少林拳术秘诀》中云："迨至成功则周身之筋脉灵活，骨肉坚实，血气之行动，可以随呼吸以为贯注，如欲运气于指尖、臂膊及腰肾之间，意之所动，气即赴之，稍与人搏，则手足到处伤及肤理，不可救疗，气之功用神矣哉。"这一点正是中国拳与外国拳本质区别之所在。

"运柔至刚"固然不易，即使无成，于身无伤；而"运刚至柔"则更难，往往成了"运刚成硬"，功误身伤。《少林拳术秘诀》中云："力以柔而刚，气以运而实，力从气出，气隐力显无气则力从何来。"因此，战派南拳改"以刚入手"的运发劲方法为"运柔至刚"方为上策。

（4）忽视散手训练和理论总结的拳术是不成熟的，"打"字不能丢。

近年来，社会上流传着"传统拳不能打、国外的自由搏击才是真正能打的拳术"的说法。我们并不否认国外自由搏击术能打，但传统拳是否不能打？不尽然。的确，中国拳较外国拳难学难用，也可以说这是因为中国拳的技术难度较高的缘故吧。但是，值得提的一点就是练"打"了没有？"打"有"打"的专门学问，"打"有"打"的味道，不亲口吃吃"打"，哪能体会"打"的味道？如果不经过散手训练，即使学了泰国拳也同样不会打。技击是武术的灵魂，"打"字岂能丢？既然要练习技击实战，除了武术散手，还必须学习和掌握中国跤、柔道和擒拿的主要常用技术，才能达到常说的"踢、打、摔、拿"四击具备的技能。

战派南拳目前的教学多数只强调套路不强调散手，一般只要学完全部套路（包括器械），动作正确美观，就算"毕业"了。至于散手方面，任其自流，你愿练就练，不练也不强求。师傅偶尔也说说拳法、说说打，但也没有系统地教。因此，散手这一程序成了可有可无的了。中国武术的最高级别是"武英"级。获得"武英"级的应说是中国武术界的第一流高手了吧，其散手实打功夫如何？能与国外搏击高手对垒乎？其名符实吗？那武术何为"武"？散手是武术的最高阶段，战派南拳也不例外。

三、理论不可缺

战派南拳的理论研究历来比较薄弱，理论书籍少得可怜，有文字资料积累，形成理论总结的拳种流派非常少见，只在近几年才出版了《福建少林拳》《鹤拳》《福建少林狗拳》等书，这还是远远不够的。65岁以上有名望有成就的老拳师已为数不多了，如不抓紧收集整理就晚矣。

战派南拳在流传过程中，由于种种社会历史原因，好的东西流失不少，有的拳师又故步自封，不吸取别的营养，不经过散手实作的检验，不进行理论的总结提高，这样难免显得封闭和贫乏。

拳术理论是对拳术本质规律的总结，对拳术的继承、发展、提高具有深远的意义，是处于指导性的地位的。加强理论研究使之科学化、系统化是战派南拳界的迫切任务。

四、结论

1. 在基础训练中应增加腰腿柔韧性训练的内容。

2. 在套路训练之前应进行系统的基本功动作训练。

3. 增加腿法内容，吸收各种营养。

4. 先学拳架，后学运发劲。

5. 改"以刚入手"的劲道训练为"运柔至刚"。

6. 精简套路，提高套路质量，形成"三战—基础套路—高级套路"的阶梯训练。

7. 强调散手训练。

8. 重视文字资料的总结积累，提高理论研究水平。

——2005年中国台湾台南"海峡两岸南少林武术研讨会"发言稿

千拳归一路

——浅议南拳、太极拳与其他

中华武术历史悠久、博大精深，内容十分丰富。尤其是近代热兵器产生、武术进入了以套路为主的发展模式，更是拳种流派繁多，名目名称林林总总，数不胜数。更有像"木兰拳"这显然是"操"类的也列入了"武术系列"，真是唯恐武术不乱。

作为套路，原是以实战中一些常用动作为基础，根据攻防特点编成组合，便于平时复习训练记忆。而后来，逐渐把套路用于表演观赏和健身娱乐上。这样，就把注意力更多地放在动作漂亮、架势美观大方之上，尤其是竞技武术，近几年加上难度动作，使之离实战越来越远。为了"武术进奥运"，不惜丢弃武术之魂，使之更体操化，武术已经面目全非了。

在套路的形成发展上仁者见仁、智者见智，使原来服务于实战训练之用的组合发展成内容更丰富的大大小小、长长短短的套路，一个拳种多的甚至有几十套（徒手拳）。另一方面，原来是同一拳种，同一流派，到某个师父手里，改几个动作，或增加些什么，减少些什么，另起一个名称，又是一个新拳种或新流派了。这种现象相当于把无数武术人世世代代积累起来的财富据为己有，成为私家己人的东西，这种做法值得商榷。

闽南地区的战派南拳较普遍的有太祖、达尊、洪拳、白鹤、罗汉、五祖、地犬术等。而每一拳种又有好几种流派，比如鹤拳就发展有飞鹤、鸣鹤、宿鹤、食鹤、宗鹤、纵鹤等衍生流派。白鹤拳传到漳州有"捷元堂"，传到台湾有"勤习堂""台中二高""虎尾二高""武德堂"等。

其实，这么多的战派南拳流派的基本动作、基本内容几乎都是一样的，动作组合也几乎一样，没什么本质上的区别。而各拳种流派的拳母也都是"三战"。请拳礼也大都是一手掌、一手拳，虽然放置的位置有所不同，但这个"五湖四海皆兄弟"的拳礼模式是战派南拳所共有的，在风格特点上也大都一致的，都是步站四六或三七的三角马，讲究步稳势烈、防守严固、动作小巧、节力寸劲、发劲沉遒、摇身抖胛、虚实刚柔、短打逼靠、一步多拳、拳打卧牛之地。当然，近二十多年来也有人"创造性"地把南拳套路长拳化，打起拳来满场跑，多步一拳，以此来迎合某些裁判的角度（可得高分）。

在众多的传统南拳流派中，我们可以从一些具体的主要动作的内容上看出它们的共性。

步法：齐进齐后、进步退步、踏偏换步、跳进跳后、屈马、观音叠坐、交叉步等；

拳法：冲拳、鞭拳（贡）、撬（勾拳）等；

掌法：切、削、甩、推、摇、插、啄等；

屈指法：单凤眼、双凤眼、屈爪等；

短节：横肘、顶肘、竖肘、压肘、膝顶等；

腿法：踢、蹬、扫、带、踩等；

身法：侧身、俯闪、转身等；

防守：挑、擒、掀、勾、断、拆、封、架等。

这些都是战派南拳所共有的，无论其套路组合编排如何不同，其基本内容元素却是一样的。

就以风格似乎迥异的太极拳与南拳作比较，也能发现有很多相同相似之处，不同的只是一些表象，骨子里其实还是一样的，因为两者所追求的终极目标是一致的。

动作上的对比：

太极拳 ————————— 南拳

野马分鬃　　　　　挑

搂膝拗步　　　　　勾劈

手挥琵琶　　　　　摇

云手　　　　　　　采花

单鞭　　　　　　　开弓

玉女穿梭　　　　　孔明献扇

撇身锤	侧贡（甩鞭）
搬拦锤	挑封冲拳
靠	短节、抱牌
大捋	捆带
白鹤亮翅	双拆
十字手	剪封

南拳和太极拳在这些相同或相似的动作上的差异主要在快慢上，南拳动作以快为主，快慢相间；太极拳动作以慢为主，快慢相间，而快慢相间则是相同的。以杨式太极拳为例，杨式太极拳在社会上流传的都是速度均匀的慢架，而它秘而少传的就是快架。快架也称打架，动作快，有发劲，用于实战。而刚劲迅猛的少林派也有慢动的柔拳、心意把等，比如南少林派的三战，动作缓慢，柔运刚发。从拳理上看，太极讲究"柔中寓刚"，南拳讲究"刚中寓柔"；太极拳从"松柔入手，化刚为柔，积柔成刚，刚复归柔"，最终达到"刚柔相济"。南拳从"刚柔入手，刚中带柔，刚显柔藏，柔运刚发"，最终达到"刚柔相济"。有人看了陈式太极炮捶套路演练，觉得很有南拳味。有人看了形意五行拳的演练，也觉得很有南拳味。的确，相同相似之处太多了。又如意拳（大成拳）就吸收了很多福建白鹤拳的技法。

太极拳身法要求：涵胸、拔背、裹裆、护臀、提顶、吊裆、松肩、沉肘。南拳的身法上，也有同样的要求。

太极拳要领五字诀：心静、身灵、气敛、劲整、神聚。这五方面要领，在南拳训练中也必须做到。

太极拳讲"中正安舒"，南拳讲"百法中为母"。

太极拳讲"身备五弓"，南拳讲"八面撑拧"。

太极拳讲"开合虚实"，南拳讲"吞吐浮沉虚实"。

太极拳讲"粘粘连随"，南拳讲"跟手粘枝"。

太极拳讲"圆弧螺旋"，南拳讲"捆缠拧绞"。

太极拳讲"弹抖劲"，南拳讲"抖力（摇身抖胛）"。

太极拳讲"内劲发于丹田"，南拳讲"丹田力"。

太极拳讲"引进落空"，南拳讲"借势借力"。

太极拳讲"四两拨千斤"，南拳讲"四两破千斤"。

太极拳在套路与技击的过渡阶段有一种叫"推手"的训练，而南拳在套路与技击的过渡阶段也有一种叫"较技"（咬技）的训练。同样也有定步与活步、单臂与双臂之分。"推手"与"较技"在运动形式上一样，在训练目的上也是一致的，都是追求触觉感应器官的高度灵敏。在一张介绍太极推手的光碟中有一套辅助练习的小套路，其动作内容与永春太祖拳的"三战"几乎完全一样。

有些人把太极、形意、八卦称为内家拳，把少林（南北）称为外家拳。其实这种划分很不科学，无非是想说我内家拳优于你外家拳。划分内外家拳的，根据是说："内家重内，即心、意、精、气、神"，"外家重外，即外形动作"。这种说法只能说明他对他认为是"外家拳"的拳并不了解。在少林派中也有心意把、三战、站跨（站桩）等练意、气、力的训练内容，也都讲究"心、意、精、气、神"。其实这些内在要求是所有中国武术所共有的。世上哪有什么不讲"精、气、神"的拳术，不讲了那还是拳吗？你能想象一下不讲"心、意、精、气、神"的拳是什么模样吗？其实这是所有体育项目都必须讲究的。总之讲的就是"外练筋骨皮，内练一口气"。

无论什么拳，也都必须符合"八法""十二形"。我们从两年来的"武林大会"实战擂台上就能看出来，一到真打实斗，无论你是什么拳派，套路动作差别有多大，一打起来，基本是一个样，哪能看出你是八卦、太极，还是形意、梅花。一样的就是"攻、防"二字。

武术（古称武艺）攻防而已；所谓攻防，阴阳而已。万法阴阳，千拳归一路！

——福建《闽南日报》2009 年 8 月 19 日

武术发展的多向性

近年来，不少业内人士发表文章，就当前武术运动的发展问题展开讨论，众说纷纭，各抒己见。有的说既然武术姓"武"，就必须讲"打"，武术应突出技击性；有的说"技击"不是武术，技击是搏击、格斗，是军事；有的说冷兵器时代已过，现在是热兵器时代，手脚功夫派不上多大用场，武术的主要作用是健身、表演等。在对各种说法提出不同观点之前，让我们先了解一下武术从何而来，它走过了一条怎样的发展道路，那对今后武术应如何发展就会明了、清楚了。

在远古时代，人类为了生存，必须与凶猛的野兽搏斗，或为了获取食物，或为了抵御野兽的侵害，慢慢地人类就有了与野兽斗争、搏斗的经验，积累了一些实用的搏斗动作。

到了氏族、部落、国家的产生，人类社会人与人之间的斗争出现了。有了社会矛盾，就有了战争。人类社会几千年来大大小小、无以数计的战争大都是处于冷兵器时代，在热兵器出现之前，靠的是人的四肢，手脚功夫，用的是刀、枪、剑、棍。人类的搏击功夫不再单纯用于与野兽搏斗，还用于人与人之间的搏斗。参与战争行为的人叫兵士、战士。兵士为了提高战场上杀敌搏斗的本领，平时必须训练。训练的内容中有一项就是把战场上常用的一些动作编排成一段段的组合，反复地训练。有单练、对练，有徒手，有兵器，直到熟练地掌握、应用。这些军事训练用的组合就是武术套路的雏形，这就是武术的技击性、军事性。

在近百年来，由于热兵器、现代化武器装备高速发展，武术的实战作用逐渐退出了历史舞台。但也并非彻底退出，它的实战功能在短兵相接、捕俘、警察抓捕犯罪分子等一些特殊场合中还是起作用的。因此，在特种部队、侦察兵、特工、特警、安保等人群中，格斗搏击还是必修科目。这在世界各国都不例外，但训练讲究的是一招制敌的必杀技。

早在奴隶社会，就有用格斗搏击作为一种让人观赏的表演。比如古罗马斗兽场的表演就是血腥、野蛮、残忍的人与野兽、人与人的生死搏杀。最为著名的就是引发古罗马奴隶起义的角斗士斯巴达克的故事。在楚汉之争的著名典故"鸿门宴"中，就有"项庄舞剑，意在沛公"的剑术表演。唐代大诗人杜甫就写了一首诗"观公孙大娘弟子舞剑器行"，其中有对公孙氏精彩的剑术表演的描述："昔有佳人公孙氏，一舞剑器动四方。观者如山色沮丧，天地为之久低昂。爚如羿射九日落，矫如群帝骖龙翔，来如雷霆收震怒，罢如江海凝清光……"可见，武术作为表演观赏功能自古有之。到了清朝晚期，火器逐渐发展，而武术的套路形式开始成熟，各拳种流派如雨后春笋般涌现出来，可谓千姿百态，百花齐放。比如一些象形拳，有蛇、鹰、龙、虎、豹、狮、狗、猴、鹤、鸭、醉拳……惟妙惟肖，形象逼真动人。有八卦掌走圈转圆趟泥步，穿拧翻转灵活流畅。有太极拳中正安舒，沾粘连随，刚柔相济。有少林拳拳脚生风，摧枯拉朽，刚猛如虎。器械的表演则有枪扎一条线，棍打一大片，刀如猛虎，剑若飞凤，枪似游龙。而武术散打表演的则是实拳实腿的拳拳到肉的真打实拼。充分体现了武术踢、打、摔、拿的技击实战功能。那火热的攻防搏击场面，更令人热血沸腾，扣人心弦。武术讲的就是"动如涛，静如岳，起如猿，落如鹊，立如鹤，站如松，转如轮，折如弓，轻如叶，重如铁，缓如鹰，快如风"。这就是武术动与静、快与缓、虚与实巧妙结合的独特之美。在当今和平建设时期，武术经常作为各种喜庆节日中人民群众所喜闻乐见的表演节目。就在2008年北京奥运会开幕式上，也有一场规模浩大的太极拳表演。因为武术就是一种最具中国传统文化特色的元素。

武术，自古也是一种健身手段。练武，是一种内外双修、自我修炼的修行。因为练武必须要有坚强的毅力、恒心，必须耐得住寂寞，所以练武是对意志力的磨炼，是一种修心养性的行为。比如少林拳派，讲的是禅武双修。习武必须修心，修心首必修德，这样才能达到德艺双馨。

武术，作为一种健身手段的优点还在于它的方便性。它不受场地、气候、年龄、性别的制约，尤其传统武术，拳打只需卧牛之地。而且强度可大可小，动作可快可慢，可刚可柔，可由习练者随意掌握。武术的一些功法十分简单，比如站桩，定步较技，在原地就可练习，健身效果十分显著，是群众健身项目的首选。武术运动能提高人体内脏的功能，能使体形匀称发展，能减肥，能使厌食、失眠等一些慢性病病情明显好转。

武术具有"健身娱乐、表演观赏、技击实战"三大功能。武术发展的多向性取决于它的多功能性。在当前的历史时期，武术主要发挥的还是"健身娱乐"功能。三大功能应同步发展，各取所需。武术历史之悠久、内容之丰富、中国传统文化元素之鲜明正是其价值之所在。我们应当热爱武术、宣传武术，让武术这国之瑰宝在新的历史时期大放光芒。

——福建《闽南日报》2009 年 10 月 14 日

散手入门经验谈

中华武术技击内容包括散手、散兵、擒拿、相扑（摔跤）。小概念散手指踢打功夫，大概念散手指"四击"——踢、打、摔、拿。散手亦称手搏，现代也称散打，闽南一带称散步、散枝，也就是徒手格斗搏击。徒手格斗搏击技术世界各国都有，如日本有空手道、柔道、踢拳道、合气道；韩国有跆拳道；巴西有柔术；泰国有泰拳；欧美有拳击、终极格斗……散手搏击最终目的是最大可能击中、击倒对方而不被对方击中或击倒。

当你学会了一些武术基本动作和套路以后，就可以结合练习技击散手。这样，一方面是学以致用，把学到的东西合理地发挥到应用中去，因为技击是武术的灵魂；另一方面，可以通过技击散手练习，检验套路练习中的动作是否合理正确，能更具体、更实际、更深刻地体会和理解套路中动作的用意和目的，练起套路就能更加形神兼备、活化自如、形象生动了。这样，你才不会死练拳、练死拳，把套路与应用断然隔离。你才会理解武术是什么、什么是武学。

散手训练比套路训练更具有娱乐性、趣味性，能很好地提高训练者的反应判断能力、灵敏度、耐力、爆发力、协调性诸多方面的身体素质，是广大青少年所喜爱的运动项目。

世上拳术千百种，各人所学不同，但就技击散手的原理、原则、精神上都是一致的。常言道："千拳归一路。"技击散手技术就是围绕着"攻防"这对矛盾而产生、变化、发展的。攻防是对立的，又是统一的。防得好，才能攻得好；攻得好，才是最有效的防守。单一的攻或单一的防守都不是技击散手所追求的（只可作为单项基础训练）。而应力求攻防融为一体，巧妙地结合统一起来，变化多端，自然流畅。攻为阳、防为阴，攻防对立，攻防互限，攻防消长，攻防转换，攻防一体，攻防与阴阳同理。"攻防者，阴阳也"，一切都在动态的变化中。

攻防的阴阳道理就是指攻防的整体性，自身是一个整体，对方也是一个整体，而对搏双方合起来形成一个大整体。太极拳里有一句名言曰："舍己从人"，就包含要注意顾及对方的攻防意图和行为而顺应化解再攻击之的意思，这是典型的借力打力，借势打势的战术。不能只顾上，不顾下；只顾左，不顾右；只顾拳，不顾腿；只顾进，不顾退；只顾长打，不顾短击；只顾刚，不顾柔；只顾实，不顾虚；只顾攻，不顾防……造成阴阳失衡，攻防脱节，无法达到对搏双方大整体的技术效果的圆满。

散手基本技术包括身步法、拳法、掌法、腿法、节法、拿法、摔法（包括靠法）、防守。

散手战术的核心是时间差与空间差的合理巧妙的运用。"两差"运用的关键在于相对速度和绝对速度以及身步法运用的水平和能力。八法云："拳似流星、眼赛闪电，腰似蛇形、步赛粘，迈步如猫行、运劲如抽丝，力顺达、气宜沉、功宜纯。"八法中首法是"拳似流星"。拳谚道："百法百解，快字无解。"当然，这些能力除了先天素质因素外还须后天的刻苦训练、科学训练、临场经验的积累、良师的指导……

散手战术的常用形式有抢攻、防守反击。防守反击包括先防后攻、攻防同步、以攻制攻（包括迎击）。

散手的基本功主要是体能训练。体能包括速度、柔韧性、灵敏度、爆发力、耐力、排打、静功、动功（包括静桩、动桩）。体能训练的方法、手段是非常多的，可根据自身环境条件因地制宜地选择利用。但其中最具中国武术文化特色的就是内功的修炼，主要形式有静功（禅功）、桩功。

中国功夫最注重的就是内功的修炼，主张"内练一口气，外练筋骨皮"的内外兼修法门。

散手训练首先必须从基本动作开始，由单招开始，再练组合动作，再练套路，再练较技（推手），再练散手。单招训练必须从身步法开始。常言道："打拳容易走步难。"有好的身步法才谈得上有好的战术发挥。

有的人认为练散手不必练套路。其实不然，套路练得好，对散手中动作的转换、变化、协调能力是有帮助的，虽然套路并不等于散手。

在套路训练进入散手训练之间的过渡阶段可进行较技训练。南拳称较技，类似太极拳的推手，太极推手要求不丢不顶，而较技允许丢、顶。较技又称搭手、搓手、捉技。较技训练特别重视强调"圆"的运动特性吞吐力的巧妙运用，变化无穷，自然而然。

较技有定步单手、定步双手、活步双手三种形式。

定步单手就是两人相对前后脚站立，两人前脚内侧靠近，以前手相搭，进行攻防训练，站位不可移动。定步双手就是两人相对左右开立站立，两人双手相搭，进行攻防训练，站位不可移动。活步双手就是两人运用身步法移动抢位，进行双手攻防训练，可用腿勾绊，不可用腿击。

定步防守训练就是两人相对左右开立站立，距离以伸臂可触及对方为度，不用腿法，只用手法，一方只攻，另一方只防守，轮流进行攻防练习。

防腿击训练就是一方以各式腿法进攻，另一方以各种可能的方法进行活步防守反击训练。

在以上训练有一定基础后可进行运用踢、打、摔、拿各种击法的综合散手训练。在没有护具的情况下，注意采用"点到为止"的用力方式，不体现功力，只体现技巧，这样可避免互相伤害。要能快速击中目标，又能点到为止并非易事，这种收放自如的劲道功夫是一种劲道修养的体现。如果你是想参加散打搏击比赛，则应穿上护具，按比赛的要求、规则进行训练，才能适应比赛的需要。

为提高技击实战水平，体能功力训练是不可缺少的。常言道："一胆、二力、三功夫""拳怕少壮""一力降十会"说的都是这个理——体能是角斗的资本。

运动理论的学习也是提高散手运动水平的重要环节，如人体解剖学、运动力学、运动生理学、前人总结的武术理论、观看一些搏击比赛等，都直接、间接对提高散手水平有帮助。再者就是能学点中国古典哲学——阴阳学说，那就更好了。

最后要强调的一点就是"习武德先行"，习武者尤其是习搏击者更应讲究武德，要有"仁爱"之心，因为说白了，散手搏击就是"打人的功夫"。切记切记！

——福建《闽南日报》2009 年 12 月 9 日

浅谈福建南拳

中华武术历史悠久，其缘起古代人们的生产劳动，又服务于人们的生产和生活，它和中华民族文明同步产生和发展。同时，它也是一种独特的社会文化现象，不同的地域、不同的人文环境造就中华武术的差异性。就是这种差异性，使各种拳种都有其独特的历史、绚丽多彩的文化特色以及不同的技术特点，共同构成多姿多彩的中华武术。

福建南拳拳种流派众多，地域风格特色鲜明，一派百花竞艳之景象。福建南拳流传较普遍的有太祖、达尊、洪拳、白鹤、罗汉、地犬、双枝战、五祖、五兽、金狮拳、龙尊、虎尊、连城拳和畲族拳等，共 30 多种拳种流派。而每一拳种又有好几种流派，比如鹤拳就发展出飞鹤、鸣鹤、宿鹤、食鹤、宗鹤、纵鹤等衍生流派。历代南拳宗师们不懈努力，为南拳的推广和发展书写了不朽的篇章。现在南拳中有些拳种流传甚广，甚至在海外开花结果，影响深远，为中国文化的全球化传播做出了重要的贡献。

如福建南拳传播到广东、中国香港、菲律宾、印尼、新加坡、欧美等地。在中国香港就有"太祖拳总会""白鹤拳总会"，英国也有"白鹤拳总会"等，早在明朝时期抗倭名将晋江的俞大猷就将福建南拳棍法传入嵩山少林寺。当代日本空手道上地流也到福建寻根谒祖，找到永泰的虎拳，是其根源之地。河北的八极拳、广西的金刚拳（莫氏硬气功）、广东的咏春拳也和福建南拳有极深的渊源关系。北京的大成拳也吸收了很多福建南拳的精华。1929 年永春白鹤拳名师潘世讽、潘孝德率领的"闽南国术团"在马来西亚、新加坡，以及我国港澳台等地区巡回表演献技，传播拳艺，加速了永春白鹤拳在世界各地的传播。

南拳是中华武术大家庭的一员，众所皆知，福建南拳以战派南拳为主，福建多山地，沟渠纵横，山高路窄，这种独特的地理条件和温湿的自然环境，加上千百年的社会历史变迁，使南拳形成独特的结构形式和内容。

一、福建南拳几种主要的风格和技术特点

福建南拳的共同特点是步窄马高。步站四六或三七，三角马，身正如碑，步稳势烈，步法移动，有时要走内弧，贴地而行，进铲退踩，讲究落地生根，稳扎稳打，一步多拳，发劲刚猛短促，沉雄融整，枝手动作朴实简洁，少有大开大合的动作，格挡防守向外与肩宽，向内过中线，下不过裆，防守严密小巧。时有走圆柔化，以弧线、螺旋分力化解。时有硬砍强截，讲究连消带打，有单枝防后即攻；有一枝防另一枝同时攻；有闪打迎击，借力打力，借势打势，利用时间差和空间差，以攻制攻，远打拳掌腿，近打肘膝靠。南拳结合发力动作和象形动作，往往伴以发声和吐气，使气与力合，意与形合，内外合一，全身拧成一股劲，更加突出了南拳的刚烈风格。

福建南拳的动作刚健朴实，上肢动作较多，腿法、跳跃较少。有时，发一猛劲，因势呐喊，以声助气，以气催力，步法稳固，拳势猛烈，极富阳刚之美。套路一般较短小精悍，多走直趋，多重复一些常用的段落组合，常有转两侧打四方，叫打角的结构形式，拳打卧牛之地。

脚马四六或三七双弓三角马，前后步距略比肩宽，左右间距约一手掌长（15 ～ 20 厘米），大约在一块 50 厘米见方的方砖对角位置。屈膝坐

胯，重心前四后六或前三后七，前脚尖微内扣，后脚尖与正前方成45°角，两膝关节正对各自的脚尖方向，形成三角支撑。有时也采用小弓步、低马步，但小弓步的后脚是不能像长拳那样绷直，需微屈。上体中正安舒，透体松沉自然，目视前方，这就是战派的墓牌身。站好三角马，心定体松，气沉丹田，静固如山。意劲在实际应用之时，须根据临场需要，在部位、范围、大小、方向、快慢、虚实、松紧、刚柔等方面，及时灵活变化，以应无穷，此谓太极阴阳，拳由心发，意走劲前。福建南拳中还有一种非常独特的与众不同的拳种就是地术犬法，目前传播较广的是福州陈依九先生传授的地术拳，俗称狗拳。模仿狗的机灵、敏捷、刚健凶猛，善于翻滚、扑摔、剪、奔窜、跳跃、钻，动作灵活多变，起伏飘逸，是难得一见的地面技击、捆绑、擒拿术。

三战是福建南拳的一大特色，常言道："三战起，练到死"。三战是南拳之根之源，被公认为南拳之母，是功力拳，是修炼内功的好手段，是福建南拳非常独特的瑰宝。为何称三战，现在已难考证，也有说三战套路常有进三步、退三步的步法结构，应是"三进"之意；也有说三战身形是"墓牌身"，是"身正、头正、枝手正"，应是"三正"之意；也有说三战常有进三步、退三步、插三掌的动作结构，插掌如放箭，是"三箭"之意。这些说法都有一定道理，因为："三战""三进""三正""三箭"在闽南语发音是极相似的。

在福建南拳中很多拳种流派都会有三战套路，一个拳种流派少则一套，多则好几套。三战是南拳之根之源，有其不可替代的作用和地位，因此被公认为南拳拳母，这也说明了三战的重要性。三战为主是训练基本脚马进退的灵活性、稳固性和意劲的运发。意劲是指心意、意念在运发劲中的运用所产生的劲力，也称暗劲、内劲。拳术意念就是发挥练功者主观意识，通过神经传导对拳术动作、劲力的调节、催动、指挥，以期达到最佳效能、超常状态，也就是说充分发挥潜能的精神力量，力有尽、意无穷。三战讲究呼吸吐纳，运劲动作缓慢，有一句老话叫"运劲如抽丝"是非常形象贴切的描述。发劲快疾刚烈，发劲如放箭，必须柔运刚发、刚柔相济。两枝手螺旋前推，到位时屈肘竖掌，沉腕坐节，两掌间距与肩同宽，指尖对肩尖。脚马讲究插脚拔腿，沉胯迭（叠）肋，拧腰，沉肩坠肘，虚胸实腹，含胸拔背，身正头直，八面撑拧，意气鼓荡。

凡是以三战为拳母的拳种就叫"战派"。日本也有叫"三战道"的，应该也是源自福建南拳。

福建南拳中有一种常见的发劲动作叫作"摇身抖胛"，劲发根底，腰甩胛抖，肩肘发力，充分发挥躯干弹抖劲，有时配以两肘前顶后撞，使击打力倍增，威力凶猛彪悍，这种发劲动作在达尊、五祖、鹤拳、五兽拳、地术犬法等福建南拳中经常可以看到。

站跨，北方叫站桩，福建南拳是非常重视站跨的，为主是开立式马步，其他也有用三战马沉腕坐节屈肘的三战枝手站，也可以独立步（独脚鹤）站，形松意紧，以此培育内气、内劲，与三战相辅相成。老一辈拳师常讲：百练不如一站。以前学拳必须先练三年三战和站跨，然后才能学其他套路。可见三战和站跨在传统南拳中的重要性。

常用的步法有：进步、退步、跟步、撤步、盖步、插步、垫步、侧移步、俯闪、跳进步、跳后步、单屈步、双屈步。

常用的手法有：拳法、掌法、指法、屈指（单凤眼、双凤眼、四眼扣）等。

常用的拳法有：冲拳、鞭拳、摆拳（贯拳）、勾拳（撬）、撞拳。

常用的掌法有：切、削、劈、甩、拍、摇（撩）、插、啄。

常用的腿法有：踢、蹬、扫、拨、闸、挫、踩、勾挂、落地钩剪、勾踢。

常用的防守有：挑、擒、掀、架、锻、勾、格、封拍、竖肘打节、挡、按、摇、拨、提膝。

常用的膝法有：前冲、内横、外拐、下压。

常用的肘法有：挑肘、后撞肘、横肘、侧肘、压肘、上后翻肘。

二、较技

福建南拳在套路和技击之间有一种很具特色的过渡训练方式"较技"。较技闽南话也叫"咬技""搓手"等。较技有定步和活步两种，有单臂和双臂两式。定步有两脚前后开立和两脚左右开立两种步型。较技只用手法，不用腿法。如"定步单臂"，就是双方前后开立，前脚内侧相贴，前臂双搭进行攻防训练。

较技有粘手和脱手两种。粘手指交手时双方手臂不能脱离。脱手指交手时双方手臂可以脱离。脱手和不脱手只要训练时双方约定即可。训练时不可放劲以爆发力击打对方，只能轻触，也就是传统的"点到为止"的方式。其实这也是对劲道把握的一种很好的训练模式，快击而又轻触，那劲道已是"收放自如"了。

较技主要培养拳手对技击中的时空感的把握，对对手劲路的掌控能力，提高拳手的判断反应能力和攻防技巧。

对练双方可擒可拿，可推可拉，可靠可击（轻击）。可运用以柔克刚，引进落空，借力打力，借势打势，后发先至，以静制动，防守反击；也可以迎击抢攻，大力压小力，先发制人，以快打慢，硬顶强推；可粘缠捆打，也可以脱手变招。这种训练形式更贴近实战。

所以南拳较技能有效培养拳手综合的技击基础能力，更有效地向技击训练过渡，又是一种娱乐性很高的健身项目。

三、福建南拳的训练程序

福建南拳以站桩锤炼内气；以三战习进退，练运发劲；以套路练习攻防基本动作和组合；以套路对练体会动作的攻防运用；以较技练习借力、化力、逼力和学会掌握攻防时机；以散手训练攻防技术，战术等实战本领；以及其他一些硬功、排打功、力量等辅助训练。

桩功—三战—套路—套路对练—较技—散手这是传统的教学训练程序，从训练程序上看是符合从易到难，从基础到高级的规律的。但是从实践过程中可以发现有些环节的内容和教学训练方式等方面尚存在某些不足与不完善之处，亟待改进，方能适应当今社会发展和现代体育发展的需要。

四、福建南拳训练的内容改进之浅见

1.忽视柔韧性的基础训练是不全面的

福建南拳的基础训练除了桩功、三战外，还有一些其他的基本功，如

力量、硬度、拍打等。然而拳谚道："宁可筋长一分，不要肉长一寸""打拳不活腰，终究艺不高"。这些都说明一个道理，即腰腿的柔韧性、灵活性训练在拳术训练中占有极其重要的地位，没有柔韧性训练正是南拳基础训练的一大不足。尤其青少年正处于长身体的时期，柔韧性训练对促进青少年的成长发育大有裨益，对提高武术活动动作的灵活性和腿法的应用有非常重要的作用。

2. 必须先进行基本动作训练，然后再进入套路训练

民间传统的南拳的教学有的没有经过基本动作教学，而是一下子就从套路教学开始。识记规律指出，识记材料数量的增加，会使识记同样数量的材料平均使用的时间显著增加，识记效果将随之降低。在学习整个连贯套路的同时，又要兼顾学习各种基本动作，一心不能两用，顾此失彼，既影响套路教学的进度，又影响单个动作质量的提高，教的人吃力，学的人也吃力，事倍功半。

南拳可以归纳总结出全部的基本动作，分为：步型、手型、步法、身法、手法（拳法、掌法、指法、爪法）、腿法、肘法、膝法、防守法等。在学习套路之前必须先学习基本动作。把基本动作训练放在套路训练和散手训练之前是符合从易到难，从简单到复杂的教学规律的，这样更具科学性、系统性，是完全必要的。

3. 增加腿法内容，扩大腿法在南拳中使用的范围

拳谚："手是两扇门，全凭腿打人。"在实战中，腿击有许多优点，腿比手长，力比手大，隐蔽性也大（腿处于水平视线下方）。俗话说："起腿半边空，起腿三分险"，由于怕失误而不敢用腿，这是大可不必的，增加腿法内容是实现福建南拳技术内容完整性不可缺少的一步。在实战中，腿击有许多优点，必须吸收一切具有实用价值的腿法、腾空跳跃动作和其他各种营养为南拳所用，使南拳成为一种拳腿并茂的较完善的拳种。

4. 以运柔至刚方式为劲力训练的模式

《少林拳术秘诀》中云："上乘者运柔而成刚，及其至也不刚不柔，亦柔亦刚""气以顺为要，而不可过于逆制，初学步时，偶于用力猛烈，则气必喘息，切不可忍制以求争胜于人前，否则，肺部暗受其损害，必

致不可救药，吾见少年每有此弊，故为之警戒耳"。这是很有道理的。战派南拳以"刚"著称，"刚"主要体现在劲道上，"以刚入手"是战派南拳劲道训练的方式，而问题往往出在"刚"字上，"运柔至刚"固然不易，即使无成也无伤于身。而"运刚至柔"则更难，往往成了"运刚成硬"，功误身伤。有时我们会发现某个习练南拳者演练南拳时浑身硬邦邦的，有的甚至得了胸闷、脸色铁青之毛病，皆因把"硬"误当"刚"造成，慎之慎之。因此，南拳套路训练除了原来的以刚猛风格练习外，也可结合采用缓、松、柔的方式练习，慢慢体悟每个动作的技术内涵和劲道也十分有益。这种快慢皆练的形式能使拳手更好、更深刻地体味南拳的韵味和精神内涵。

5. 提炼精华，整合套路，适度合理创新

在福建南拳中，每个拳种一般都有 10 多个至 20 多个拳术套路。每个套路中只出现 2 ～ 4 个其他套路中所没有的动作，这还算是多的。绝大部分套路内容和结构是呈重复对称的。这样，就使得本拳种内容过于分散、凌乱，习拳者容易产生厌烦和疲怠心理，不利于激发习拳者的兴趣和启发其创造性的发挥，所花费的学习时间太长，容易出现遗忘，不利于学习掌握，已经不能适应当今较快的学习、工作、生活节奏的需要。

鉴于以上原因，我认为传统的南拳套路体系，套路结构应当改革。作为练功为目的的拳种的套路可浓缩为 5 ～ 8 个，一个"三战"、一个初级套路、两个中级套路、一个高级套路。基本套路可由最基本的攻防动作组合编排而成，高级套路应当集中本拳种所有技击法精华的典型攻防组合。套路少、内容集中、重点突出，既有利于学习继承，也有利于提高发展和传播推广。当然，如果要用于表演又另当别论了，也可以根据表演的需要编排各种形式的套路专为表演使用。但是无论如何创新，原拳种的核心内容是不容改变的，很多传统拳种核心内容都是经得住历史的考验的。

6. 实战技击功能不能丢

拳谱云"学拳不习打，临阵少方法"，又云"既得艺，必试敌"。进行实战对抗，可以检验自己所练的武功。在掌握基本套路内容后，应多进行较技、散手对抗等训练。技击是武术的灵魂，学拳必须会用才是真正的学会。

不然还是个没有毕业的学生。如果作为不参加比赛的业余习武者，可以采用点到为止的亚实战技击练习，不体现杀伤力，只练习技击技巧，避免互相伤害，同时也有一定的娱乐性。包括多进行较技的训练，因为较技是从套路训练过渡到散手技击不可缺少的重要环节。既然要练习技击实战，除了武术散手，还必须学习和掌握中国跤、柔道和擒拿的主要常用技术，才能达到常说的"踢、打、摔、拿"四击具备的技能。

7.重视南拳理论的整理，进行文档和影像资料的收集，使之尽可能完整

南拳在流传过程中，也有独到的训练方式，只有继承优良的传统方法，不断吸取其他拳种的营养，优化拳术理论，总结拳术本质规律，使之科学化、系统化，南拳的继承、发展、提高才能更顺利进行。各拳种流派应该重视本拳种的文字理论总结工作，这对于传承和发展各种拳种有着深远的作用和意义，也可以使后续的传统南拳爱好者有根可查、有据可依，从而不迷茫，知方向，少走弯路，弘扬正道。

五、注重人才培养，武术应该进中小学校园

百年大计，教育为本。用到南拳的继承和发展上来说也是如此，缺乏人才，南拳就成了无米之炊，因此南拳的人力资源开发和发展需要得到重视。只有培养出一大批南拳的传道和授业者，才能让南拳生生不息。我们应该共同争取将传统南拳推进学校，学校是青少年集中的场所，最应该担负起中华文化复兴的重任，少年强则国强，南拳进入校园可以增强民族的自信心和凝聚力。

南拳的初心就是尚武强身。这应该作为南拳传播的一个重要依据。目前，武术的传播主要通过体校、武馆、武术学校和民间团体。而这些场所受到时间、空间和经济能力的影响非常严重。我们应该充分利用武术协会和文体管理部门的特殊职能，把南拳引入中小学，这对于提高中小学生的身体素质，培养意志坚强、吃苦耐劳、敢拼搏等优秀品质是大有裨益的，同时为南拳的发展培养一代代的人才。南拳协会及相关部门应多组织南拳的交流活动，让南拳爱好者检验自己所学、体验自己习武

带来的乐趣，使南拳的传播更加多样性，增强南拳的活力。

综上所述，南拳是中华武术中一枚璀璨的瑰宝，中华武术是当下全民健身首选的优秀项目，在新时代下会遇到很多机会，也面临众多的挑战，我们只有继承好传统，适度创新，勿忘初心，才能使南拳得以健康稳定发展。相信经过一代代的南拳人的不懈努力，南拳终将更好地服务人民、服务社会，体现出南拳的真实价值。

【2017 年 5 月福建省社会武术教练员岗位培训讲稿】

说　槌

槌（棍）为百兵之祖。所有的冷兵器皆由槌（棍）演化而来。

从人类的生活和生产活动的进程我们看到人类最早的武器就是石头和棍棒，慢慢逐步演化发展到矛、戈、斧、剑、刀等各门各类冷兵器。所以，只要掌握了用棍的技巧，其他兵器的使用也就水到渠成，不在话下。

槌，在闽南叫"槌"，在北方叫"棍"。北方的棍主要取材于白蜡杆，南方的槌主要取材于硬木。硬木的品种很多，常用的有"赤皮仔"（闽南话），可能是由于其皮的颜色略带有赤褐色，可用做锄头柄；另外一种叫"金荆仔"（闽南话），可用作扁担，其韧性和弹性都比较好。白蜡杆轻便，所以北棍动作灵活、快速，抡扫动作多，可"棍打一大片"。南槌材质重，极少"棍打一大片"的动作，更多的是"枪扎一条线"，所以南槌的特点是"枪棒合一"。

学槌必须先练好徒手拳术，有了拳术基础再学槌就容易很多了。常言道"学拳槌一半，学槌拳没看"（闽南话）。用槌也必须掌握进退消闪吞吐浮沉的身步法和各种劲道的运用，因为槌棍其实就是手的延伸而已。

练槌，首先要熟悉槌性，就像游泳要熟悉水性、打球要熟悉球性一样。一条槌要训练在两手间的滑动换把，南拳叫"律槌"（闽南话），"捋"的意思。要练到槌在手中运作十分油滑，粘手自如。滑动换把有各种握距和把位，如：前手前滑、前手后滑、后手前滑、后手后滑、两手各种同步前后滑的配合组合、前后把左右互换、正握把反握把互换等各种持槌姿势。作何种形式的滑把、换把必须依据对抗中双方的距离、角度和高低而定。比如原来持长槌者，贴近要滑把成短槌；前劈棍时前把须稍向后滑把；盘头横扫时后把须稍前滑；后把上甩、下劈或横扫时，前后把都须前滑，使后把变长。滑把扎时，前手须后滑（南槌把这动作称为"打冷箭"，形容其疾快和突然）；硬把扎时，须根据前把所需槌长双把同时滑动，使前后把握距约与肩同宽，然后出槌，出槌时后手上臂腋窝要夹紧。除了前后滑动持槌法，还须掌握纵轴的顺时针和逆时针的滚动。滚动须根据具体动作的需要，槌和手合理配合滚动。如右把（右手在前）作中盘圈盖时，前手和槌作逆时针滚动，后手作顺时针滚动。左把则相反。

总之，必须依据对抗中攻防动作所需随时滑动变把，不会变把死握乃槌法大忌。所以对峙中握槌虚灵，也是虚握实灵，不可握紧握死。只有在双方器械相触或击中目标时的一瞬间才握紧发力。

南槌在对抗中经常是一招多用，也就是说同一招槌法可用于进攻也可以作为防守。而且出槌路线直中带圆、圆中带直，拧转而出。用槌战术原则其实跟徒手技击原则是一样的。

有一句老话叫"拳怕少壮，槌怕老郎"，这是说用槌更注重槌法水平高低。因此用槌喜用防守反击，后发制人，以静制动，以逸待劳。用槌通常讲究三击触点：一是我方槌与对方械相触防守而后进击对方身躯；二是我方槌先击触对方持械前臂，而后进击对方身躯；三是避开对方攻击，直接抢攻击其身躯，以攻制攻。无论何种战术动作，都必须充分利用身步法的变化，抢占有利的时空优势，出槌如放箭，攻防一气呵成巧妙应敌。特定情况需要还可放单，就是单手持槌扎击，以增长攻击距离。

南槌在攻防中与对方器械相触时，有时用刚触，一触即开，应用弹抖劲。有时用柔触。比如圈盖打圈走弧线就得用柔触。柔触双方相触的时间较长，就像粘、缠、贴住一样，在不脱离对方器械情况下疾速滑击对方的前手或身躯。这种滑击叫做咬槌、滑槌或刮槌，难度很大，不好掌握，但是技术含量极高，技击效果显著，能做到就是高水平槌师的体现了。

南槌少有大开大合，大幅度的动作，槌法动作小巧绵密，步站一条身（闽南语），前后脚跟相对，侧身，不同于徒手拳术的三角马。即使是劈槌，也不可高举大劈，而是低举点劈。一般后把手不离胯旁，槌前端高不过顶，在松握的状态下疾速往目标点劈，到目标点时骤然发劲握紧，和拳术发寸劲是一样的道理。所以南槌三个极为经典，极具标志性的槌法就是"挑、劈、扎"。正如俞大猷所说的"一打一揭，遍身着力，步步进前，天下无敌，刚在他人前，柔乘他力后，彼忙我静待，知拍任君斗"。此言也道出南槌槌法的核心精神原则，此言精矣。

南槌有各种不同的长度，常见的有五尺槌、六尺槌、七尺槌、丈槌和丈二槌，还有单手为主的短槌等规格。

槌的种类有单头槌、双头槌。单头槌是以槌的一端为主要应用部位，双头槌就是前后两端皆应用。

主要的槌法有：挑、劈、扎、点、摇（撩）、托、内横打、外挑崩、扫、压、拖刮、圈盖、竖遮拦、上架、后把甩、后把劈、后把撬、后把扫和后把撞。同一槌法可打上中下三盘，内中外三门。用槌必须跟各种身步法配合，合理灵活应用，做到人槌合一，浑然一体，意惯槌尾（闽南话"端"的意思），劲透槌尖，无时不滑，犹如蛇动，变化多端。简捷实用，招招讲打，势势说用，绝无花草。

练槌先练律（捋）槌，练单招，后练套路，再练对槌。对槌要把握好双方的距离、力度，不能击到对方身体，要做到在对方身体前三十厘米处刹槌收劲，这样既能体会槌法攻防应用，又不会互相伤害。

达尊拳

本文系林其塔先生和曾乃梁先生合著，分五篇连续发表在《中华武术》1991年8、9、11、12月和1992年1月。本文主要介绍了达尊拳的基本技法，已融入本书，因此，这里不再全文录入。

曾乃梁：1941—2019，男，籍贯福州，国家级武术教练、中国武术九段、中国当代十大武术教练、原福建省武术队总教练、中国武术研究院专家委员会专家，曾任福建省武术协会副会长。

附三　漳州武术运动调查

林其塔　1985 年 6 月

为了使人们对漳州武术运动的发展状况有比较全面的了解，本人对此做了一次尽可能详细的调查，但由于缺乏文字记载的史料，仅靠知情者提供的口头材料整理，难免有不够精确之处，仅供参考。

在此，谨对热情为我提供材料的诸同志及在整理过程中给予我指导的厦门大学林建华老师表示深深的敬意！

以本文向"漳州兴华武术社"的成立献礼！

提纲

一、调查目的

二、调查内容

三、特点分析

四、调查人议论

一、调查目的

武术是一种具有民族特点、民族风格的文化活动形式，是一种锻炼价值高、内容丰富、形式多样，且不受年龄、性别、季节、场地和器材限制的非常好的运动形式，历来深受各族人民喜爱，是国之瑰宝。

1982 年 12 月 5 日至 11 日，在北京召开了新中国成立以来第一次武术工作会议。会议总结了新中国成立以来在党的领导下武术工作发生的根本变化和取得的重大成就，并提出"切实做好挖掘整理工作"的号召。

地处闽南三角洲的漳州，是一座历史文化古城。武术在漳州的开展有着悠久的历史，有着十分广泛的群众基础，遍及城乡的老、中、青、少各年龄段的人很多都有习武健身的习惯。然而，有关漳州风物和漳州体育史等文史资料中却鲜有提及。可见，写史的人不把武术当体育，这是大错特错的。

为了使漳州武术运动历史在漳州文史中占有它本来应有的位置，为了能够对漳州武术运动情况有一个较全面的认识，为今后年漳州武术运动的发展提供历史的借鉴和参考，我决定对漳州武术运动的历史做一次尽可能全面的调查。但由于原先全无文字记载，加上时间久远，仅凭一些武术界老前辈的回忆，未能做到完全准确全面。正因为这样，我更加意识到这次调查的必要性和迫切性。

这次调查，我走访了三十六人、四十九人次，其中七十岁以上的九人，历时四十多天，走遍漳州四方城乡以及三次到市图书馆古籍室查阅资料，虽然正值炎热暑天，但我还是为能调查到一些情况而高兴，我认为还是值得的。

二、调查内容

（一）漳州武术流派及武馆分布概况

1. 漳州武术以南拳为主，其种类有白鹤拳、太祖拳、龙拳、双枝仔战拳（洪家拳）、达尊拳、罗汉拳、五祖何阳拳、宋江拳（相公拳）、青龙江拳、五祖拳等。其中太祖拳又有市尾（注：漳州市尾）宋太祖拳、永定太祖拳、龙海太祖拳三种。五祖何阳拳、双枝战拳、白鹤拳、太祖拳、龙拳是目前漳州南拳的五大流派。

漳州的北派拳种有太极拳、六合拳、翻子拳、形意拳、通背拳、劈挂拳、查拳、八极拳、八卦掌等，其中大部分是解放后才传入漳州的。由于学习北派拳术的人比较少，也没有像南拳那样设立区域性、长久性拳馆，因此北派拳术尚未形成像南拳那样具有明显区域性的流派。

2. 近现代名气较大的拳师有太祖拳师康光辉（龙海人）、太祖拳师徐如龙（永定人）、太祖拳师游青龙和游长春（漳州市尾人）、白鹤拳师张杨华（又名奖师，漳州人）、龙拳师李万和（龙岩人）、何阳拳师何阳。另外通元庙达尊拳的碧琅师（邱师）、复明师虽有高超的武功，但由于外传极少，只教俗家三四人，因此影响不大。

北派长拳类拳师有鲍冠芳（河北雄县人）、王景春（河南许昌襄城人），在龙溪国术馆有余芝青（浙江温州人）传授杨式太极拳、袁道传授北拳。

3. 在清末漳州已存在国术馆。解放前，在漳州地区影响较大的国术馆有位于中山公园的1931年成立的龙溪国术馆（漳州精武体育会）、古塘两个国术馆、市尾国术馆、下碑国术馆、待御巷国术馆、岳顶国术会馆、洋老洲国术馆、浦头国术馆。其中古塘、市尾、下碑是在郊区农村。

解放后，拳馆有所增加，如郊区官园、东园马公庙、新民街、天宝塔尾、浦南诗坪、东坑、大坑头、田边。其他没建馆的零星学拳者不计其数。

漳州主要武术馆：

（1）张杨华的白鹤拳拳馆：待御巷、古塘村、岳顶、岱山村、官园、马公庙、北斗。

（2）太祖拳拳馆：

①康光辉师太祖拳拳馆：古塘村、岳顶、岱山村、官园、马公庙、北斗、龙海；

②市尾宋太祖拳拳馆：市尾村、下池村、新民街、龙海；

③永定徐如龙师太祖拳拳馆：古塘村、岱山村、天宝塔尾村。

（3）李万和师龙拳拳馆：浦头街、小坑头、大坑头、龙海。

（4）双枝战拳拳馆：下碑村、田下村、北桥、小坑头、天宝后巷、龙海。

（5）达尊拳拳馆：通元庙、长泰、龙海、漳州市区。

（6）王育英师鹤尊拳拳馆：东园街、小坑头村、石亭田边村、长泰。

（7）罗汉拳拳馆：

①林增辉师罗汉拳馆：上街村、九湖村、岳口街；

②张云师罗汉拳馆：岳口街、马公庙；

③杨和根师罗汉拳馆：上街。

（8）五祖何阳拳拳馆：洋老洲、田丰村、天宝、山尾、铺头以及南靖武林。

（9）青龙江拳拳馆：西郊瑞京西街村。在清末已有武馆。

（10）龙溪国术馆：建于1931年，地点在市区中山公园。1939年在此又成立"漳州精武体育会"。

（11）官园国术馆。在东北郊市尾，1930年以前已有国术馆。

其他武术组织：

（12）1979年组建漳州业余体校武术班。

（13）体育场辅导站（1975年5月）。市体委群体股干部马惠恭老师当辅导员。

（14）1982年成立漳州市太极拳协会。主席孙国正，副主席洪敦耕、吴汉中、马惠恭。

（15）1984年5月成立漳州市武术协会，主席吴昭，副主席洪敦耕、孙国正、陈振南。

（16）兴华武术社。1985年11月24日晚在市体育馆举行"漳州兴华武术社"成立大会。

（二）漳州武术渊源及各流派传人

漳州武术有着悠久的历史。据载，明末清初，漳州的吴田、许凤、陈龙、蓝里、柯彩等五人投奔民族英雄郑成功，由于他们武功超群，战功赫赫，成为郑成功麾下有名的"五虎将"。

目前已知约在一百年以前在漳州流传的流派有五祖何阳拳、市尾太祖拳、永春双枝战拳。

解放前传入漳州的流派有永春白鹤拳、永定太祖拳、龙海太祖拳、永春罗汉拳、龙岩龙拳（五兽拳）、龙海角美鹤尊拳、浙江温州余芝青的杨式太极拳。

解放后才传入漳州的流派有六合拳、通背拳、劈挂拳、查拳、翻子拳、形意拳、八卦掌、潘依八的罗汉拳等。

1.漳州南拳流派

（1）开元拳术与达尊拳

达尊原意为达摩尊者、达摩尊师，因此达尊拳亦称达摩拳。解放前漳州、龙海、长泰均有达尊拳馆，达尊拳也是漳州开元寺僧人所习拳术中的一种。

开元寺建于唐开元二年，至唐玄宗开元二十六年御赐敕封为开元寺，原在漳浦。唐德宗贞元二年随州治由漳浦迁建于漳州市区西北紫芝山麓。

开元寺自唐朝以来就有习武健身的寺规，但不外传，寺规严谨，因此开元寺武术外传罕见。后又得林南洲传授的军伍器械。

林南洲，清乾隆年间御林军教头，系漳州竹巷下人。林南洲年老回乡，因仰慕当时开元寺主持衍庆师之声名，登门求见，由于志趣相合，竟成莫逆之交，彼此相互切磋武学，林南洲将毕生所学军伍武艺，包括器械，尽传寺中僧众。

通元庙是漳州开元寺的分寺之一，建于明代，重修于清咸丰四年（1854年）。清同治三年（1864年），太平天国侍王李世贤率兵从江西入福建，攻占漳州。开元寺毁于兵火，幸存僧众后来大都迁往南门龙眼营的通元庙，并将开元拳术与达尊拳继续下传。

林南洲有嫡传弟子多人，先后在漳州武营任职。清末年间，漳州军营参加全国会演，获有"漳州飞虎军"称号。林南洲这一系的传人吴龙师父（1890—1969），与通元庙碧琅师（1878—1949）、复明师（1880—1940）有忘年之交。三人原准备把开元寺武术广为传播，但由于社会世风日下，不得不约束本门弟子，立下誓言，不可轻易传人。因此，得到碧琅师、复明师传授的只有本门僧人洪长博和俗家孙甲水、邱吴海、卢太南等。邱吴海只传授田下村柯大砚，柯大砚传授陆伟华。

市区浦头孙甲水（1915—1985）练成的"铁盘手"功夫，在漳州独有，晚年还坚持日日练功。孙甲水主要学生有其子孙南松、孙炳辉和吴松峰、林其塔等。

据甲水师回忆，碧琅师当年练功取盘坐式，先练一段静养功，然后练运气运劲，再插入两侧装有铜钱的小盆中，抓搓铜钱，日积月累，铜钱的边缘都曲卷起来。

洪长博、邱吴海继承开元拳拳术套路有：三战、梅花拳、十字拳、虎形拳、鹤形拳、蛇形拳、罗汉形象拳、镇山伏虎拳、龙爪金刚指、形象腿等。

孙甲水继承达尊拳套路有：鸳鸯战、罗汉梅花战、罗汉颠、达尊蝴蝶掌、五枚手等。虽然同是学习通元庙拳术，孙甲水所学套路与洪长博、邱吴海所学也有所不同。

器械有：达摩护身棍、梅花棍、梅花枪、梅花剑、青龙偃月刀、三股钢叉、瓦楞铜、禅杖、半斩刀、单刀、双刀、双钩、铁尺、钩镰枪、双剑、藤牌刀、流星锤。暗器：飞镖。

达摩拳、达尊拳师柯大砚（1929—　　），市区田下人，今年（指调查的当年，即 1985 年，后文不再注明。）五十六岁。砚师十二岁时，跟泉州陈铁真学习达摩拳近五年。十七岁时跟漳州东门林城记一位六十七岁老人学习达摩拳、内功、铁砂手等有五年左右。二十七岁时跟通元庙邱吴海学习达尊拳。邱吴海十几岁就到南门通元庙学拳。

现柯大砚师在漳州教有学生五十人左右。另在南靖、漳浦、平和、龙海、华安等地也有教授。

通元庙另一传人卢太南，原先练双枝仔战拳，后到通元庙学拳，硬功也十分了得。后到香港定居。

（2）五祖何阳拳

在清乾隆年间，有一名为何阳的拳师到龙溪城南洋老洲开酒店，并在此传授五祖拳及崔殊缘祖师所传授的舞狮法，堂号"何阳堂"。洋老洲地处九龙江边"瀛洲"，后来也称"龙溪瀛洲国术社"。洋老洲家家户户都有练两手，较常练的有六十多人。解放前分四个地点练习，杉巷尾、灰窑、杉排尾（最主要、学生最多、时间最长的点）、洲尾顶。此拳传至市区浦头、天宝山尾、下碑（人数较少）、田中央、南靖靖城武林（尾林）等地。解放后拳馆停止活动，直到 1984 年才恢复。

何阳拳有一对联："少祖流传天下种，霖师教出艺无穷"，另传一少林寺大门对联"怀抱英雄气，名传侠士风"。主要传人有张大汉、帆寮山、林米糕、李清莲（李砚之父）、叶敢、苏文柏（市区新华西石狮巷人）、李砚、蔡玉明等。

李砚（1911—　　），字若耕，今年七十四岁，是洋老洲国术馆第七代传人，从事骨伤科，现为武术馆主持人。

李砚传何阳拳徒手拳套路有：练头、打节、四大锻、双绥、双爪、飞凤下田、二十八势、洞宾醉酒、黄蜂出巢（已失传）、十锦法（已失传）、仙人擂鼓。

身法正侧多变，进究消闪吞吐。基本步型主要是四六马步。其他还有三脚虎、平马、虚步、提膝、双膝内夹脚尖相对、四平马、转马法（由平马向两侧转成四六马）、落膝屈地步。腿法有脚外侧踢、扫堂腿、画月（前挂接后扫）、画眉上架（连环踢）、落地金跤剪。手法有硬力挑手、闪身擒手、下防除手、直冲拳、扛（鞭拳）、推掌、切、削、肘击、撬（下勾拳）等。

器械有：藤牌、大刀、文武叉、钩镰枪、连枷棍、棍、铁尺（四方棱）、双合刀、双枷、双钩镰、双斧、曲尺、鹿角（有双叉，一长一短，属短兵器）。

还有崔殊缘祖师所传舞狮法：金狮象征佛门，狮娴象征和尚，狮娴手中的竹青代表灵芝草，扇代表芭蕉扇。灵芝草是佛家所追求之圣物。金狮必须做出寻找灵芝草的表情，狮娴则表现出本拳种风格以及身手功夫。

另一何阳拳师蔡尖，人称尖师，十三岁时到顶田下学习双枝战拳，解放初向新华西石狮巷苏文柏（人称"柏师"）学习何阳拳和达尊拳。苏文柏师的何阳拳学于洋老洲"何阳堂"，柏师生前与通元庙亦有往来。蔡尖师1958年开始在五金厂教拳，第一个学生是陈泽民，后来共有一百多人向尖师学习何阳拳。江庆树（别名"两千"）于1963年向尖师学习何阳拳，是尖师的主要学生之一。

蔡尖师还请其表兄——九湖小梅溪应时师来漳教授太祖拳，套路有：双鹰第一套、第二套（十八步）、第三套（土罗汉）。此拳绵粘紧凑，以柔克刚，刚柔相济。

蔡尖师于1970年病逝，享年四十多岁。

蔡尖传何阳拳徒手拳套路有：捆战、四踢、小四门、大四门、双绥、打角、达摩打角、犀牛打角、醉八仙、小虎拳、大虎拳、罗汉拳以及八法（技击法）。

器械有：七尺棍、五尺棍、烟杆、雨伞、铁尺等。

（3）双枝战拳（洪拳，又称相公拳、宋江拳）

双枝仔战拳是典型的战派南拳，运劲动作较缓慢，重意和气，以气催力，是南拳中的内家拳。一百多年前，蔡大欣和许枫在漳州传授双枝战拳。

①蔡大欣先传授锦舍、耀宗等人，蔡师的堂号为"威德堂"，耀宗的堂号为"耀德堂"。后又传至小坑头杏雨和北桥山顶巷老山，杏雨和老山又传下碑吴批等人。

吴批（1872—1929），市区西郊上墩下碑人。早年，吴批向北桥山顶巷老山师和小坑头杏雨师学双枝仔战拳。三十岁时到厦门卖鹌鹑鸟，有一次遭到地痞的敲诈动起手来，吴批一人打败五六个地痞，在场的龙溪角美人看他功夫好，请他到龙溪角美教拳。回乡后，在家中教子侄亲戚，对外不公开，因此称"间子拳"。学拳的人有圆仔、吴尼姑（男）、吴土善等人。民国二年（1913年），到天宝后巷、洪坑等地设馆教拳。本村人得知他在外教拳，才请他在本村设馆教拳，学拳人数三十二人左右，主要有陈铁球等人。陈铁球今年七十四岁。堂号是老山派的"威德堂"。

蔡大欣有一后裔叫蔡苞，曾任清末漳州府捕头。

②许枫，堂号"朝元堂"。许枫传双枝仔战拳给漳州王僅（也有写王敬，1814—1914）。王僅堂号"调和堂"，王僅又传田下柯应菜，柯应菜传卢太南，另传田下"豆干龙"，"豆干龙"又传畲箕、柯木可等人。田下双枝仔战拳同下碑的双枝仔战拳属同宗。

柯应菜师，市区田下人，如活着，已是百岁人了。

田下双枝仔战拳同下碑的双枝仔战拳属同宗。双枝仔战拳是典型的战派南拳，动作较缓慢，重意和气，以气催力，是南拳中的"内家拳"。

双枝战拳徒手拳套路有：三战、四战、打角、头节等十三套左右，其中有套较好的套路"百岁莲"已失传。

器械有：朴刀、斩马、叉、杷、单刀、钩镰枪、棍、牌、双合刀、铁尺、雨伞、烟杆、大刀。

③"耀德堂"。少林宋江拳（又名相公拳），宋江拳俗称猴拳，堂号"耀德堂"。此拳原在龙海沙坂村内传授陈姓，不教外姓。到第七代陈鲜，才传外村陈姓，至今已有三百多年了。

徒手拳套路有：双锤（母拳）、小鬼举旗、三步颠、花草、太祖、软永春、硬永春、桂林卦、猴拳二路、和尚拳、田鸡坐、罗汉枝、担荔枝、放进。

器械套路有：棍、扁担棍、纱延棍、春秋大刀、雨伞、双剑、武松单刀五十四路、武松单刀七十二路、鸳鸯剑、丈八棍、双剑对踢刀、烟斗对斗笠、跌刀、朴刀、叉、耙、合仔刀、回头枪、藤牌、铁尺、武松滚龙双刀、钩镰枪、棍对棍、舞旗法（八卦阴阳旗）。

（4）太祖拳

①市尾宋太祖拳

有关市尾太祖拳的由来有两种说法，一说是永定人郭明和所传，一说是永定人游青龙所传。

说法一：清末有永定人郭明和先生（据说从湖北净室岩古山寺学成武功回乡），后因打死人外出逃避，流落到漳州。有一次，他在市区新桥头用假银买糍粑与人发生争执，巷口巷下有一卖肉的小贩见他身手不凡，就替他付款，并邀请他到巷下教拳。当时市尾原练达尊拳（另说原练何阳拳），一次郭明和闻名到市尾看拳，与拳馆之人发生口角并较技，郭明和借力牵倒对手，拳馆中人见他功夫了得，就请他来馆教拳。从此，市尾开始流传郭明和的太祖拳。郭明和拳号"登龙堂"，有两对联为"天上教习李老君，地上传拳赵太祖"与"手舞单狮足带剑，云游四海访豪杰"。郭明和于民国初病逝于市尾中角小庙边一小屋里，享年约七十。

说法二：相传一百多年前，有一位武林豪杰叫游青龙，云游四方寻师访友，来到市尾村，开始传授太祖拳，其堂号是"登龙堂"，有一对联是"手舞单狮足带剑，云游四海访豪杰"。相传这种太祖拳是宋太祖赵匡胤所传。

游青龙传学生游养宜、游红婴、游碧山、游宿夜等人。游养宜传其子游长春，游长春又传游天霖、游丰源、游分、游哮、游秀泉、游亚理、林森林。游天霖、游丰源、游分等传第五代林保金、游青文、游大金、游友仁、游松根、游亚潭。

1931年，游长春邀请漳州精武体育会武术教师游古令协助传授公步家俬（公步家俬即军队演练的器械套路）功夫。游古令拳师家住市区炮仔街，堂号"双发堂"，因此市尾太祖拳堂号又称"双发登龙堂"。游古令与郊区田中央武秀才苏庆（苏杨辉，又名苏陈阳，人称"秀才庆"）是师兄弟，这样应是何阳拳派。

1932 年，游长春主持市尾国术馆时，全馆的人都参加赤卫队。游长春任东乡农会主席兼赤卫队长。红军撤离漳州后，游长春一次外出遭土匪伏击，被枪杀在公园门外。游长春牺牲后，由游天霖主持国术馆。游天霖后任龙海县县委委员、华侨医院院长，八十多岁时因高血压病逝。

现在馆地主要在下池村、市区新民街、郊区和龙海步文、颜厝、榜山一带，华安、南靖、长泰等地均有市尾传出的太祖拳。晋江地区（现泉州市）永春县和北京地区也有少数人练习此拳，但不知传自何处。

徒手拳套路有：

初级拳：头节、头节反拳、头节擒拿、二节、二节反拳、子午拳、子午变化拳。

中盘拳：连环八卦拳、外八卦拳、流精拳四段。

下世拳：桥头翁拳、肥佛献肚拳、三足虎拳、蚯蚓翻沙拳。

器械有：鹿茸阵头大刀、鹿茸提标大刀、鹿茸拒虎叉、半斩刀、梅花枪、斜矛枪、虎尾枪、太祖青花棍、太祖丈八长棍、鹿茸画戟、柳公拐、金钟枣阳槊、九曲单刀、乌雀布田刀、鹰鸟披仙盾、双凤朝阳鞭。

②永定太祖拳

永定太祖拳师徐如龙（1882—1953），龙岩永定大浦初溪社人。1925 年，徐如龙师到漳州郊区古塘村设馆传授太祖拳，堂号"武艺堂"。当时学拳的有一百多人，坚持经常练习的约七十人。此后，永定太祖拳由古塘再流传到北郊顶岱山、西郊天宝塔尾、龙溪（今龙文区）步文小港、蔡坂、龙溪（今龙海区）溪尾、长泰岩溪等地。徐如龙师于 1952 年方回永定。

徐如龙师第一代学生有：蔡永清、老泉、水松、春成、柳九（套狗）、愚仔、老记、万山等人。后期的主要学生有蔡园蛤，今年五十六岁，现在继续传授永定太祖拳。其传人主要有蔡天源。蔡天源于 1984 年参加福建省武术观摩表演赛，演练徒手拳"四连步"和器械"耙"，获二等奖。

徒手拳主要套路有：四连步、三连步、七星坠地、五虎、四门、赤战、小城门、三折风等（原先有三十多套）。

永定太祖拳步站三七半马步，正侧身法交替，长短手并用。手法有挑、格、冲拳、掀、勾、切、削、砍、扛（鞭拳）、撬（勾拳）、肘法等。腿法有踢（用脚外侧）、踩。

器械有：大刀、单刀、双刀、叉、耙、钩、镰枪、朴刀、半斩刀、锄头、棍、藤牌以及器械对练等。

③龙海太祖拳

太祖拳师康光辉（1888—1972），人称"辉师"，龙溪紫泥安山人。辉师的太祖拳是向其岳父学的，其岳父是龙海霞浯人，姓方，名白（闽南语也称耙），人称"伯仔"。辉师也向龙海紫泥浯茂康守斋（人称苍师）学太祖拳。这种太祖拳与辉师丈人的太祖拳是一样的。浯茂太祖拳据说由永定师所传。

辉师年轻时跟随苍师到龙海蔡坂等地教拳，后来就留在那里替师父教拳，开始了武术生涯。堂号"习艺堂"，又称"使艺堂"。

1933年，辉师到漳州古塘国术馆及岳口国术馆教太祖拳，古塘有近百人，岳口有八十人。当时古塘和岳口国术馆是奖师和辉师两人共教。奖师比辉师早三至四年。辉师在龙海圳头、洪坂、打山、安记、下桥、东坂等地都有设馆授拳。他排打功及南拳散手都很好，在七十多岁高龄还可由人用棍子捅击自己的腹部。辉师在漳州的主要传人有岳口的曾木、张云、东园的石师、古塘的蔡信河、蔡耳、蔡云等，辉师晚年又传授岳口后沟的陈阿宝（陈万庆）和古塘蔡海树。

曾木师现为岳口武术馆教练，蔡信河现为古塘武术馆教练。

曾木师（1913— ），今年七十三岁。十七岁时，在市区岳口国术馆向奖师学习白鹤拳，学习时间有八年。二十岁左右又在岳口国术馆向康光辉师学习太祖拳。现任岳口国术馆教练，学生众多，在农村也有开馆授徒。

解放前，曾木师有一次到漳浦参加比赛，曾木师与曾九龙（卖油条）表演空手对双刀。曾木师练空手。另又演练罗汉拳。又一次在漳州参加全省比赛，当时奖师还在世，曾木师与蔡顺良（在岳口开食杂店）演练盾对叉，曾木师操盾。另又演练八卦十字拳。解放后在1964年参加在漳州人民剧场举行的漳、泉、厦三地武术会演，演练燕子掠水拳，和陈阿宝对练的牌对叉，得两个优秀奖。

蔡信河师（1914—　），漳州古塘人，今年七十一岁。1929年奖师到古塘国术馆任教，蔡信河在古塘国术馆跟奖师学永春白鹤拳。在此两年前，有一位叫虎师的人到古塘教过二十一式七尺双头棍。1933年康光辉师到古塘国术馆教授太祖拳，蔡信河师又跟辉师学太祖拳，现任古塘武术馆教练。

信河师于1953年参加全国民族形式体育运动会，演练太祖拳的燕子掠水，和本村蔡云演练钩镰枪对藤牌、雨伞对锄头。蔡云（1914—　）演练双缓打角，获表演奖。

今年春节，古塘狮阵参加在福州学行的狮阵表演。

太祖、罗汉拳师张云（1915—　），今年七十岁。九岁开始跟父亲学鹤拳三战，十二岁跟市区岳顶理发师林有才学习罗汉棍、罗汉拳。林有才是永春人，在岳顶开理发店兼伤科，只身住在漳州诗馆顶祖师公庙，只教授张云一人。据说林有才会轻功，晚上外出回来时，总是纵身跳过篱笆而入。解放初他才回永春。

张云师十七岁左右又到岳口国术馆向奖师学习永春白鹤拳，以五战为主。二十多岁时跟康光辉师学习太祖拳，同时又跟市区新华西石狮巷的苏毕师学习何阳拳。三十岁后一直坚持自练，每早四点多起床练功，并练就了一定的排打功。

张云师现有学生一百多人，并任东园马公庙武术馆教练。

他1984年参加在兰州举行的全国武术观摩交流大会，演练罗汉拳、罗汉棍，获得二等奖。同年参加龙溪地区武术比赛男子老年组，获得传统拳一等奖。

太祖拳徒手套路有：小四门、五步、五步七、三十六（四门中节）、八卦尾、四门尾、七步连枝、十字、飞凤、甘剪、罗汉、燕子抄水。

基本步型是四六步，间有弓步、侧弓步、虚步、后叉步、前盖步、观音盘坐、跳屈。步法有踏进、后退、齐进、齐退、踏偏、三角换步、追步、过门转身步等。手法有插、削掌、切掌、挑、贡（鞭拳）、断（斩）、挣（冲拳）、撬（勾拳）、双捅（撞）、打节（压肘）、抱牌（倒推掌）、二龙抢珠、撩掌、下勾手、掀（擒）、凤眼、狮子开口（一挑一切，或一掀一切）、双拆（一掀一下勾手）、双推掌（或扔沙）等。腿法有踩脚、双飞腿、正踢、侧踢。操演套路时身常成正面"墓碑身"，双手同时运用。

器械有：棍、大刀、枪、钩镰枪、半斩刀、朴刀、双合刀、铁尺、双铜、盾牌、叉、耙、锄头、雨伞、长棍等。

舞狮方面有：25人八卦阵、32人连环阵、四门狮阵、洗狮、量狮、比狮、舔狮等。

康光辉师于1972年12月去世，享年八十五岁。

（5）永春白鹤拳

永春白鹤拳宗师方七娘——郑礼一脉的弟子张聪（张苍荣），人称聪师，永春人。聪师早年在漳州北庙塔口庵郑瑞珠香烛店当制香师傅，他见同店伙计杨华资质聪颖好学、为人厚道，遂将白鹤拳术传授之，并招之为婿，因此杨华在本来姓名前面加上"张"字，是聪师的姓，全名张杨华（1871—1944），人称"奖师"（或"赏师"）。聪师的堂号"捷元堂"，后来奖师、奖师的学生黄海西也沿用"捷元堂"堂号。

后来奖师在漳州广传白鹤拳。最早向奖师学白鹤拳的是北桥黄海西（1907—　）。1922年，张杨华开始传授北桥黄海西，后来又有南郊蔡坑长命（人名）和高瓢兄弟俩及老高（乃高瓢的长工）向张杨华师学拳。1931年应聘到中山公园龙溪国术馆任教。1929年应聘到郊区岳口、古塘国术馆任教，学生有七十多人，主要有曾木、张云、蔡信河、顺良等。

1932年，巷下郑文龙的父亲（人称"老鼠"），因手伤来找黄海西治疗，看到黄海西功夫不错，要请他教拳。黄海西把他介绍给奖师，奖师因此应聘到市区中山桥待御巷教拳，教了十多年，当时有二三十个学生，主要有许木可、方树头、班田、石松、洪建明等人。奖师在巷口孝子桥一带也教拳，只是学生人数较少。

约50多年前（约1932年），奖师有一个学生叫郑文，时年二十多岁，到福州打擂台，得第二名，获得"武士"称号。郑文原是小学教师，打擂台回来后入政界，后因病去世。1934年，奖师另一学生张日章（1914—1948）在府口（漳州府埕口）开布鞋店，也到福州打擂，得第一名。张日章最后一个对手是莆田选手，身材力量比张日章大。张日章被拉出圈外，后来采取躲闪，寻机用脚扫击，使之倒地两次，双方都负伤。张日章回漳州后，做成伤膏布包身。他后来到台湾治喉癌，于1948年逝世，享年三十二岁。郑文、张日章两人均以脚腿的硬度取胜。

50多年前，奖师到古塘传授白鹤拳，但只传授五战：坐马（白鹤拳三战）、拖战、掀战、捆战、角战。当时有二十多人学白鹤拳，主要有蔡信河、蔡耳、蔡云等。

张杨华师于抗战末期逝世，享年七十四岁。

奖师传的白鹤拳源于永春白鹤拳。此拳自奖师起在漳州地区广泛流传，又传至长泰岩溪、龙海浒茂、蔡坑、院后等地方。洪建明为目前漳州白鹤拳的主要传播者。

白鹤拳徒手套路有："一祖"为坐马；"五战"是中战、拖战、掀战、角战、捆战；"五鹤"包括白鹤、飞鹤、食鹤、宿鹤、鸣鹤；"五虎"包括黑虎、猛虎、神虎、伏虎、虎鹤双形。

白鹤拳器械套路主要有九齿钉耙、铁扁担、大刀、枪等。

五战重内功，气沉丹田，以意催气，以气催力。运劲慢、发劲快；动作少、多重复，兼练排打功，是南拳最重要的基本功、功力拳，是南拳中的内家拳。但现在，在漳州练辉师太祖拳均以白鹤拳的"五战"为入门基本套路，作为打功底之用。

白鹤拳有单翅、双翅、飞鹤手等独特枝手。讲究出手半屈伸，手到力到，以脚代手，进步近打，以守为攻，守为根本。吞、吐、浮、沉，随机应变，用的是弹劲。

奖师在待御巷传授的白鹤拳最完整，其他如岳顶、古塘等馆地，由于不久又另请辉师教授太祖拳，因此白鹤拳学得不够完整。

舞狮方面有：①打狮、洗狮、梳狮须、骑狮；②大刀杀狮；③虎鬼娘治狮；④鬼戏金狮；⑤金狮跳虎。

白鹤拳师洪建明，今年七十岁。十四岁开始学拳，十七岁时在市区中山桥待御巷国术馆跟奖师学习永春白鹤拳，二十二岁就开始帮奖师教拳。

解放前，江东有火车通到厦门嵩屿，当时有一个北方人当站长，洪建明师向其学习姑娘拳、姑娘棍、大刀、单刀、梅花枪、虎头钩、三节棍、叉耙、钩镰枪、斩马刀、朴刀、半斩刀、锄头、烟杆、板凳、车柱、扁担、铁尺、牌。姑娘拳属南拳，但以绵柔为主，灵活多变。洪建明师也向外来当兵的学北拳、青龙刀、标刀、连环刀。

抗战前，洪师参加过市、地、省的武术比赛，得过一等奖。1935 年，在漳浦表演三节棍、白鹤拳得第一名。1954 年，涵江文工团和福州军区文工团曾派人向洪师学习矛对盾、叉对盾、棍对盾、朴刀对盾、半斩刀对盾等十多套对练套路。1957 年参加过一次省赛，演练白鹤拳、姑娘棍对钩镰枪（许木可练枪），得优秀奖。

现在洪师在市区、郊区很多地方传授白鹤拳。他有一个学生叫廖清海，在 1984 年广东省工人运动会上演练姑娘棍，获得一等奖。

（6）龙拳（五兽拳）

龙拳溯源到龙岩徐秀环（1875—1958）。徐秀环早年从师于道士刘声源学习五兽拳（龙、虎、蛇、鹤、猴），又向其他老师学习太祖拳等四五种拳种。因为该拳传自龙岩，其基础套路之一又是"龙拳"，因此也多简称为"龙拳"。解放后，徐秀环还当过龙岩县副县长。李万和、魏金水以及游击队多人都是他的学生。徐秀环师于 1958 年逝世，享年八十三岁。

另有说法是，有一和尚、一道士、一俗家三人志趣相投，常在浙江普陀山聚会并切磋武艺，合三家拳术于炉，创出"龙拳"这一新拳种。也有说龙拳源于浙江普陀山。据说清朝末年，武当山有两个武林高手，一个练太祖拳，一个练罗汉拳，因得罪官府，逃难到浙江普陀山当和尚，后来就将两种拳各取其优点，合并为一。当时龙岩有一个名叫徐秀环的人，原先学太祖拳，遇到一个自称看风水地理的游方和尚。徐秀环与之比武后，很佩服他，要向他学拳。和尚就带徐秀环上浙江普陀山向两位老师傅学习，学成后回龙岩，教李万和等人。

龙拳师李万和（1895—1972），年轻时在漳州卖杏仁茶，1929 年经师叔的介绍收吴石根为学生，当时吴石根二十一岁，后来又收傅跃为学生。两年后浦头蔡文英来聘请李万和师到浦头教馆。原先浦头也有学白鹤、太祖等拳种，后来大部分改学李万和的龙拳。

到浦头开馆时，李万和的老师徐秀环与之同往。最早馆址在浦头榕树巷，当时只有十多人在学。主要有杨清根（开香烛店）、林古鳌（打麻绳）、陈泉（泥水工）。拳馆后来搬到潭仔尾，不久又搬到王爷庙（抗战时期），直到解放。搬到王爷庙时，学生人数最多，主要有杨远、陈红婴、洪添畴、颜锡呆、洪雨能等人。

李万和师早年在龙海浒茂、厦门也教授徒弟。龙溪紫泥浒茂陈在发，人称"皮师"，曾在王爷庙帮李万和教拳，直到解放后，浦头有很大一部分学员是皮师所教。

浦头馆在解放后停了一段时间没有开展活动。到 1963 年左右，才请李万和师回来重新开馆，有近百人练拳。吴石根等人在漳州市内、北郊大小坑头、龙溪浦园、宅前、紫泥等地也传授龙拳。

因为李万和是龙岩人，因此此拳就称为龙拳，用徐秀环师的堂号"龙武堂"。

龙拳徒手套路有：八步、反八步、十六步、十八步、二十四步、八卦、反八卦、九脚十八腿、莲花、虎拳、蛇拳、猴拳、鹤拳、螳螂拳、沙拳。

龙拳器械有：单刀、双刀、梅花枪、叉、朴刀、双合刀、钩镰枪、铁尺、七步半棍、捆棍、五尺棍、七尺单头棍、扁担棍、烟杆棍、雨伞棍、板凳。

基本步型是侧身半马步。

手法以插、屈指撬、推、凤眼手为主，少腿法。手法绵密快捷，讲究以柔克刚、四两破千斤、借力打人、以静制动、吞吐浮沉、阴阳平侧的变化。龙拳主要用短促的寸劲、弹劲。

龙拳和其他南拳的一个显著区别就是少用拳而多用屈爪。

（7）鹤尊拳

鹤尊拳师王育英（1913—　），今年七十二岁。王师幼年在龙海石尾其叔父处读书，拜当地清末武科武秀才磊锡为师。

磊锡，也称磊舍，名黄其龙，是"太平"号金器店老板的独生子，幼年得哮喘病，被一游方和尚带走，边为其治病边教其练功。三年后病愈回家，此时已学得一身武功，又学山东谢龙山的北少林达尊拳、永春苏兆仙的鹤拳、长泰炎师的达尊拳，并学得陕西、北京等地的拳术。磊锡师以武会友，广收博采，再多的钱也舍得花。后来，磊锡师总结多种拳种，独创鹤尊拳，堂号"云从堂"。

王育英的大师兄黄九魁、黄顺礼、黄天球在武术上对王颇有教益。抗战胜利后，王师回漳定居，并根据达尊拳、白鹤拳合编成鹤尊拳。

1952年王育英师参加福州的全省武术比赛，演练双刀和独脚鹤拳得一等奖。1957年参加全省武术观摩赛，演练连环腿和雨伞，得全大会二十面奖旗中的一面。1964年参加在漳州举行的厦、漳、泉三市武术会演，演练连环腿和雨伞，得优秀奖。

王育英师在市区小坑头、市区、长泰硅前、溪东、石亭田边等地传授鹤尊拳。

徒手套路有：三下仔、四门、达摩战、罗汉、金锁倒拖链、连环腿、独脚鹤、半猴鹤。

鹤尊拳讲究腰如轴、脚似轮、手如电，以练精、气、神为主，内练一口气，外练筋骨皮。注意活用、真假、虚实等变化。

器械有：烟杆、蜈蚣刀、雨伞、大刀、半斩刀、铁尺、棍、叉、耙、乾坤日月刀、柳公拐。最出名的是雨伞和半斩刀。

（8）青龙江拳

青龙江拳是在瑞京西街村流传的一种拳术，其基本动作、风格与龙海太祖拳基本一致。

瑞京国术馆位于市区西郊瑞京村，在清末已有武馆。八十多年前有一个叫吴德候的人，住在瑞京后河，开香烛店，教授青龙江拳。吴德候传儿子吴安马，吴安马传郑九十。吴德候的师兄弟胡庆、胡追两兄弟也授徒，其弟子王鼻今尚健在，现年七十六岁，二十岁左右学习青龙江拳。

青龙江拳徒手套路有：直趟、十字、四门、八卦、蝴蝶采花、挡法入局等。

器械有：大刀、棍、铁尺、藤牌。

西街村的舞狮法是由市区西郊上墩西窑村德明师所传授，德明师同时也传授棍法。

除青龙江拳外，解放后也有少数村里人到外学习其他拳术，有龙拳、太祖拳等。1983年，村武术馆恢复活动。

（9）罗汉拳

在漳州学习罗汉拳的人不太多，目前在漳州传授罗汉拳的拳师有张云、林增辉、杨和根三人。

①张云：张云师现年七十岁（1915—　），十二岁时拜岳顶理发师永春人林有才为师，学习少林罗汉拳。据说林有才轻功很好，晚上外出回来时做身跃过篱笆而入，解放初方回永春。

张云师十七岁左右又到岳口国术馆随张杨华师学习白鹤拳，二十岁又向康光辉师学习太祖拳，同时向新华西路石狮巷毕师学习何阳拳，现为东园马公庙武术馆教练。

永春罗汉拳徒手套路有：小罗汉、中罗汉、大罗汉、罗汉十字、罗汉二、罗汉三、落胛罗汉。罗汉拳属于半南半北拳。

②林增辉：现年三十五岁。读小学六年级时到公园向鲍冠芳师学习十二路潭腿、北少林拳，十三岁时跟行师学白鹤拳五战，后也向龙海谷哥师学习达摩拳，十五岁向李万和学龙拳，同时向龙海水头"查媒"师学太祖拳，十七岁向江湖艺人潘依八学罗汉拳，十八岁向步文东墩陈澄清学宋江拳。

林增辉师十五岁时，开始教同学练白鹤拳、达摩拳；十九岁时开始教罗汉拳。学生苏建国参加1982年省武术观摩比赛，演练罗汉伏虎拳、青龙大刀，获优秀奖。

林增辉师传的少林罗汉拳堂号为"少华堂"。罗汉拳具有"半南半北"拳的特色，共有108套，器械有36项72套，有内外之分。

徒手拳套路有：小罗汉、大罗汉、伏虎、天罡、地煞、鹤虎、八极、少尊、镇山伏虎、鹰爪、龙形、梅花、反八卦、八步禅、虎鹤双形、雷音掌、猿拳（上、下）、醉罗汉。

长器械有：少华连环钩镰枪、花戒刀、青龙大刀、梅花枪、罗汉棍、朴刀、回首方天画戟、蛇矛枪、月牙铲。

短器械有：柳叶刀、柳公刀、达摩剑、双钩、烟斗、双锤、双刀、峨眉童子刺、铁尺。

林增辉在市内、南门上街、九湖一带均有授徒。

③杨和根：杨和根师今年六十岁。八岁开始练功，学习罗汉拳，师父原是泉州开元寺和尚，佛号"一清"，后来到长汀与江西交界的九莲山。

杨和根的父亲是造船工。杨和根孩提时常被邻居顽童欺侮，一清和尚到杨家化缘，见状很是不平，开始传授杨和根武功，即少林罗汉拳。练功地点在南山寺西边小姐墓附近的荔枝园内，先练三年基本功，即腰腿功，再练两年基础功，即各种步型、步法、手型、手法、轻功，然后开始练拳械。杨和根师十二岁时跟随一清和尚到九莲山，十三岁时才回来，到杨和根二十岁以后，一清和尚就不再到漳州。杨和根只将该拳传其女儿杨丽华及陈旺枞二人。杨丽华曾参加一九八五年全国武术观摩表演赛，表演乾坤日月轮刀。

徒手套路有：罗汉佛指拳、千面罗汉、罗汉空明拳、飞虎鹰对练拳等。

器械有：大刀、枪、叉、剑、棍、锄头、双头枪、三节棍、双刀、双剑、虎头双钩、金钱钩、日月轮刀、铁尺、合仔刀、匕首等。

（10）五祖拳（指蔡玉明所传的新五祖拳）

这一支五祖拳主要流传在龙溪的石码、角美一带。"文革"初，有龙溪机器厂技术员叶金陵和市区新桥尤金龙等人习练。尤金龙当时尚是漳州三中初中生。"文革"后，漳州市区主要有地区中医院（今漳州市中医院）洪敦耕老师及漳州通用机器厂的柯重庆、漳州北桥的洪剑影老师等人习练。但未设立专门的五祖拳拳馆。

洪敦耕师从厦门新五祖拳名师柯金木学习新五祖拳。柯重庆为柯金木之子。洪剑影（1917—　　）向龙溪石码谢青湖学习。

2.漳州流传的北派拳术

在漳州传授北派拳术的老师有袁道、余芝青、鲍冠芳、王景春、洪敦耕等。

（1）北拳和杨式太极拳。袁道与余芝青均为解放前中山公园龙溪国术馆教师。袁道传授北拳，余芝青传授杨式太极拳。

余芝青的主要弟子王克明，现年七十三岁。王克明师自1947年在公园龙溪国术馆向浙江温州人余芝青学习杨氏太极拳，至今常年练拳不懈。

当时与王克明同时学太极拳的有十多人，其中有林旺水、罗镇忠、柯金木等人。

王克明师在公园、洋老洲江边等处传授太极拳。学生有林石海、阿章、周丽芬、陈亚拾等人。1957年，漳州市体委举办了一次武术评奖观摩大会，共进行两个晚上，由王景春、章宝春主持。王克明师在会上演练杨氏太极拳。另有黄德根表演白鹤拳、洪剑影表演太极拳、章宝春的爱人林惠珍表演剑术、王景春师表演醉拳。会后，各县派一人向王克明师学习杨氏太极拳。

王克明现任漳州太极拳协会理事。

（2）鹰爪翻子拳。鹰爪翻子拳拳师鲍冠芳，河北雄县米北公社人氏，幼年向舅舅学习鹰爪翻子拳，十九岁时到南京参加全国擂台赛，并获得名次。鲍师是中央国术馆第一届毕业生，毕业后留馆任教。抗战胜利后曾在上海商业学校、警察学校任教。后随刘汝明兵团到漳州，曾任龙溪国术馆教练。

鲍师精通多种拳术，有马良拳术二十法、潭腿、燕青拳、练步拳、大洪拳、八极拳、形意拳、太极拳、鹰手连拳、摔跤、劈刺等。

器械有：阴手棍、双阳手棍、双刀、飞习刀、五枚刀、少林刀、双剑、双钩、长枪、大枪、短棍、九节鞭、三节棍。

鲍师在1962年传授柯木水，后又传授邹督林、翁朝薰等人。1969年鲍师回原籍，不久病逝。

（3）形意拳与八卦掌。形意拳与八卦掌拳师王景春是河南襄城人（1913—　），今年七十二岁。王师出生于武术世家，父亲王清元是清末冀中著名心意名家鲁水聚的高徒。王师七岁开始练功，十三岁时向苗清木学习西域掌，后又向北京万胜镖局曹德普学习少林梅花拳，向著名武术家黄剑伯、李雅轩学习太极、形意、八卦等，后来又向河南曹武艺学习心意六合拳。王师以武松醉酒拳和梅花双刀享誉武坛。

1935年，王师参加在北京市举行的华北国术比赛，获得抢手（散手）冠军。1955年王师定居漳州，开始传授太极拳、形意拳、八卦掌、醉拳等。1957年，他代表福建队参加全国运动会，表演武松醉酒拳、梅花双刀、九节鞭，得二等奖。1984年5月参加在福州举行的全国武术精英邀请赛，表演西域掌、形意五行连环拳、太极推手（和费隐涛对手）。8月，参加在兰州举行的全国武术观摩赛，表演形意十大形和拂尘剑，得优秀奖。1964年传授黄建国，1983年传授黄学明、蔡阿国等人。

传授的内容有：太极拳、形意拳、八卦掌、少林拳、西域掌、小炮拳、少林单刀、少林棍、形意大枪、龙形剑、九节鞭、弹腿等。

王师现为福建省武协委员、漳州武协顾问、漳州兴华武术社顾问。

（4）六合门及自然门、五祖拳。六合门及自然门、五祖拳拳师洪敦耕（1938—　），福建南安人，出生于厦门鼓浪屿。1953年拜沧州孙振环为师，学习劈挂通背拳。1955年拜厦门柯金木为师，学习五祖白鹤拳。1957年拜万籁声为师，学习六合门及自然门。1957年参加福建省武术观摩大会获表演奖，入选省武术代表队。1958年到北京参加全国武术比赛。1959年到北京参加全国青少年武术锦标赛，同时期被省体委选送参加国家体委举办的优秀武术教练员、运动员学习会。1960年到郑州参加全国武术比赛，获得男子南拳第五名。1961年，到上海参加华东区武术比赛，获得男子南拳冠军。

洪师现任福建省武协副秘书长、福建少林五祖拳研究会副会长、漳州武协副主席、漳州兴华武术社顾问、国家一级武术裁判。主要学生有柯鲁生、平青、翁朝熏、贾建欣、郭浩炘等。

六合拳套路有：黑虎、青龙、六合、子母连环。另有潭腿十二路、劈挂、通臂、八极拳等。

器械有：六合枪、六合刀、六合剑、六合棍、少林棍。

学生贾建欣，任漳州业余体校教练，其学生多次在省赛中获得好成绩。

另一学生杨建闽大胆进行散打实践，初步形成自己的风格。

洪师还在西桥小学任一武术队的教练。

（5）自然门。自然门拳师郭澄园老师，年轻时向同龄人万籁声老师学习自然门功夫，不轻易传人，1972年才开始传授江庆树（人称“两千”），后又传高天助。郭澄园老师于1983年去世，享年八十三岁。

3.在外地的漳州籍武术老师

多年来，漳州的这些新老拳师们为漳州武术运动的发展付出了辛勤的汗水，浇灌出一朵朵艳丽的武术之花。漳州还有几位武术专业人才，目前都在高等院校任教，为高等院校培养武术人才而努力工作着。他们是：

（1）陈秀龙（女）。陈秀龙1965年毕业于北京体院，留校执教，现任武术教研室讲师。与陈秀龙同班学习武术的还有现漳州少体校田径教练郑剑炉。

（2）林建华。林建华1976年毕业于福建师范大学体育系，留校在体育系武术教研室任教。1979年参加在武汉体院温敬铭教授指导下的全国高校武术教师进修班的学习，1983年9月调到厦门大学，现任体育室副主任，国家一级武术裁判、省武协委员、漳州兴华武术社顾问。林建华老师关心家乡武术事业，假期回漳热心传授查拳、形意拳、八卦掌、太极拳等拳术。

（3）郭琼珠（女）。郭琼珠1984年毕业于福建师范大学体育系武术专业，留校任武术教师，擅长翻子拳、陈氏太极拳、双刀等。1983年在福建省武术比赛中获得传统拳（翻子拳）第四名、传统器械双刀第四名。1984年在福建省高校大学生武术比赛中获得甲组全能一等奖。

三、调查分析

（一）漳州南拳历史悠久。从已知资料中可以知道，清末时漳州就有武术馆（拳馆）。漳州武术的发展经历了一段曲折的过程。一百多年来，永春、泉州、永定、龙海、龙岩及北方等地的拳种先后传入漳州，与漳州原有拳种流派一起在九龙江边的肥沃土地上开花结果。1949年后，部分国术馆停止了活动，有的处于半停状态。1960年以后，部分拳馆恢复了活动。十一届三中全会以后，所有的旧馆都恢复了活动，还增加了不少新馆，漳州武协及漳州兴华武术社的成立更是漳州武术界的两件喜事。

（二）漳州武术以南拳为主，北拳只有市区和少体校少数人练习。除开元寺武术是寺内历代相传的开元拳、达尊拳外，其他拳种来自外地。市尾宋太祖来自游方武士游青龙，辉师所传太祖拳来自龙海，李万和的龙拳来自龙岩，王育英的鹤尊拳来自龙海，奖师的白鹤拳来自永春，林增辉的少林罗汉拳来自游方武士潘依八，另有一支达尊拳和宋江拳来自龙海。开元武术虽然历史悠久，但历代不外传，是目前已知漳州最早的本土拳种。

（三）漳州南拳各拳各有特点

市尾宋太祖和李万和的龙拳多侧身，白鹤拳、辉师太祖拳、双枝仔洪拳多正身、间有侧身。白鹤、太祖、双枝仔洪拳为硬拳战派。

同是太祖拳，市尾宋太祖防守多用挑割，走直线。辉师的大祖拳除挑、断走直线外，掀、勾都是走弧线。

龙拳手法绵密快捷，重柔，发劲短脆，少用拳，多用屈爪。

白鹤拳中的五战、鹤尊拳、达摩拳、辉师的太祖拳、双枝仔洪拳之间的步型、身法、基手基术相同，而且都以三战为拳母。在技击运用中，龙拳比较注重消带借力的巧打，其他战派南拳除注重消带借力的巧打外，也很讲以刚制刚、以刚制柔、强攻硬打、气势雄猛，极富阳刚之美。

（四）漳州南拳各拳种中虽各有差别，但也有其共同点

漳州南拳都是多手法少腿法、多短打擒拿、腿法偏低、起腿不过胸、步法稳固，窜、蹦、跳、跃的动作少，没有翻滚动作（个别有），步型大都站四六步。

三战为南拳中的内家拳，重在练意、气、神、劲、步等。很多战派老拳师的身体都经得起一定力量的击打。练战派南拳时要求：提百会以挺头，起牙关而强项，垂肩沉肘，提裆吊肚气内转，尾间夹以聚丹田。发劲要求：以气催力、欲发先收、刚柔相济、腰肢齐动，讲究吞吐沉浮。

南拳器械种类则各派基本相同：刀、叉、棍多，枪、剑较少。

在基本功方面，南拳除三战外，还有站桩动（马步桩）。重内外功、脚手身的排打功、硬度等，各派练功法基本相同。从基本功训练来看，南拳刚有余而柔不足，也就是忽视了对腰腿的柔韧性训练。

从技术动作内容来看，漳州南拳手法丰富，重实用不花哨。不足之处就是腿法太少，没有充分发挥腿的作用。

四、调查人议论

（一）从调查结果看，漳州南拳开展历史悠久，群众面很广

1. 从拳术套路看，基础套路多，而集中本门各种手法、技法精华的代表性套路少，所以使人看了感到一段一段的，缺乏完整全面的感觉，这在某种程度上会影响提高。

2. 从基本功方面看，南拳三战、站桩功都是练内气、内劲的好手段，但少了腰腿柔韧性的训练，相应腿的应用也较少。

3. 从训练程序上看，地方拳馆大都把学完徒手拳和器械套路视为"毕业"，而把武术一个很主要的灵魂的东西——技击散打忽视了。师父偶尔讲一两个"散步（闽南话，即招式应用）"，而没有系统地转入应用方面的教学，这样很容易出现纸上谈兵，在实战中不能灵活使用。

4. 在体育运动的主要阵地中、小学中，武术的开展微乎其微。这与有关部门不重视也有关，这样也极大地影响武术水平的发展提高。

（二）不足与建议

纵观漳州武术的主要成分——南拳，在继承传统武术方面，还是有很多好的东西值得继承、发扬光大。然而我认为，漳州南拳也面临着急需改革提高的问题，也就是发扬优点特长、克服不足的问题。这里，就南拳训练提几点意见：

1. 在基本训练方面应该增加长拳的腰、腿功等方面的柔韧性的训练内容。

2. 应在本拳种原有的套路上，概括提炼形成一套具有代表性的集中本拳种精华的综合套路。

3. 应增加吸收一些北派的腿法为南拳所用。

4. 必须建立从基本功（包括柔韧性、桩功、体能等）—基本动作—套路—较技—散手这一训练程序。

5. 应对本拳种进行科学整理研究以形成系统的文字资料。

我热切期望各级有关领导能对国之瑰宝——中华武术给予必要的、应有的重视，愿漳州武术运动水平年年提高。谨在此呼吁武术界人士及

知情者都行动起来，积极参加本市武术的挖掘整理工作，为漳州武术运动的健康发展做贡献！

致礼！

注：（1）解放后，福建省内共有 7 个专区 2 个直辖市，1950 年改专区数字序列名为驻地县的县名，其中第六专区因驻地在龙溪县，遂改名为龙溪专区，辖龙溪、长泰、海澄、漳浦、东山、诏安、云霄、平和、南靖、华安 10 县。1951 年，在龙溪县基础上划出县城部分设置县级市漳州市，属龙溪专区。1952 年，漳州市脱离龙溪专区，改为省直辖市。1958 年，漳州市复归龙溪专区管辖。1970 年，龙溪专区改为龙溪地区。1985 年 5 月，国务院批准龙溪地区升为地级市，7 月，龙溪地区改名地市级漳州市，原漳州市（县级市）改称芗城区。本文调查的范围主要是现在的芗城区。

（2）本文以调查时间 1985 年 6 月为时间节点。

（3）本文因属第一次田园调查，经验不足、收集材料不全，因此还不能更客观、全面反映漳州武术历史，有待于后来者进一步发掘。又因本文系当事人或者知情人"一人一时"之口述资料的收集，逻辑性不够强，口语化表述的特征也比较多。为保留原貌，不做任何修饰。

附四　林其塔先生主要武术活动

林其塔，男，1947 年 2 月出生，福建省漳州市芗城区人，祖籍福建省泉州市永春县，系中国武术七段、福建省省级非物质文化遗产"通元达尊拳"的主要传承人。现任福建省武术协会理事、福建省武术协会社会武术教练员技术等级考核工作办公室副主任、福建省南强武术研究院名誉副院长、漳州市武术协会顾问、芗城区自然太极拳协会顾问。

1961 年师从漳州南拳名师曾木学习"习艺堂"太祖拳，1963 年师从漳州南拳名师"铁盘手"孙甲水学习漳州通元达尊拳。1965 年开始授拳传武。

一、参与武术活动

1985 年参与组建漳州市兴华武术社，担任副秘书长，成为《闽南武苑》主编之一；1990 年 10 月成立兴华武术社达尊拳研究会，开始开展各类武术培训工作。

1986 年参加福建省武术观摩交流大会，并演练通元达尊拳、南棍，获传统拳术第四名，传统器械第五名。

1986 年，参加由中国新闻社与福建省武术协会合拍的福建南拳武术专题片《闽海雄风》的拍摄，演练通元达尊拳、太祖拳、太祖棍。

1988 年，入选福建省武术代表队，参加在辽宁锦州举行的全国武术观摩交流大会，演练通元达尊拳和双铁尺。

1991 年任漳州市武术协会副秘书长兼南拳分会副会长。

1996—2002 年间，多次参加访华团莅漳访问交流活动。1996 年、1997 年两次参与接待日本空手道访问团；2001 年、2002 年两次参与英国白鹤拳总会到漳州的武术交流活动，现场演练交流通元达尊拳和双铁尺。

1999 年参与组建漳州光华武术馆，担任漳州光华武术馆首任馆长。

2004 年 10 月，获河南郑州首届世界传统武术节拳术一等奖、对练二等奖，演练通元达尊拳、藤牌对棍（对练：蔡海树）。

2005 年应中国台湾武艺文化研究协会邀请参加"海峡两岸南少林武术研讨会"，2006 年至 2007 年三次组织和参与中国台湾武艺文化研究协会莅漳的访问交流活动，现场演练通元达尊拳。

2006 年 9 月，应嵩山少林寺邀请，出席担任"中国功夫之星全球电视大赛 36 强出关大典"嘉宾、评委，并现场演练漳州"习艺堂"太祖拳，得到了与会者的好评。

1998 年、2004 年和 2007 年，三次应邀到福建省武术队讲授传统南拳。

2008 年 12 月，参加闽台南少林传统武术大赛，演练罗汉护法刀，获刀术金奖。

2016 年任福建省武术协会常务理事；参与组建成立漳州西院武术馆，培养南拳教练员，学员在各类武术比赛和对外交流活动中表现优异。

2017 年 5 月被福建省武协聘为福建省社会武术教练员技术岗位培训工作办公室副主任，并担任南拳部分的授课指导。

2020 年组建成立"漳州市通元达尊拳研习社"。

二、撰写武术文章

1982 年以来，先后在《中华武术》《武林》《搏击》等杂志发表武术论文 6 篇。有《技击入门》《技击补充练习》《达尊拳》《南拳较技》《初练拳击的常见毛病》《提高技击击打力的关键何在》等文章。其中《技击入门》《技击补充练习》两篇论文整合成《技击入门须知》一文，入编《擒拿格斗术集粹》（武林编辑部编）一书。

1985 年完成漳州《武术运动调查报告》《漳州武术史初探》两篇手稿。

1987 年《战派南拳训练改革之我见》一文在福建省首届武术论文研讨会上发表，获得三等奖。

2005 年 11 月，应中国台湾武艺文化研究协会邀请参加"海峡两岸南少林武术研讨会"，发表《南拳漫话》一文，获得大会好评。

2008 年至 2009 年间，在《闽南日报》发表《漳州南拳概况》《美猴王洪剑影》《通元庙的开元武技》《五祖何阳拳》《习艺堂太祖拳》《铁盘手孙甲水》《太祖拳名师曾木》《武术发展的多向性》《千拳归一路》《散手入门经验谈》《散手初习常见九种毛病》等武术类文章。

2009 年参与编纂完成漳州首部武术类史志《漳州武术人物志》。

2012 年联合主编《漳州武术源流初考》，撰写《击打力浅析》一文获漳州首届武术论文一等奖。

2017 年 5 月为首届福建省社会武术教练员技术岗位培训班撰写授课论文《浅谈福建南拳》，整理和编辑个人习武心得《悟道拳禅》手稿。

三、获得荣誉

2009 年 6 月，经中国武术协会评审通过，被授予"中国武术七段"称号。

2011 年，海峡都市报以《寂寞拳师流水徒儿》和《为拜师学艺登门 3 个月》专文、漳州电视台在《漳州第一等》和《一方水土一方人》节目中对林其塔先生武术活动事迹进行了专题报道。

入编《当代中华武坛精英名录》《当代中国传统武术名人名家辞典》《中华武林人物志》和《福建武术人物志》，并载入《福建武术史》，通元达尊拳、习艺堂太祖拳入编《福建武术史》《福建拳械录》。2021 年被福建省武术协会授予"社会武术优秀教练员"称号，被漳州市文化与旅游局授予漳州市市级非物质文化遗产"通元达尊拳传承人"称号。2022 年 10 月，被漳州市武术协会授予"漳州南拳名师"称号。

参考文献

1. 林建华．福建武术人物志［M］．厦门：厦门大学出版社，2015．

2. 林建华．福建武术史［M］．厦门：厦门大学出版社，2013．

3. 林建华．八闽武术［M］．北京：人民体育出版社，2010．

4. 林建华．形意强身功［M］．北京：人民体育出版社，2008．

5. 温力．中国武术概论［M］．北京：人民体育出版社，2005．

6. 周伟良．中国武术史［M］．北京：高等教育出版社，2003．

7. 贾建欣．漳州武术人物志［Z］．漳州：（漳）新出（2009）内第063号．

8. 林其塔．悟道拳禅（2016）［Z］、《漳州武术运动调查资料》（1985）［Z］、《漳州武术史初探（手稿）》（1985）［Z］．

9. 卢美松．福建历代状元［M］．福州：福建人民出版社，2006．

10. 卢美松，陈春惠．福建"蛮獠"源流初探：试论陈元光开漳前后的闽南土著民族［Z］．厦门市陈元光学术研究会，2012．

11. 朱维干．福建史稿（上、下册）［M］．福州：福建教育出版社，1984．

12. 孙清玲，庄铃华．唐宋以来漳州科第盛衰及其原因探究［J］．福建论坛（人文社会科学版）2012（9）．

13. 颜亚玉．三平史考［M］．厦门：厦门大学出版社，1993．

14. 苏瀛汉，林建华，苏君毅．永春白鹤拳大观［M］．厦门：厦门大学出版社，2016．

15. 王宗岳，等．太极拳谱［M］．北京：人民体育出版社，1995．

16. 王雄铮．漳州掌故大观［Z］．漳州市图书馆（内刊资料），2001．

17. 张胡山．漳州事迹古今谈［Z］．漳州图书馆（地方文献丛刊），2003．

18. 王作民.谈古说今话漳州[M].福州：海峡文艺出版社，2001.

19. 戚继光.戚继光兵法[M].范中义等，注释.北京：时事出版社，1998.

20. 马力.中国古典武学秘籍录（上、下卷）[M].北京：人民体育出版社，2007.

21. 蔡龙云.琴剑楼武术文集[M].北京：人民体育出版社，2007.

22. 陆草.中国武术与武林气质[M].郑州：河南人民出版社，1996.

23. 曾五岳.天地会起源新考[M].福州：福建人民出版社，2008.

24. 国家体委武术研究院.中国武术史[M].北京：人民体育出版社，2011.

25. 杜德全，周盟渊.五祖拳文化研究[M].厦门：厦门大学出版社，2012.

26. 任海.中国古代武术与气功[M].北京：商务印书馆，1996.

27. 周盟渊.五祖拳汇宗[M].香港：世界五祖拳促进会，2020.

28. 张廷玉，等.明史[A].北京：中华书局，1974.

29. 沈定均.漳州府志[A].北京：中华书局，2011.

30. 刘天授.龙溪县志[A].北京：中华书局，2017.

31. 王文径.漳州文化[M].福州：海潮摄影艺术出版社，2003.

32. 沈顺添.漳州揽胜[M].福州：海潮摄影艺术出版社，2003.

33. 郑镛.历史回眸[M].福州：海潮摄影艺术出版社，2003.

34. 王秀花.漳州历史名人[M].福州：海风出版社，2005.

35. 简博士.漳州地方戏曲[M].福州：海风出版社，2005.

36. 谢东.漳州历史建筑[M].福州：海风出版社，2005.

37. 王秀花.漳州名胜古迹[M].福州：海风出版社，2005.

38. 郑若曾.筹海图编[M].北京：中华书局，2007.

39. 于志钧.中国传统武术史[M].北京：中国人民大学出版社，2006.

40. 国家体委武术研究院.中国武术史[M].北京：人民体育出版社，1997.

41. 陈支平. 福建宗教史[M]. 福州：福建教育出版社，1996.

42. 龙玉柱. 漳州史前文化[M]. 福州：福建人民出版社，1991.

43. 徐晓望. 闽南史研究[M]. 福州：海风出版社，2004.

后　记

　　福建南拳，是中华武术中一块璀璨的瑰宝，其历史源远流长，拳种流派众多，地域风格鲜明，已形成以战派南拳为主的独特的、具有鲜明地域性特征的武术。

　　近代以来，漳州武术尤其是南拳非常盛行。漳州地区各城镇、乡村的武馆（狮馆）、武术社林立，各拳种、各流派、各色功夫争奇斗艳，高手名师辈出，在闽南地区独领风骚。主要流行拳种有：达尊拳、白鹤拳、太祖拳、五祖何阳拳、罗汉拳、五兽拳、相公拳、洪拳（双技）、五祖拳、客家拳、畲拳等。其中，达尊拳的一支——通元达尊拳以其悠久的历史、丰富的内容和独特的技法在闽南独树一帜。由于该拳是地地道道的寺庙武僧传习的拳种，是真正的古拳道、和尚拳，其拳风质朴无华、自然天成，其历史积淀深厚、古朴芬芳，是闽南传统武术文化中的一朵绚丽之花。

　　在福建省武术协会副会长、中国武术九段、厦门大学教授林建华的热情鼓励和大力支持下，现将漳州通元达尊拳的内容整理成册，介绍给传统武术爱好者们。林建华教授一直关心、支持漳州通元达尊拳的发展和传承。在炎炎夏日里，林建华教授不辞辛劳为本书拍摄动作影像，为本书的编写予以指导。在编写过程中，还对内文逐章逐节手把手予以指导，提出了许多宝贵的意见，对出版的各个环节都帮助联络、协调，并为本书作序、审稿。在此表示衷心的感谢！

通元达尊拳在漳州的弘扬展示活动以及本书的出版，得到社会各界有关人士的关心、指导和支持。厦门大学原副书记、常务副校长，博士生导师潘世墨教授；福建省武术协会甘式光会长；国家级教练、福建省武术运动管理中心代林彬主任；漳州师范学院（今闽南师范大学）院长、教授、博士生导师，闽南文化研究院名誉院长，福建省文学学会副会长林继中博士；福建省武术院原院长阮宝翔；中国武术九段、福建师范大学胡金焕教授；集美大学体育学院原院长郑旭旭教授；闽南文化研究专家、原漳州市住建局局长巫汉平；漳州师范学院（今闽南师范大学）闽南文化研究所副研究员、原漳州市住建局副局长陈文和；福建省武术协会副会长、漳州市武术协会会长、中国武术七段、漳州市体校原校长贾建欣；五祖拳第五代传人、中国武术段位制系列教程《五祖拳》主编周盟渊；永春怡云武术研究会创会会长、中国武术八段、永春白鹤拳九段苏瀛汉；福建省南强武术研究院常务副院长、中国武术八段、厦门大学教授郭琼珠等武术专家和文化学者为本书题词予以鼓励和肯定。著名书法家、中共漳州市委党校黄思忠老师为本书题写书名。著名摄影家黄良弼为本书第一章"漳州地理与历史人文概览"提供相关图片。韩桐坤摄影工作室提供封面摄影和部分插图。福建省南强武术研究院、厦门大学国术与健身研究中心提供了相关活动图片。本书技术配图由漳州光华学校陈鹭盟剪辑。许多社会热心人士也对通元达尊拳的传承和发展予以关心和支持。在此一并表示衷心的感谢。

感谢厦门大学出版社对本书的出版给予大力的支持。感谢出版社责任编辑对本书进行精心编辑，为本书高质量的出版付出了大量的心血。美术编辑对本书的装帧设计也倾注了大量精力。对各位辛勤付出的编辑老师表示衷心感谢！

本书相关武术演示由林其塔先生和他的学生完成。其中，第四章"通元达尊拳基本动作"由张艺平演示；第五章"通元达尊拳基本功法"由林其塔演示；第六章"通元达尊拳实战基本技法"由林其塔、孙少宝、张艺平演示；第七章"通元达尊拳部分套路图解"中，程惠明演练示范达尊拳

"罗汉梅花三战"、王文勇演练示范达尊拳"梅花罗汉颠"、张艺平演练示范"通元槌"、林亚通演练示范"藤牌刀"。许多通元达尊拳的学生各尽其能，提供了大量的相关资料和力所能及的帮助。对他们的辛苦付出，在此深表谢意！

中华武术曾被尊称为"国术"，是中华优秀传统文化之一，是先人留给我们的宝贵的国粹遗产。中华武术包括传统南拳也是最佳的全民健身运动项目。我们现在将漳州通元达尊拳整理成册，就是为了更好继承弘扬优秀的中华传统武术文化，让漳州通元达尊拳代代相传，让它在振兴中华的伟大历史进程中，在全民健身运动中发挥作用，再现传统武术的价值和风采。

林其塔　孙少宝

2022 年 11 月 18 日